찌그러진 통에 불과할지라도
Life in the Cup

찌그러진 통에 불과할지라도
Life in the Cup

Publishing Date: 2016 December 3
Published by The KIATS Press, Seoul, Korea
Publishing Director: Kim Jae-hyun
English Translators & Editors: John S. Park, Kim Myung-jun, Jera Blomquist
Korean Translator: KIATS Translation Team
Book Design: Park Song-hwa
ISBN: 979-11-6037-047-8 (04230)

Printed and bound in Korea

Copyright ⓒ 2016 by the KIATS Press
All rights reserved. No portion of this book may be reproduced by any process or technique without the formal consent of the KIATS Press. For permission please contact The KIATS Press, #1, 228, Hangangno 1-ga, Yongsan-gu, Seoul, Korea 04382.

발행일: 2016년 12월 3일
발행처: 한국고등신학연구원(KIATS)
발행인: 김재현
영어번역 및 편집: John S. Park, 김명준, Jera Blomquist
한글번역: KIATS 번역팀
한글편집: 강은혜, 류명균, 최선화, 김다미
디자인: 박송화
ISBN: 979-11-6037-047-8 (04230)

본 출판물의 저작권은 한국고등신학연구원(KIATS)에 있습니다.
사전동의 없이 무단으로 복사 또는 전재하여 사용할 수 없습니다.

* 이 도서의 국립중앙도서관 출판예정도서목록(CIP)은 서지정보유통지원시스템 홈페이지(http://seoji.nl.go.kr)와 국가자료공동목록시스템(http://www.nl.go.kr/kolisnet)에서 이용하실 수 있습니다. (CIP제어번호: CIP2016029537)

선교사 시리즈 **007**
Missionary Series in Korean Christianity **007**

찌그러진 통에 불과할지라도
Life in the Cup

Contents | 차례

- 한글본 | Korean

- 한국 침례교회와 북방 선교의 선구자 말콤 펜윅
  'The Crushed Can' Who Became the Pioneer of the Korean Baptist Church and the Northward Mission—Malcolm Fenwick (1863-1935), a Canadian Missionary with a Free Spirit

- 영어본 | English

*일러두기

1. 이 책은 펜윅이 직접 쓴 원고를 번역하여 수록하였으며, 편집자가 원문의 의미를 변화시키지 않는 범위에서 일부 내용을 보완, 수정하였다.
2. 글의 이해를 위해 본문의 1장과 2장 사이에 글의 시점이 과거로 전환되고 있음을 밝힌다.
3. 본문 중 원문에 표기된 괄호는 [ ]로, 독자의 이해를 돕기 위해 편집자가 추가한 괄호는 ( )로 표기했다.
4. 원문에는 없으나 독자의 이해를 돕기 위해 등장인물에 관한 간략한 설명을 추가하였다.
5. 영어 원본은 제17장의 번호가 빠진 채로 전체 19장으로 이루어져 있으나, 한글은 편의상 16장의 내용을 둘로 나누어 17장을 추가하였다.
6. 영어 원본에는 각 장의 제목이 없지만, 한글의 경우 독자의 이해를 돕기 위해 편집자가 제목을 임의로 더했다.

목차

등장인물 소개 ◆◆ 6

01 존 하퍼의 회심 ◆◆ 10
02 변화의 시작 ◆◆ 16
03 동정녀 수태와 예수의 탄생 ◆◆ 24
04 존 하퍼에게 비친 햇빛 ◆◆ 35
05 '그리스도의교회'의 시작 ◆◆ 40
06 변화의 물결 ◆◆ 73
07 선교의 사명을 품다 ◆◆ 82
08 선교의 준비 ◆◆ 91
09 헨더슨의 잡화점에 찾아온 변화 ◆◆ 102
10 성령의 역사 ◆◆ 111
11 찾아오시는 예수 그리스도 ◆◆ 126
12 두 일꾼의 파송 ◆◆ 137
13 첫 선교편지 ◆◆ 142
14 존 플라우먼과의 만남 ◆◆ 154
15 계속되는 선교사 파송 ◆◆ 160
16 워른 가의 변화 ◆◆ 165
17 존 플라우먼의 편지 ◆◆ 180
18 선교지 분할 문제에 관한 논쟁 ◆◆ 188
19 선교 현장의 현실과 필요 ◆◆ 202

등장인물소개

1) 하퍼 목사와 부인

존 하퍼
"세인트폴교회"의 목사, 설교에 따분함과 염증을 느끼던 중에 극장에 갔다가 우연히 만난 연설가의 설교를 듣고 예수를 그리스도로 새롭게 영접한다. 이후 곧 뜻이 맞는 사람들과 함께 "그리스도의교회"를 개척한다. 그리스도의교회의 입당예배에서 선교에 관한 비전을 제시하고 수 십 명의 성도들이 선교사로 나갈 것을 맹세한다. 소설 후반부에 미국을 방문한 선교사 플루먼과 만나 선교지에서의 문제를 토론하였으며 교회에서 파송한 허드슨과 오코너에게 지속적인 지원을 약속한다.

하퍼 부인
존 하퍼 목사의 부인. 남편이 그리스도를 새롭게 영접한 날, 남편을 통해 그녀 역시 믿음 안에서 평화를 발견한다.

2) 선교사들

존 플라우먼
허드슨과 마이크가 선교지에서 만난 선교사로 《Life in the Cup》의 저자인 펜윅 자신이다.

마이클(마이크) 오코너
젊은 인쇄업자로 어릴 때부터 가톨릭 신자였다. 하퍼 목사가 음악당에서의 주일예배 찬송을 부탁하였는데, 그날, 그리스도를 영접하였다. 이후 하퍼 목사의 추천으로 조지 허드슨과 함께 선교사로 가서 플루먼이라는 선교사를 만나게 되었고, 그의 인쇄공장에서 기독교 서적을 발간하는 데 시간을 절약할 수 있도록 도움을 주었다.

조지 허드슨
하퍼의 음악당 예배를 보도했던 젊은 기자. 그리스도의교회 입당식에서 선교의 필요성을 역설하는 설교를 듣고 자진하여 선교사의 길에 순종하겠노라고 맹세한다. 이후 마이클 오코너와 함께 선교사로 파송된다.

3) 워른 가문

이라 워른
존 하퍼의 친구. 하워드 벤슨과 함께 하퍼 목사의 음악당 예배에서 그리스도를 자신의 주로 고백한다.

넬리(엘레노어) 구드윈
이라 워른의 딸이자 피터 구드윈의 부인이다. 노아의 방주를 믿지 못하는 브래들리 교수와의 논쟁을 통해 하나님에 관한 일은 머리의 지식이 아니라 마음의 눈으로 좇아야 한다는 점을 고백한다.

피터 구드윈
넬리의 남편으로 직업은 변호사이다. 헨더슨의 가게를 방문해 그의 변화에 의문을 품고 존 하퍼를 방문한 뒤 하퍼의 이야기를 통해 예수를 영접한다.

톰 워른
이라 워른의 아들로 "워른 가의 문제"로 여겨졌다. 그는 하퍼 목사의 예배를 통해 하나님을 영접하고 가족들 앞에서 눈물 흘리며 간증하게 된다.

4) 카 장로와 관련 인물

카 장로
자기 의로 가득한 금융업 부호로 자신이 의지하던 하퍼가 세인트 폴을 떠나 새로운 교회를 개척하자 분노를 느낀다. 그러나 하퍼 목사의 설교를 듣고 회개하여 교회에 필요한 부지와 자금을 헌납한다.

다니엘 롱스트리트
카 장로의 변호사. 카 장로의 변화에 궁금증을 느끼고 하퍼 목사를 만나 그를 통해 주님을 영접한다.

5) 그 외 그리스도의교회 성도들

맥린
존 하퍼 목사의 조수. 하퍼 목사의 영향으로 성경 말씀을 읽고 예수 그리스도를 영접한다.

애비 클라크
세인트폴교회의 교인. 오페라에서 노래한 경험이 있고, 하퍼 부인의 추천으로 음악당에서 예배 반주를 맡는다. 이후 그리스도의교회 피아노 반주 및 지휘를 맡게 된다.

하워드 벤슨
존 하퍼의 옛 친구. 하퍼 목사의 음악당 예배에서 그리스도를 자신의 주로 고백한다. 카 장로와 화해하여 장로의 지원을 받게 된 날, 미소 띤 얼굴로 주님 품으로 떠난다.

헨더슨
그리스도의교회의 회계담당자. 잡화점의 주인으로 초기 그리스도의교회가 설립될 때, 10만 달러를 기부한다. 그후 그리스도를 영접하고 잡화점을 새로운 경영방식으로 이끌어나가게 된다.

01
존 하퍼의 회심

모든 성경은 하나님의 감동으로 된 것으로 교훈과 책망과 바르게 함과 의로 교육하기에 유익하니 이는 하나님의 사람으로 온전하게 하며 모든 선한 일을 행할 능력을 갖추게 하려 함이라 딤후 3:16-17

은혜를 체험한 세인트폴교회St Paul's Church 목사 존 하퍼는 돌아오는 일요일 조용히 교회로 발걸음을 옮겼다. 부인과 함께였다. 이야기할 때가 아니라는 것을 둘 다 알고 있었다. 하지만 부인의 침묵에는 연민이 서려 있었다. 교회에는 늘 나오는 사람들이 나와 있었다. 존 하퍼가 들어오자 그들은 하퍼를 쳐다봤다. 그런데 하퍼에게서 평소의 표정은 찾아볼 수 없었고, 교인들에게 익숙한 활기찬 에너지도 없었다. 강한 자비심과 과묵함이 옛 모습을 대신했다. 그의 뚜렷한 얼굴은 빛과 평안으로 가득했고, 사람들은 그것을 분명히 느꼈다.

하퍼는 처음으로 성경강해를 즐겼다. 강해는 생명력으로 가득했다. 반면 보수를 받고 노래하는 이들이 노래를 불렀을 때, 그는 처음으로 불협화음을 경험했다. 선곡과 노래하는 이들의 태도가 그를 아프게 했다.

그는 설교단으로 갔다. 어느 때보다 약하고 무력한 기분이었다. 그런데 그가 기도를 하자 회중은 감격과 놀라움을 느꼈다. 하퍼는 한번도 즉흥 기도를 드린 적이 없었다. 오늘 그의 기도는 전혀 형식적이지 않았다. 하지만 그를 움직이는 뭔가가 있었다. 그가 지극히 사랑하고 신뢰하는 분에 대한 깊은 사모가 있었다.

오, 당신의 발, 상처 입은 발 아래로 저를 이끄소서.
우리를 대신해 땅을 걷는 발,
그 길은 가시로 가득하며 갈보리로 이어집니다.

그곳에서 안식하는 동안, 오, 온전한 안식.
나는 마음과 머리를 사로잡아 당신께 고정합니다.
우리의 낮은 자리에서 조용히 바라봅니다.
당신의 얼굴, 지극히 달콤하도다!
우리는 거기서 쉴 수 있습니다.
당신 안에서, 가장 아름다우신 당신 안에서!
모든 것, 필요한 모든 것, 영광의 빛,
오, 가장 밝은 높은 곳.
거기서 우리는 아무에게도 알려지지 않은 비밀을 배웁니다
보다 나은 부분을 배우는 이들을 제외하고.
마리아는 너무도 잘 알았던 비밀.
우리는 불쌍한 껍질입니다. 오 하나님!
어떤 가치나 쓸모도 없었으나
당신 은혜의 해변가에서 씻겨집니다.
당신께서 몸소 귀기울이신다면,
당신은 당신 자신의 사랑의 거대한 파도로부터 비롯되는
희미한 메아리를 듣게되실 것입니다.

  세인트폴교회에서 그런 기도를 들어본 사람은 아무도 없었다. 사람들이 고개를 들었을 때 그들은 변화된 한 남자를 보았다. 그의 볼은 눈물로 젖어 있었다. 사람들은 크게 잠잠해졌다. 목사는 성경을 펼치고 아무 말 없이 설교단 옆에 섰다. 고통스런 침묵의 순간이 지나고 그는 말을 꺼냈다.
  "사랑하는 여러분! 저는 오늘 여러분을 위해 설교를 매우 신중하게 준비했습니다. 하지만 전부 잊어버렸습니다. 제가 할 수 있는 유일한 말은 이겁니다. 여러분은 대가를 치러 구원 받았고, 여러분은 여러분의 것이 아닙니다."

그가 그 자리에 가만히 서 있자, 덩치 큰 한 남자 노동자가 자리에서 일어서서 앞으로 곧장 나가더니 말했다.

"목사님! 구원을 받으려면 어떻게 해야 합니까?"

하퍼는 아무 말도 할 수 없었다. 그에게 무릎을 꿇으라고 몸짓으로 말할 뿐이었다. 남자는 제단 울타리 옆에 무릎을 꿇었다. 그러자 여러 명의 남자와 여자들이 회중들 사이에서 나오기 시작했고, 전부 40명이 제단 앞에 무릎을 꿇었다. 하퍼는 힘겨워하는 영혼들을 상대해본 경험이 없어서 할 수 있는 게 기도밖에 없었다. 그리스도께서 자신을 도우신 것처럼 그의 자비로운 사랑이 그들을 도와달라고 기도했다.

그가 교회당을 나와 울먹이는 한 남자를 한 팔로 감쌌을 때 회중은 또 한 번 놀랐다. 그의 기도는 존 하퍼 자신도 놀라게 했다.

"오, 주여!"

그가 말했다.

"당신은 저를 깊은 수렁에서 건지셨습니다. 이 사람도 도와주소서. 제가 그랬듯이 이 사람도 어떻게 빠져 나와야 할지 모릅니다. 하지만 나오고 싶어 합니다. 주여, 그를 건지소서!"

다음날 신문은 세인트 폴에서 일어난 일을 보도했다. 좋은 기사거리였고 기자들은 이를 잘 활용했다. 그의 기도 전문이 실렸다. 세인트 폴에서의 일은 마을의 얘깃거리가 됐다. 사람들은 그 남자가 다음에는 무엇을 할지 궁금해했다. 그가 '기독교 민주주의'에 관한 자신의 이론을 발표했을 때 들렸던 가혹한 말들은 들리지 않았다. 사람들은 자신의 빛과 신념에 부응하는 한 사람이 자신들 중에 있다고 느꼈고, 그를 명예롭게 여겼다.

하지만 촉망받는 제자를 잃은 '수준 높은 비평가들'과 그 공동체에 속한 사제들은 얘기가 달랐다. 파괴적인 비평가들의 경우, 자신들의 신념을 공언해서 학자로 인정 받았던 자가 이제는 멍청한 무식쟁이로 여겨졌다. 또한 사제들에게 그는 "떠드는 자"가 되었다.

하퍼는 감독에게서 연락이 올 거라고 생각했고 무슨 내용일지 궁금해했다. 제단 앞에 무릎 꿇었던 남자와 여자들이 그를 찾아와 월요일 하루 종일 그를 바쁘게 했다. 어떤 이들은 그들이 새로 발견한 믿음의 기쁨과 평안에 대해 이야기했고 하퍼는 깊은 감정을 실어서 귀를 기울였다. 다른 이들은 아직 먹구름 아래 있었고, 하퍼는 이들을 최선을 다해 도왔다. 하지만 모든 것이 새로웠기 때문에 그가 할 수 있는 게 많지 않았다.

해티 글로버도 교회에 와 있었고 하퍼보다 더 많은 일을 했다. 그녀는 많은 사람을 도왔다. 그녀의 능력들은 새로운 통로가 되었다. 일요일에 하퍼가 설교한 본문을 그들에게 다시 읽어주던 그녀의 편안하고 소박한 모습은 다른 이들에게 구세주를 보여주는 데 사용되었다.

하지만 그의 조수 맥린이 아직 그를 보러 오지 않아 하퍼는 그를 그리워했다. 집은 하퍼 부부에게 새로운 장소였다. 그 부부는 자신들이 그곳에 손님일 뿐이라고 여겼다. 주님께서 가정의 주인이시고 자신들은 그의 자발적인 종들이라고 여겼다. 지금껏 알지 못했던 기쁨으로 그들은 모든 것을 주의 발 아래 두었다.

보잘것없지만 자신들과 자신들의 소유를 받아달라고, 주의 뜻대로 사용해달라고 기도했다. 주중에 그들은 가난한 이들을 위한 사역을 이어갔다. 어느 날 하워드 벤슨이 존 심슨의 집에 찾아갔을 때 하퍼가 침대 옆에 꿇어 앉아 존 심슨을 위해 기도하고 있었다. 침대 위에는 방금 읽은 듯한 성경이 펼쳐져 있었다. 그 두 명의 강한 남성들 사이에는 어떤 말도 오가지 않았다. 하지만 글로버가 입을 열었다. 그녀는 머뭇거림이 없었다. 그녀는 벤슨에게 자신의 삶에 어떤 일이 있었는지 말해주었고, 다른 두 명 역시 믿음 안에서 기쁨을 찾았다고 말했다. 그는 공손하게 들었다.

한 주 내내 하퍼는 자신이 했던 일을 돌이켜봄으로써 하나님과 사람 앞에 최대한 올바로 서야겠다고 느꼈다. 특히 그리스도의 처녀 잉태에 대해 불손하게 말했던 것과 마태복음과 누가복음에 대해 경솔하게 얘기했던 것을 철회하고 싶었다. 그는 그 잘못이 책이 아니라 자신에게 있음을 깨달았다. 그의 어리석은 마음은 어두웠다. 성경 원본은 전체가 하나님의 감동을 받아 올바로 교훈하기에 유익하고, 하나님의 사람이 그것을 통해 온전해지고 모든 선한 일을 위해 준비되는 것이든가, 아니면 성경 전체가 거부되든가 양자택일의 문제였다.딤후 3:16-17

02 변화의 시작

일을 아니할지라도 경건하지 아니한 자를 의롭다 하시는
이를 믿는 자에게는 그의 믿음을 의로 여기시나니 롬 4:5

하퍼는 자신 안에 변화가 어떻게 일어났는지 알지 못했다.

1장에 기록된 사건들 바로 직전, 세인트 폴의 목사는 성경을 읽고 있었다. 그는 매일 여러 장을 읽었고, 다른 책들을 전부 제쳐둘 때도 있었다. 그는 이내 초조해졌고 밤 시간까지 성경 읽기를 이어갔다. 하지만 그의 초조함이 줄어들기는커녕 오히려 커졌다. 잠자리가 불편해졌고 식욕이 줄어들었으며 그런 그의 모습은 부인을 걱정하게 만들었다. 토요일 오후, 아이들은 야구장에서 그의 모습을 보지 못했다. 풀튼 가에 사는 옛 친구 하워드 벤슨에게 연락하지 않은 지도 몇 주가 지나갔다.

그는 일요일에 하워드나 그의 다른 친구 이라 워른을 피하지는 않았다. 그의 인사는 어느 때보다 친절했다. 하지만 그는 어딘가 억눌려 있었고 그의 친구들은 이것을 이해하지 못했다. 그의 설교를 듣기 위해 늘 오던 사람들이 왔다. 그의 설교는 여느 때와 다름없이 인간적 자상함으로 가득했지만, 불 같은 열정은 빠져 있었다. 그는 더 이상 자신의 교리적 입장을 설명하려 하거나, 사도신경의 문자적 해석에 대한 자신의 반대 입장을 해명하려 하지 않았다.

과거에 있었던 위기에서처럼 불안한 모습은 아니었다. 오히려 억제된 사려 깊음의 모습을 띠었으며, 목소리와 태도는 흥분보다는 조용함을 나타냈다.

어느 날 그는 노동자 존 심슨의 지저분한 집에서 옛 친구 벤슨을 만났다. 존은 장티푸스에 걸려 누워 있었다. 둘은 침대 옆에서 교대로 병간호를 했고 영양가 있는 음식을 공급했다. 존의 미천한 봉급으로는 그의 많은 가족을 부양하기에 역부족이었고, 통 크고 관대한 그 두 남자가 돌보지 않았다면 그들은 추위와 배고픔으로 고통 당했을 것이다.

여러 번의 만남으로 벤슨은 걱정에 빠졌다. 그는 하퍼의 변화를 이해하지 못했다. 조용한 가운데서도 하퍼는 심란하고 괴로워 보였다. 그러나 벤슨은 '무례하다고 생각되는 질문은 하지 않는다'는 윤리관을 가지고 있었다. 하퍼는 친구의 걱정을 알아차렸고 그의 말없는 공감을 이해했지만 아무 설명도 없었다. 아니 설명할 것이 없었다. 벤슨만큼 하퍼도 자신을 이해하지 못했기 때문이다.

성도들 중에서 조심성이 덜한 레라벨 부인이나 픾퍼넬 부인 같은 이들은 목사님에게 찾아온 변화에 대해 얘기하면서 그의 삶에 또 한 번의 절정이 찾아온 것 아니냐며 의아해 했다. 하지만 그의 조수 맥린만큼 걱정이 많은 이도 없었다. 물론 그는 평소처럼 아무 말도 하지 않았다. 두 남자는 서로 만나면 자신들에게 제약이 있음을 깨달았지만 아무도 그것에 대해 말하지 않았다.

하퍼는 계속 성경을 읽었고 점점 더 심란해졌다. 설교 준비는 점점 더 부담이 되었고, 생기가 없는 따분한 일이 되었다는 것을 자신도 알아차렸다. 그에게 이끌린 큰 규모의 노동자 계층은 여전히 그에게 충실했다. 그가 존 심슨을 비롯해 고통받는 이들을 위해 어떤 일을 해주는지 알았기 때문이다. 그의 설교는 여전히 힘겨웠지만, 그럼에도 그들은 교회에 나가 참고 견뎠다. 목사에 대한 신뢰가 있기도 했고 음악이 여전히 좋았기 때문이다.

하퍼는 교구회의 동의에 힘입어 시에서 가장 실력 있는 오르간 연주자와 최고의 성악가들을 데려왔다. 그래서 세인트폴교회의 4중창은 중서부 교회들 중에서 최고의 목소리를 갖고 있었다. 하지만 그러려면 돈이 필요했다. 다행히 피터 구드윈이 봉급에서 모자란 부분을 채워주기로 해서 데려올 수 있었다. 최고의 오페라에 가도 세인트 폴에서 들을 수 있는 목소리만큼 좋은 목소리는 들을 수 없었다.

　몇 달 뒤 하퍼는 너무나 불행하고 심란하고 괴로워졌다. 자기 자신을 이해하려는 모든 노력이 좌절되었기 때문이었다. 그는 도시 외곽의 숲에서 긴 산책을 하며 자신을 분석해보려고 했다. 그는 고요한 숲 속에서 무릎을 꿇고 고통스런 괴로움을 덜어달라고 기도하며 부르짖었다. 하지만 하늘은 대답하지 않았다. 괴로운 그의 영혼에 어떤 위안도 찾아오지 않았다.

　어느 날 저녁, 그는 조금의 위안이라도 얻어볼 요량으로 극장을 찾아가 매표소 앞에 줄을 섰다. 그는 성직자보다는 비즈니스맨 같은 옷차림을 즐겨 입게 됐는데, 이러한 변화는 그를 더 남자다워 보이게 했고 더 인간적이고 친근한 이미지를 주었다. 그래서 사람들 사이에서도 특별히 눈에 띄지 않았다. 그런데 매표소 창구에 이르기 전에 그는 특별한 목적도 없이 줄에서 빠져 나와 도시에서 상대적으로 가난한 지역의 거리를 따라 걸었다. 그는 6번가와 8번가가 만나는 지점에서 열려있는 한 건물 안에서 누군가가 연설을 하고 있는 것을 보았다. 그는 건물에 들어가 문 가까이에 있는 빈자리에 앉았다.

　방을 둘러보자 매우 평범해 보이는 청중이 보였고, 연사는 청중보다도 더 특색이 없어 보였다. 그는 복음을 설교하는 중이었는데 특별히 할 말이 많지는 않아 보였다. 그는 설교문을 세 부분으로 나눠 각 부분에 대해 3-4분 가량 이야기했다. 그러다 건물 뒤쪽의 근심에 찬 하퍼의 얼굴을 보고는 그를 가리키며 말했다.

　"젊은이, 참 안 되었구만! 당신에게는 예수 그리스도가 필요해요."

그는 하퍼에게 다가가 그리스도를 선물로, 값 없이 받는 법을 알려주었다.

우리의 의로운 행위가 아니라 그의 자비로 우리를 구원했다는 것이었다. 하퍼가 무엇을 해야 되냐고 묻자, 먼저 하나님 나라와 그의 의를 구하면 모든 것이 주어질 것이라는 대답이 돌아왔다. 하나님 나라를 비롯해 왕이신 하나님의 의와 그의 의로운 독생자를 얻게 된다는 것이었다. 다른 무엇보다 영접해야 할 한 분, 하나님의 사랑하시는 아들 예수가 있다는 것이었다.

"그를 영접하시겠습니까? 영접하신다면 당신 것이 되는 겁니다. 그를 영접하면 하나님의 자녀가 되는 특권을 주실 겁니다.요 1:12 자, 여기를 보십시오."

하퍼는 구절을 읽었다.

"당신에게 필요한 말씀입니다."

목사가 말했다.

그는 하퍼에게 성경을 건네며 로마서 4장 5절을 직접 읽어보라고 했다.

> 일을 아니할지라도 경건하지 아니한 자를 의롭다 하시는 이를 믿는 자에게는 그의 믿음을 의로 여기시나니롬 4:5

구절을 읽으면서 생명의 길이 처음으로 그에게 분명하게 다가왔다.

그는 그 말씀을 믿었고, 그리스도 안에서 새 사람이 되어 집으로 갔다. 어떻게 된 일인지 그는 몰랐다. 단지 큰 평화와 확신의 믿음과 엄청난 기쁨만이 있을 뿐이었다. 한 순간에 예수 그리스도가 그의 주님이자 구원자가 되었고, 그에게 살아있는, 사랑하시는, 친근한 친구가 되어주셨다. 성경에 대한 모든 의심이 사라졌다. 이제 그는 성경을 쓰신 분을 알았기 때문에 성경이 참이라는 것도 알았다.

그는 위대하고 귀중한 비밀을 발견했고 혼자서 간직하고자 했다. 말로 하기에는 너무 위대했기 때문이다. 게다가 선교센터 같은 곳이 아니라면 그런 것을 언급하지 말라고 학교에서 배운 터였다. 주일 설교가 다가오고 있었고, 떡을 얻기 위해 그를 찾아오는 이들이 그리웠다. 그들에게 더 이상 돌 줄 수 없었다. 그는 계속해서 성경을 읽었다. 마치 새 책 같았다. 지금껏 알지 못했던 성경에 대한 사랑이 마음 속에서 우러나왔고, 성경의 교훈은 햇빛처럼 분명하게 다가왔다. 조용한 서재에서 성경을 읽다가 눈물을 자주 글썽였다. 그는 성경을 읽으면서 자기도 모르게 각종 이론들을 잊어버렸고 오직 예수밖에 보이지 않았다. 때로는 눈물을 통해서만 그가 보였다. 그리스도 안에서 새 생명을 얻고서 며칠간 그는 많이 읽고 많이 기도했다.

그는 자신에게 일어난 변화를 부인에게 아직 말하지 않았다. 자신의 노력없이 찾아온 변화라고 그는 느꼈다. 그는 언젠가 들어본 찬송가가 떠올랐다.

> 그의 이마는 수많은 가시에 찔렸고
> 그의 손은 잔인한 못에 찢겼네
> 나의 죄와 고독한 슬픔에서
> 은혜로 그가 나를 건졌을 때

"이제 알겠다."
그가 말했다.
"그리스도가 나를 내 죄와 슬픔에서 건지신거다. 그것이 얼마나 고독했는지 하나님은 아실거다."

그리고 '그가 찔림은 우리의 허물 때문이요, 그가 징계를 받으므로 우리는 평화를 누리고'사 53:5라는 말씀도 생각났다.

그는 속으로 생각했다.

'이사야는 제1이사야(1-39장)와 제2이사야(40-55장)의 말을 자기 자신에 대해 한 게 아니다. 기록된 대로 그는 성령으로 나서 그리스도의 고난과 이후의 영광을 700년 앞서 예측한 것이다.'

하퍼는 자신을 위해 '예수님이 어떤 누구보다 많은 상처를 입었다'고 생각할 때 눈물이 났다. 그럼에도 아무에게도 얘기할 수는 없을 것 같았다. 지금껏 그의 가장 깊은 생각들까지 함께 나눴던 부인에게도 말이다.

하지만 그는 그녀가 크게 고통 당하고 있다는 것을 알았다. 그녀는 긴장과 피로로 인해 누워 있곤 했다. 그는 그녀의 문제가 무엇인지 알고 있다고 생각했다. 하지만 그녀에게 어떻게 말해줄 것인가? 그런데 그날 밤 그는 본의 아니게 진실을 말해버렸다.

"당신이 필요한 분은 예수 그리스도예요."

그러고는 목이 메어서 소년처럼 얼굴이 빨개졌다. 말을 잇지 못한 그는 성경을 펼쳐 자신에게 매우 귀중해진 구절들을 그녀에게 읽어줬다. 그가 읽어나가자 그녀 역시 믿음 안에서 평화를 발견했다.

이전까지 그는 주일 설교를 준비하고 기도하는 데 매일 여러 시간을 들였다. 무슨 이유에선지 주석서를 참고하고 싶은 마음이 없었다. 주석서들이 그를 실망시켰다고 생각하는 듯했다. 그가 가진 모든 것은 다른 출처에서 비롯됐다. 그러나 이제 그는 무엇을 어떻게 설교해야 하는지 알았다. 지금까지 떡 대신 돌을 주었던 사람들에게 이제는 떡을 주고자 하는 진실한 마음이 생겼고, 그들을 위한 자비심이 마음을 가득 채웠다. 그럼에도 그는 예상되는 위기에 대해 무력감을 느꼈다. 준비할 능력이 자신에게 없는 것 같았다.

그는 기도 속에서 점점 더 많은 자유를 느꼈고, 주를 사모하는 마음을 쏟아놓는 일에 어려움을 느끼지 않았다. 하지만 자신이 알고 있는 유일한 방법으로 설교를 준비하는 일은 매우 불만족스러웠다. 그럼에도 그는 애를 썼고 자신이 생각하는 최선의 방식으로 설교를 준비했다. 그 결과는 앞장에서 기술한 바다.

03
동정녀 수태와 예수의 탄생

예수 그리스도의 나심은 이러하니라 그의 어머니 마리아가 요셉과 약혼하고 동거하기 전에 성령으로 잉태된 것이 나타났더니 마 1:18

도서관에 책을 반납하면서 하퍼는 '수준 높은 비평가들'이 '훌륭한 자들', 혹은 '언제나 용감한 자들'이라는 평을 받는 것이 그들에게 얼마나 유용했었는지 잊고 있었음을 처음으로 깨달았다. 이에 즉시 하퍼는 성경이 스스로를 증거할 수 있어야 한다고 말했고, 성경을 기록한 이들은 영감을 받지 않았지만 글 자체는 영감을 받았다고 말했다. 또한 하나님의 영이 성경을 통해 말씀하셨고, 그의 말씀은 기록한 자들의 머리가 아니라 입술에 있다고 말했다. 그러자 도서관 사서는 크게 화를 내면서 무례하게 말했다.

"오, 당신같은 영감주의자들은 나를 피곤하게 만들어요. 늘 디모데후서 3장 16절을 인용하면서 '모든 성경은 하나님의 감동으로 된 것으로 유익하니'라고 말하지요. 말도 안 돼요! 발음하기도 어려운 이름들로 가득한 긴 장들이 정말로 유익하다는 겁니까? 유대의 국경 마을들이 있습니다. 국경 바깥의 마을들을 적는 걸로도 모자라서 국경 안에 있는 마을들까지 적어 내려갔습니다. 그런 것들이 우리 '현대인'에게 무슨 유익이 된다는 말입니까? 사라진 지방과 사라진 마을들이 말입니다!"

"물론입니다."

하퍼가 말했다.

"그들은 사라진 게 아닙니다. 예언된 대로 오랫동안 왕이나 왕자나 가신상 없이 지내기는 했지만 말입니다. 성경이 감동으로 쓰였다는 증거를 말해보라고 누가 디스라엘리에게 물었을 때, 그는 옳게 대답했습니다. '바로 유대인입니다.' 하지만 국경 마을에 대해서는 대답할 말이 없습니다. 그래도 유익하지 않았다면 하나님이 그렇게 말씀하지 않으셨을 거라는 걸 압니다."

"인간의 고귀함과 선함을 더 이상 믿지 않는다는 얘기를 하는 겁니까?"

화가 난 사서가 말했다.

"인간이 환경과 상황에 상관없이 본성상 악하다는 겁니까? 스스로 갱생할 수 없다는 겁니까? 자신 안에 신적인 불꽃이 있어서 결국에는 하나님 아래서 하나님의 이상에 도달하게 할 수 없다는 말입니까?"

"전부 '네'라고 대답하겠습니다."

하퍼가 말했다.

"저는 제가 그런 사람인 줄을 압니다. 그리스도의 영광의 빛 앞에서 저를 난처하게 했던 부분들이 저에게 밝혀졌고 저는 구원을 받았습니다. 저는 성령이 밖에서부터 저를 강권하시는 것, 죄와 의와 심판에 대해 강권하시는 것이 내 무절제한 자아의 행위인 줄 알았습니다. 악한 영은 내 힘으로 가장 높은 이상에 도달할 수 있다고 말했고, 내 안에 있는 '신적인 불꽃', 나만의 선함이 나의 철저함 덕분에 존재한다고 믿게 만들었습니다. 저는 심지어 다른 죄인을 저의 모범으로 삼았습니다. 다시 말해 저는 당신과 같은 것을 믿었지만 진리를 뒤집었던 겁니다. 성령의 도우심을 내 안의 악함이라 여겼고, 마귀의 제안을 내 안의 선함이라 여겼습니다. 평범한 지성의 인간이 그렇게 사탄의 종이 될 수 있다는 것은 매우 불쌍하고 부끄러운 일입니다. 하지만 그게 사실입니다."

"교조주의!"

비평가가 코 웃음을 치며 말했다.

"원한다면 그렇게 생각하세요."

하퍼가 말했다.

"하지만 무례함은 아닙니다. 하나님께서 말씀하시고 그의 영이 보여주신 바에 따른 교조주의입니다. 인간의 지혜에 따른 교조주의는 아닙니다."

"또 그 소리군요!"

진짜 교조주의자가 코웃음을 쳤다.

"하나님이 언제 말씀하셨습니까? 그의 영이 언제 진리의 계시를 줬습니까?"

"하나님은 태초부터 여러 방식으로 말씀하셨습니다. 요즘같은 마지막 때에는 그의 아들을 통해 말씀하셨습니다."

하퍼가 조용히 대답했다.

"그리고 그의 영은 말할 수 없는 은혜로 당신 앞에 서 있는 죄인에게 진리를 드러내셨습니다."

자신의 뻔한 약점을 타인에게 덮어씌워 정죄하는 이 왜소한 남자는 이 대답에 조금 조용해졌다. 성경에 대한 그의 유일한 반론은 성경이 하나님 앞에서 인간을 발가벗겨 모든 의를 상실하게 한다는 것이었다. 그래서 인간을 미약하고 죄악되며 어두운 마음을 가진, 길을 잃은 존재로 만든다는 것이었다. 결국 인간의 유일한 희망은 하나님의 뜻에 순종하는 것이었고, 돈이나 대가없이 거저 주어지는 선물로 그의 예비하심을 받아들이는 것이었다. 하나님이 인간에게서 조금이라도 뭔가를 받아주셔서 적선의 대상이 되지만 않는다면 얘기가 달라질 것이었다.

사서는 다시 입을 열었다.

"자신을 존중하는 사람이라면 누가 그런 교리에 자신을 넘겨줄 수 있겠습니까?"

"그럴 사람은 없습니다."

하퍼가 짧게 대답하고는 기다렸다. 잠시 뒤 왜소한 남자가 다시 말했다.

"당신 같은 사람이 자기 존중감을 버렸다는 말입니까?"

"네."

불편한 한 음절의 대답이 또 이어졌다. 그러자 이런 질문이 돌아왔다.

"무슨 말입니까?"

"제 말은 인간이 하나님보다 자기 자신을 더 존중하는 한, 아시아인들의 표현을 빌자면 그는 '체면을 잃을' 의사가 없다는 것입니다. 주님도 이에 대해 말씀하셨습니다. '자기 목숨을 얻는 자는 잃을 것이요 나를 위하여 자기 목숨을 잃는 자는 얻으리라'마 10:39 저의 자존감, 즉 저의 체면과 생명을 잃고자 했을 때 저는 그것을 즉시 찾았습니다."

"더 자세히 말해보세요!"

한때는 공손했던 '수준 높은 비평가'가 요청했다.

"그건 매우 쉽습니다."

하퍼가 참을성 있게 대답했다.

"하지만 아무 쓸모도 없습니다. 당신은 인간의 미약한 지성이 전능자 하나님의 심판대 앞에 설 수 있다고 말하는 겁니다. 그리고 하나님이 당신에게 제안할 것이 있다면 제안하게 하라는 겁니다. 하지만 그는 당신에게 제안할 것이 없습니다. 당신이 캐내려고 하는 것은 하나님의 거룩한 비밀입니다. 그가 정하신 방식대로 그를 알고자 하지 않는다면, 그는 거듭나지 않은 사람에게 결코 그 비밀을 보여주지 않으십니다. 당신이 그 조건에 복종하고 어린아이 같은 믿음으로 이유없이 따르지 않는다면, 하나님은 당신이든 다른 누구든 깨달음을 주지 않으십니다."

"그러니까 '낚시를 하든가 미끼를 자르든가', '오리를 먹든가 아예 굶든가'라는 뜻입니까?"

"그겁니다."

확신에 찬 대답이 돌아왔다.

"그러면 저는 낚시도 안 하고, 오리도 안 먹겠습니다."

그가 자랑스럽게 대답했다.

"하나님은 결과를 당신께 맡기셨습니다."

하퍼가 슬프게 대답했다.

"하나님은 그 결정을 눈물로 받으셨습니다. 아무도 멸망하기를 원치 않으시기 때문입니다. 강퍅한 사람들은 하나님의 원하심과 예비하심과는 다르게 마귀와 그의 천사들을 위해 준비된 곳으로 내려갑니다. 생명을 얻기 위해 예수께 나오지 않기 때문입니다."

하퍼는 가련하고 길을 잃은, 반항적인 영혼을 두고서 슬프게 돌아섰다. 그는 순종함으로써 하나님의 택하신 아들이 되고, 또한 그리스도와 함께 아버지가 가진 모든 것의 공동 상속자가 되기보다는 자신의 무능함으로 하나님과 동등해지려고 했다.

하퍼는 집에 도착해서 국경 마을의 이름들을 찾아보기 위해 사전을 꺼냈다. 이름들을 나열하자 그 의미는 그가 그리스도께 인도된 방식과 일치했다. 그는 매우 놀랐다. 그는 이것이 상당히 '유익하다'고 생각하면서 국경선 안쪽 마을들도 찾아보았다. 올바른 순서로 나열된 이름들은 완전한 체계를 갖추고 있었는데, 이는 하퍼를 더욱 놀라게 했다. 이는 사람이 그리스도께 접붙여지고 나서 살아야 하는 방법을 가리키고 있었다.

같은 방식으로 그는 '처녀'에 해당하는 단어들을 찾아봤다. 그는 지금까지 어떤 '수준 높은 비평가'의 말을 그대로 믿어왔다. 그들은 자신들만이 학자라고 말했기 때문에 그는 그들의 말을 듣고, 믿었다. 그는 처녀, 혹은 아가씨에 해당하는 히브리어 단어를 두 개 찾았다. '바툴라'bathoola와 '할마'halmah였다. 첫 번째 뜻은 매여있지 않은 여자[약혼하지 않은 여자]였고, 두 번째 뜻은 매여있는 여자[약혼한 여자]였다. 첫 번째 단어는 구약에 여러 번 나왔고, 두 번째 단어는 두 번만 나왔다. 신중하게 구슬을 꿴 그는, 엘리아살이 이삭을 위해 처녀를 구할 때 하나님께 '바툴라'를 달라고 기도했음을 발견했다. 그의 기도가 즉시 응답되자 이삭은 리브가에게 약혼 선물을 줬다. 그녀의 집으로 향하면서 그는 그녀의 보호자들에게 무슨 일이 있었는지 얘기한다. 이때 리브가를 '할마'라고 부르는데, 이것은 약혼했다는 것이다. 이는 '주님에게서 난 것'이기 때문에 그녀의 어머니와 남자 형제는 받아들였고 이에 개입하지 않았다.

하나님은 또한 그리스도 탄생 700년 전에 선지자 이사야를 통해 말씀하셨고, 하퍼는 성령께서 이사야의 입에 주신 단어가 '할마'임을 발견했다. 영어로는 '처녀'로 번역되었고, 문자 그대로는 이렇게 읽혔다.

> 보라, 약혼한 처녀가 잉태하여 아들을 낳을 것이라 사 7:14

성경의 장들을 넘겨서 그는 이렇게 쓰여진 것을 읽었다.

> 예수 그리스도의 나심은 이러하니라 그의 어머니 마리아가 요셉과 약혼하고 동거하기 전에 성령으로 잉태된 것이 나타났더니 마 1:18

그는 소위 학자들의 무지와 그리스도의 탄생이 있기 700년 전에 성령께서 선택하신 단어의 정확성에 놀라 한동안 멍하니 앉아 있었다. 그는 책장에서 그리스도의 탄생 280년 전 히브리인들 중에서 가장 뛰어난 70명의 학자들이 번역한 성경을 꺼냈다. 구약을 헬라어로 번역할 때 처녀에 해당하는 헬라어 단어를 무엇을 썼는지 보기 위해서였다. 그는 이사야 7장 14절에 처녀에 해당하는 유일한 헬라어 단어인 '파르테노스'parthenos를 썼음을 발견했다. 그는 또 창세기 3장 15절에서 약속된 구원자가 남자의 씨가 아니라 여자의 씨에서 나올 거라는 말씀을 발견했다. 하나님의 생각을 인간에게 전달하기 위해 성경에서 단순하고 정확하게 단어를 선택한 데 대해 그는 놀라워했고, 사모하는 심정에 마음이 동했다. 정신을 차렸을 때 그는 자신의 보잘것없는 지성을 이용해 하나님의 입김이 서린 책을 비판한 것이 부끄러워 머리를 숙였다.

서재 문을 두드리는 소리에 나가보니 사서가 서있었다.

"얘기 좀 하려고 잠시 들렀어요."

그가 친숙하게 말했다.

그는 히브리인이었다. 그는 여느 '파괴적인 비평가들', 그리고 그의 동족들과 마찬가지로 자신을 학자라고 여겼다. 탈무드[히브리인들이 큰 배움이라 여기는 기준]와 고대 언어에 일가견이 있던 그는 자신을 역사가로도 여겼다.

우리의 대화는 곧 처녀의 그리스도 잉태로 이어졌다.

"하지만 이사야 7장 14절에 나오는 처녀라는 단어는 우리가 말하는 '처녀'와는 완전히 달라요. 여기에서는 젊은 여자를 뜻하는 '할마'를 썼는데, 우리는 항상 처녀를 '바툴라'로 가리키잖아요."

사서가 말했다.

"물론입니다! 하지만 '할마'라는 단어가 요점을 약화시키는 게 아니라 오히려 더 강화시킵니다."

하퍼가 대답했다.

"아니, 아니에요. 친구! 그렇지 않아요. 예언이 조금이라도 중요한 것이라면 '바툴라'를 썼을 겁니다."

그가 흥분한 어조로 대답했다.

"당신 나라의 고대 학자들 중에 '처녀'라는 단어를 다른 언어로 사용한 경우는 하나도 없습니까?"

하퍼가 물었다.

"전혀 없습니다!"

그가 대답했다. 늘 그렇듯 '파괴적인 비평가'의 확신에 찬 대답이었다.

"만약 그런 경우가 있다면 어떻습니까?"

하퍼가 재치 있게 물었다.

"불가능합니다."

이번에도 확신에 차 있었다.

"우리가 '구약'이라 부르는 책을 헬라어로 번역하기 위해 당신의 민족들 중에서 위원회가 발탁됐다면 어떻습니까? 히브리인들 중 타지에 흩어져서 헬라어를 쓰는 이들을 위해서 말입니다. 전국에서 가장 훌륭한 70명의 히브리어 및 헬라어 학자들로 구성된 이 위원회가 예수 그리스도의 탄생 몇 세기 전에 이사야 7장 14절의 '할마'라는 단어를 헬라어 '파르테노스'로 번역했다면 뭐라고 하시겠습니까?"

하퍼가 조용히 물었다.

"다시 말하지만 그건 불가능합니다. 게다가 그런 일은 있지도 않았습니다."

그가 더욱 확신에 차서 말했다.

하퍼는 눈 하나 깜짝하지 않고 책꽂이 앞으로 가 70인역 성경을 꺼냈다. 이사야 7장 14절을 펴서 손가락을 끼운 뒤, 책의 표지장을 펼쳤다. 자신감에 찬 학자가 읽었다.

> 알렉산드리아에서 70명의 히브리어 학자들로 구성된 위원회가 구약 성경을 헬라어로 번역함. 기원전 280년경 이집트 왕 톨레미 필라델푸스에 의해 고용된 것으로 알려짐.

그리고 하퍼는 번역을 보여주었다.

사서는 '파르테노스'라는 단어를 보고서 자리에서 일어나 서재 안을 왔다 갔다 하기 시작했다. 그는 머리를 잡아당기며 소리쳤다.

"대체 뭐 때문에 '파르테노스'를 사용한 거야! 저건 헬라어에서 처녀를 뜻하는 유일한 단어잖아!"

그가 조금 진정하자 하퍼는 그의 말이 맞다라고 대답했다. 그의 말처럼 '파르테노스'는 헬라어에서 처녀를 뜻하는 유일한 단어였다.

"하지만 제가 보여드리겠습니다."

그가 말했다.

"'젊은 여자'로 번역한 당신의 번역이 더 낫다는 걸 말입니다."

그리고는 마태의 단순하지만 웅장한 말씀을 펼쳤다.

> 예수 그리스도의 나심은 이러하니라 그의 어머니 마리아가 요셉과 약혼하고 동거하기 전에 성령으로 잉태된 것이 나타났더니 마 1:18

"보세요."

하퍼가 점잖게 타일렀다.

"예수 그리스도의 어머니는 이사야 7장 14절을 문자 그대로 이루기 위해 '할마'일 수밖에 없었습니다. 그러므로 당신의 70명의 동족들은 헬라어에서 처녀를 뜻하는 유일한 단어를 쓰는 수밖에 없었습니다. 영어 번역자들이 한 것처럼 말입니다. 둘 다 '매여있는 젊은 여자'를 썼으면 나왔을 것입니다."
 사서는 말 없이 방을 나갔다.

 이 장면은 20여년 전 미국의 어느 대도시에서 학식있는 의사와 박학한 히브리인 랍비 사이에서 일어난 일을 묘사한 것이다. 위의 서재에서 상당한 학문을 닦은 세 명의 파괴적인 비평가들은 '파르토게네시스', 즉 처녀 잉태라는 것은 없다고 선언했다.
 의사는 영국 백과사전에서 해당 주제를 찾아서 그들 앞에 펼쳤다. 그는 그들이 자랑하는 학문이 단지 풋내기에 불과하며, 하나님의 교리를 받아들이는 사람은 항상 옳다는 것을 다시 한 번 입증해 보였다.

04
존 하퍼에게 비친 햇빛

보라 지금은 은혜 받을 만한 때요 보라 지금은
구원의 날이로다 고후 6:2

도시 외곽에는 존 하퍼가 지금까지 거의 얘기를 나눠본 적이 없는 독실한 성경공부반 학생이 살았다. 하퍼는 아더 트림블을 찾아갔고 극진한 대접을 받았다. 세인트폴교회의 유명한 '수준 높은 비평가'가 성서 원본이 문자 그대로 하나님의 감명을 받아 오류 없이 쓰였다고 진실하게 말하는 모습에 트림블은 놀랐다. 그는 하퍼가 성경을 얼마나 사랑하는지 알게 되었다.

그리고 트림블은 히브리 숫자에서 발견한 것을 하퍼에게 보여줬다. 성경에서는 13이라는 숫자가 항상 배교와 연관되어 있었고, 배교한 왕들의 이름은 전부 13이라는 숫자의 의미를 내포하고 있다는 게 놀라웠다. 또한 하나님을 떠나지 않은 왕들은 예수의 히브리어 이름 '요슈아'와 같은 숫자를 상징하고 있었다. 지금까지 성서 원본과 사전은 하퍼의 책꽂이에 방치된 채 있었다. 그는 가짜 학자들의 보잘것없는 추측성 책들만 읽어왔었다. 하퍼는 트림블의 서재에는 훌륭한 사전들과 성경 원본 외에는 다른 책이 없다는 점을 발견했다. 그는 이 책들을 노트에 적어 서재 책꽂이에 추가했다. 이후 그 책들은 그에게 가장 큰 도움이 되었다.

돌아오는 주일 그는 중요한 고백을 했다. 그는 처녀의 그리스도 잉태와 성경이 하나님의 감동으로 쓰여졌다는 사실에 대해 미약한 지성인들이 뭐라고 하는지 신중하게 훑었다. 그리고는 설교단 앞으로 나아가 큰 성경 위에 자신의 강한 손을 얹으며 말했다.

"저는 지금까지 이 책을 열지 않았습니다. 저는 이 주제에 형이

상학의 달빛과 별빛만을 비추어왔습니다."

그리고 펼쳐진 큰 성경을 머리 위로 흔들며 그가 외쳤다.

"햇빛을 보고 싶으십니까?"

자신들이 어디 있는지, 무엇을 하고 있는지에 대한 생각도 없이, 사람들은 크게 박수 쳤다. 하퍼는 책상 위에 그 책을 놓으며 말했다.

"우레와 같은 소리에 대해 하나님께 감사드립니다!"

그는 성경을 넘겨 다윗의 고백을 읽었다.

"내가 죄악 중에서 출생하였음이여 어머니가 죄 중에서 나를 잉태하였나이다.시 51:5 모든 사람이 그렇게 잉태됩니다."

그가 말했다. 그는 신약성경을 펼쳐 성령으로 잉태되어 젊은 여자 마리아에게서 난 하나님의 아들의 위대한 이야기를 읽었다. 그리고나서 그는 성경을 넘겨 또 읽었다.

"하나님께서는 죄를 알지도 못하신 이를 우리를 대신하여 죄로 삼으셨습니다. 그분이 친히 나무에 달려 그 몸으로 우리 죄를 담당하게 하신 것입니다."

그는 대화하는 듯한 간명한 말투로 자신이 성경을 공부하면서 얼마나 축복된 시간을 보냈는지, 그리고 성령께서 그에게 성경을 어떻게 열어 보이셨는지에 대해 이야기했다. 그가 배운 바에 의하면 예수 그리스도가 성녀 마리아에게서 죄 없이 잉태되었고 그 자신은 구원자를 필요로 하는 한낱 인간에 불과하며, 이 모든 것이 '성경을 응하게 하려고' 그에 관해 기록되었다는 것이다.

"몇 달 전까지 저는 머리가 심히 어두워진 상태에서 처녀의 그리스도 잉태를 더 이상 믿지 않으며 교회의 권위를 인정하지 않는다고 말했습니다. 하지만 오늘 저는 여러분께 그리스도의 처녀 출생을 저의 영혼을 다해 믿는다고 말씀드립니다. 저는 여전히 교회의 권위는 인정하지 않습니다. 교회는 권위가 없기 때문입니다. 하지만 성경의 권위는 인정합니다."

그는 다시 성경 위에 손을 얹었다.

"그리고 처음부터 끝까지 성경 전부를 믿습니다. 강한 수치심과 깊은 후회를 담아 나의 주님을 저버리고 공개적으로 모독한 이 자리에서 여러분께 고백합니다. 저는 그의 죄 없는 탄생에 서자의 표시를 하려 했고, 그의 처녀 어머니의 이름을 비난했습니다. 저의 유일한 변론은 제가 시대의 우상에 눈이 멀어 무지함 속에서 그랬다는 것뿐입니다. 그래서 그리스도의 복음의 영광의 빛이 저를 비추지 못했습니다. 저의 세속적인 지성으로 제 잘못을 가볍게 만들려는 것이 아닙니다. 저의 비밀스러운 죄들은 인간에게 알려지지 않았지만 하나님의 성령으로 알려졌고, 지금 저는 그분의 무한하신 사랑과 자비를 누리고 있습니다. 그분은 감사하게도 그리스도 안에서 저에게 진리를 가르쳐 주셨습니다.

저의 행동에 변명하지 않겠습니다. 제가 범한 잘못을 고백함으로써 조금이라도 회복이 가능하다면 기꺼이 그렇게 하겠습니다. 다만 한 가지는 기쁩니다. 이제 제가 거부한 분에 대해 설교하는 일로 봉급을 받는 부정직한 일은 피할 수 있게 되었습니다. 그러나 저는 빛의 사람으로서, 과거에 봉급을 받은 슬픔은 여전히 견뎌야 합니다. 저의 어리석은 마음이 어두워졌고, 저는 제 자신이 장님이면서 다른 장님들을 인도했습니다. 하지만 하나님은 선하십니다. 그는 제가 부당하게 얻은 것들을 보상할 수 있는 위치에 저를 두실 겁니다. 또 여기 죄를 모르시는 이가 우리를 위하여 죄가 되셔서 우리가 그를 통해 하나님의 의가 되게 하셨다고 나옵니다.

우리가 행한 바 의로운 행위로 말미암지 아니하고 딛 3:5

일을 아니할지라도 경건하지 아니한 자를 의롭다 하시는 이를 믿는 자에게는 그의 믿음을 의로 여기시나니롬 4:5

여러분도 경건하지 않으십니까? 의롭다 함을 받고 싶으십니까? 지금은 은혜 받을 만한 때요 보라 지금은 구원의 날입니다."

그가 얘기하는 동안 교인들이 사방에서 몰려들어 제단 울타리 주변을 채웠고, 그들은 회개하는 마음으로 인간이 구원 받을 수 있는, 하늘 아래 인간에게 주어진 유일한 이름으로 기도했다.

05
'그리스도의교회'의 시작

주께서 나의 앞뒤를 둘러싸시고 내게 안수하셨나이다 내가 주의 영을 떠나 어디로 가며 주의 앞에서 어디로 피하리이까 내가 하늘에 올라갈지라도 거기 계시며 스올에 내 자리를 펼지라도 거기 계시니이다 주께서 나의 마음을 소유하셨나이다 시 139:5-8

일련의 사건들은 전부 좋은 기사거리였고 기자들은 이를 십분 활용했다. 월요일 신문이 나오자 하퍼는 시내에서 가장 많이 회자되는 인물이 되었다. 하퍼의 부인은 그를 동경하고 존경했다. 이제는 그를 숭배하다시피 했다. 그가 돌이킨 영혼들은 그를 사랑했고 사람들은 그를 존경했다. 그의 조수 맥린은 깊이 감동했지만 아무 말도 하지 않았다. 맥린은 그날 그의 어머니의 성경을 받게 되었다. 그는 영혼의 눈을 통해 죄 없으신 그분이 죄가 되어 나무에 매달려 있는 모습을 보았다. 그는 괴로움 속에 일주일을 보냈고, 이른 아침 서재에서 무릎을 꿇고 악한 죄를 용서해달라고 하나님께 부르짖었다. 그는 밤새 기도한 터였다. 그는 더 이상 견딜 수 없어서 하퍼가 도움이 될지도 모르겠다고 생각했다. 그는 하퍼에게 자신의 고민을 얘기했고 자신은 용서받을 수 없다고 말했다. 하퍼는 항상 들고 다니는 포켓 성경을 꺼내 로마서 4장 5절을 펴고는 맥린에게 건네며 읽어보라고 했다. 맥린이 읽고 나자 하퍼가 말했다.

　"맥린, 잘 들어보게. 자네가 할 일은 없어. 모든 게 자네를 위해 이미 이뤄졌기 때문이야. 믿어지지 않나?"

　그러자 이 조용한 남자의 눈에 눈물이 맺혔다. 그가 말했다.

　"다 이해됩니다. 너무나 단순합니다. 왜 전에는 보지 못했을까요?"

　"한 번도 하나님에게서 말씀을 통해, 또 하나님의 영을 통해 태어난 적이 없기 때문이야. 그분이 이제 자네에게 주어졌고, 자네의 눈을 밝혀주셔서 나무 위에서 자네의 죄를 몸소 짊어진 예수를 보게 해주셨어."

둘은 무릎을 꿇고서 죄인에게 주어진 자비와 선하심에 대해 하나님께 감사드렸다.

하퍼가 그리스도를 부인했을 때 하퍼의 잔류를 허락했던 감독은 주일 설교에 관한 글을 읽고서 하퍼를 호출했다. 하퍼는 감독과의 점심식사 후에 정원에서 기다리고 있었다. 감독은 하퍼에게 세인트 폴의 교인이 너무 많아져서 보다 넓은 무대가 필요하며, 이제 하퍼는 자유의 몸이니 원한다면 그 무대에 서도 좋다고 말했다. 하퍼는 잠시 감독을 쳐다보다가 말했다.

"당신은 나의 고삐를 푸셨고 다시는 씌우지 못할 겁니다."

시내로 돌아간 그는 즉시 돌아오는 주일을 위해 음악당을 계약했고, 주일 예배 소식을 기대로 가득 찬 언론에 알려주었다.

이제 그는 도시에서 세 번째 회중을 갖게 되었다. 첫 번째 부류는 카장로 같이 자기 의로 가득한 부호들과 루든 록스버리 같은 설교 감식가들로 이뤄져 있었다. 이들은 자신들의 악행과 불신을 감추기 위해 스스로 정통이라 일컬었지만 실은 정통성이 무엇인지 조금도 몰랐다. 두 번째는 상당한 숫자의 노동자들이었다. 하퍼가 그들을 공감해 주었고 그들을 억누르는 자들을 비판했기 때문이다. 세 번째 부류는 주일 아침 그의 앞에 앉은 거듭난 사람들이었다. 빈 의자와 설 수 있는 공간은 다른 사람들로 채워졌다. 어느 여인의 말에 따르면, 어떤 이들은 '근처 교회에서 졸다가 하퍼와 떡을 떼러' 왔다. 하퍼가 그들에게 '말씀의 신실한 젖을 먹여 자라게' 했기 때문이다.

하지만 무리의 대다수는 배고픈 이들이었다. 그들은 마땅히 그래야 하는 것처럼 담대히 진리를 말하는 우직한 남자를 좋아했다. 그들은 하퍼가 주일 아침 머리 위로 펼쳐진 성경을 들었던 이야기,

그가 교인들에게 햇빛을 보고 싶으냐고 물었을 때, 우레같은 박수소리가 울렸다는 이야기에 대해 읽었다. 이야기를 읽은 많은 이들은 고향집에서 온 가족이 성경을 중심으로 둘러앉아 있던 향수에 잠겼고, 머리가 하얗게 샌 아버지가 아침 저녁으로 성경을 읽고 그들을 위해 하나님께 기도하던 모습을 떠올렸다. 그들은 어머니 무릎에 앉아 '이제 잠자리에 듭니다'라고 기도했었다. 이제 어머니, 아버지가 돌아가신 지 오랜 시간이 흘렀다. 그들은 상냥하신 어머니가 천국에서 만나자고 마지막으로 기도하던 모습을 기억했고, 곧 공상에서 빠져 나온 그들은 말했다.

"내 아버지의 성경만으로 충분해. 나는 그것을 믿는 사람을 지금껏 찾아 헤맸어. 이제 가서 그의 설교를 들어야지. 어머니께서 분명 기뻐하실거야."

지난주 주일에 그리스도를 영접한 이들 중에는 마이클 오코너라는 젊은 인쇄업자가 있었다. 그는 어릴 때부터 가톨릭 신자였다. 그가 현재 일하는 인쇄 사무소에는 참된 기독교 신자들이 몇 명 있었는데, 그는 가톨릭 교회가 '이단'에 대해 하는 얘기들이 전부 믿을 만하지는 못하다는 사실을 깨달았다. 그의 가족들은 하나님의 어머니 마리아라고 불리는 교회(가톨릭)를 믿었고, 묵주를 셌다. 하지만 기독교 신자들은 살아있는 인격적 구원자를 믿었고, 그를 친구라 부르며 사모했다. 또 그들은 즐겨 읽는 성경을 가지고 있었다. 그는 집에서 성경을 본 적이 한 번도 없었다. 그래서 마이크는 그 주 주일 무리와 함께 앞으로 나가 믿음의 기쁨과 평화를 얻었다.

하퍼는 마이크가 일하는 인쇄 사무소에 들렸었다. 음악당에서 있을 주일예배를 알리는 포스터를 받아서 친구들에게 배포하기 위해서였다. 지시를 내리고 있는데 인쇄실에서 노래하는 소리가 들렸다.
"누구죠?"
그가 물었다.
"이렇게 달콤한 노랫소리는 들어본 적이 없어요."
"마이크입니다."
매니저가 말했다.
"가끔 제 눈에 눈물이 맺히게 해요."
"그와 잠시 얘기해도 되겠습니까?"
하퍼가 물었다.
"제가 아는 사람인 것 같습니다."
"오, 물론이죠! 이쪽으로 가시면 돼요. 집처럼 편안하게 생각하세요."
매니저가 말했다. 목소리를 따라 인쇄실에 들어서자 빨간 머리의 마이크가 보였다. 둘은 친근하게 악수를 했고 하퍼가 말했다.
"마이크, 오늘 저녁 저에게 와주시겠어요? 부탁드릴 게 하나 있어요. 그리고 제 아내와 함께 노래를 한 번 불러주세요. 저는 노래를 부르지 않습니다만, 당신은 정말 훌륭한 목소리를 갖고 계시네요! 목소리를 하나님께 드리면 좋겠어요. 오시겠어요?"
"가겠습니다."
마이크가 말했다.
하퍼는 주일에 사용할 찬송가가 없다는 사실이 떠올랐다. 그래서 사람들이 어릴 때부터 부르던 옛 찬송가들만 부르기로 했다. 그리고 집에 도착하자마자 천 권의 복음 찬송가를 신속 배달로 주문했다. 그는 음악당에서 있을 예배를 위해 미리 찬송을 선택했고, 부인에게 부탁의 말을 해놨다.

일곱 시 반에 마이크가 도착했다. 그는 깔끔한 '교회가는 옷차림'을 하고 왔다. 그날 저녁 세 사람은 즐거운 시간을 보냈다. 하퍼 부인은 마이크가 수줍어 하지 않게 재치를 발휘했고, 찬송을 바로잡아 주기도 했다. 마이크는 그 주 내내 하퍼네를 방문하면서 큰 즐거움을 얻었다. 그들이 가장 많은 시간을 할애한 찬송은 로버트 하크니스가 쓴 감성적인 찬송 '나의 어머니'였다.

"주일예배를 위해 피아노를 마련해놨어요."

하퍼가 목요일에 아내에게 말했다.

"연주해 줄거죠?"

"아니요. 안 하는 게 좋겠어요."

그녀가 말했다.

"실력이 충분치 않아요. 게다가 지난 주일 앞으로 나왔던 사람들 중에 애비 클라크라고 기억나요?"

"네."

하퍼가 무슨 얘기인지 의아해 하며 말했다.

"기억나요."

"그녀를 알아가는 중이에요."

하퍼 부인이 말했다.

"오페라에서 노래를 했다고 해요. 저번에 당신이 나가 있을 때 그녀가 찾아와서 노래를 몇 곡 연주했어요. '기원전 280년 이집트에서'라는 곡이었어요. 그런 연주는 처음 들어봤어요. 자기에 대해서도 이야기해줬어요. 아주 특별한 사람인 것 같아요. 그녀의 연주비법에 대해 묻자 그녀는 눈물을 글썽이며 말했어요.

'주님께 제 자신을 드렸고 원하신다면 저의 가련한 삶을 받으셔서 저를 사용해달라고 했기 때문일 거예요. 이런 말씀을 읽었습니다.

> 상한 갈대를 꺾지 아니하며 꺼져가는 심지를 끄지 아니하기를 심
> 판하여 이길 때까지 하리니 마 12:20

제 자신도 아직 이해하지 못합니다만, 그분께서 저의 보잘것없는 불에 입김을 불어주신 것 같습니다. 대가들이 싸구려 악기로 매우 아름다운 음악을 연주하는 모습을 여럿 봤습니다. 제가 새로 발견한 주님이 그런 대가라고 믿습니다. 그는 저의 작은 갈대를 꺾지 않으시고 고쳐서 구원의 노래를 연주하실 겁니다.' 그래서 생각했습니다."

하퍼 부인이 말했다.

"하나님께서 당신을 위해 피아니스트와 성가대 리더를 이미 마련해주셨습니다. 내일 저녁식사를 함께 하자고 할까요?"

"그렇게 합시다."

하퍼가 말했다. 그는 하나님께서 그와 함께, 그를 위해 일하고 계시다는 것을 깨닫기 시작했고 당장은 할 말이 없었다.

금요일 저녁 하퍼네를 방문한 클라크는 자신의 갈대가 열납되었고 하나님께서 자신을 보살피고 계시다는 사실을 깨달았다. 저녁 늦게 마이크가 합류했다. 애비 클라크는 그를 사로잡았다. 마이크는 자신에게 무슨 일이 일어나고 있는지 알지 못했다. 클라크는 음악을 음악적이게 만드는 타고난 음악가였다. 그녀의 철저한 훈련과 연습에 매혹적인 열정이 더해졌고, 마이크는 어느 때보다 훌륭하게 노래했다. 그는 이 놀라운 여인을 위해 뭐든 할 준비가 되어 있었다. 하퍼는 그를 옆으로 불러 주일에 피아노를 연주하는 클라크 옆에 서서 지금까지 연습한 찬송들과 설교 직후에 '나의 어머니'를 솔로로 불러줬으면 좋겠다고 말했다. 마이크는 곧바로 수줍음을 나타냈다. 하지만 하퍼가 자신의 부탁이 아니라 주님께서 찬

송을 통해 가여운 영혼들의 결정을 돕고자 하신다면서, "그분을 위해 해주실 거죠?" 하고 물었다.

"네, 그분을 위해서라면 뭐든 하겠어요."

청년은 머리를 숙이며 대답했다.

그 주 주일 하퍼 부부가 홀에 들어서자 음악당은 거의 만석이었다. 하지만 사람들이 끊임없이 들어왔다. 하퍼가 일어서서 옛 찬송 '내 주를 가까이 하게 함은'을 부르자고 했을 때는 이미 삼천 명 이상의 사람들이 모여 있었다. 클라크가 전주로 한 소절을 연주했고 사람들은 찬송을 부르기 위해 일어섰다. 그녀의 풍부하고 아름다운 소프라노와 마이크의 감성적이고 영혼을 움직이는 목소리, 말하는 듯한 피아노 연주가 어우러지자 회중은 두 번째 소절이 시작되기도 전에 합류했다. 그들의 목소리는 점점 더 커져서 마지막 절에서는 힘찬 합창이 되었다.

하퍼는 일어선 채 가장 단순한 언어로 하나님께 예배에 대한 은혜로운 임재와 축복을 빌었다. 그는 시편을 읽고 '주 예수 크신 사랑'을 부르자고 했다. 모든 사람이 첫 단어부터 노래하기 시작했다. 교인들은 클라크의 열정을 느꼈고, 그녀도 그들이 자신의 노래를 듣고 싶어한다는 것을 알아챘다. 교인들은 그녀의 열정을 외면할 수 없었다. 또 한 번의 기도가 드려졌다. 사람들은 그들이 하나님 앞에서 의로운 자에 의해 기억되고 있음을 깨달았고, 감사하게 여겼다.

기도를 마무리하면서 하퍼는 감독이 자신을 놔주기로 했다고 담담하게 말했다. 이제 자유의 몸이 되었기에 그들을 음악당으로 초대한 것이고, 초대에 응해준 데 대해 감사하다고 말했다. 그들은 곧 '못박혀 죽으신'을 불렀다. 찬송이 끝나자 하퍼는 무대 앞으로 나와 예수님에 대해 조용히 얘기하기 시작했다. 글로버가 모으고 벤슨이 친구 삼은 가난한 여성들이 그의 마음을 크게 차지하고 있었다. 설교하는 중에도 그들이 계속 떠올렸다. 그는 예수님께서 사람들을 대하신 방식, 그리고 과부와 막달라 마리아에 대해 얘기했다. 누가복음 7장이었다.

"가버나움을 떠나 갈릴리에서 예루살렘으로 가실 때, 생명의 주께서는 죽음을 만나셨습니다. 마지막 원수가 잔인하게도 과부의 집에 들어가 그녀의 아들을 데리고 간 것입니다. 그녀의 남편은 죽었고 하나밖에 없는 아들이었습니다. 아마도 아들이 가장이었기 때문에 연민이 가득한 장면입니다. 아들이 세상에 태어났다는 기쁨은 슬픔의 밤 사이에 전부 사라져버렸습니다. 아들을 품에 안고 자장가를 흥얼거리던 날들을 떠올리면 그녀의 외로운 마음에 아픔만이 더합니다.

이제는 저녁을 해놓고 기다리는 일도, 그녀의 자랑거리였던 하루의 노동을 끝내고 돌아오는 발자국 소리도 없을 것입니다. 모든 게 지나고 사라졌습니다. 그녀는 실로 쓸쓸합니다. 사람들은 흙에서 나온 아이를 다시 흙 속에 묻기 위해 그를 들고 나갔고 그녀는 울면서 따라갑니다. 그때 예수님이 길을 따라 나타나십니다. 그녀는 예수님을 보지 못했지만 예수님은 그녀를 보십니다.

예수님은 항상 먼저 보십니다. '간고를 많이 겪었으며 질고를 아는 자'의 얼굴 표정이 즉시 바뀝니다. 과부의 비애가 그의 얼굴에 즉시 반영됩니다. 그의 공감 능력은 그 정도였습니다. 예수님은 그녀에게 말했습니다.

'울지 말라.'

그는 관대에 손을 대셨고, 들고 있던 자들은 숨을 죽였습니다.

예수님은 '청년아 내가 네게 말하노니 일어나라'고 말씀하셨습니다. 죽었던 자가 일어나 말하기 시작했습니다. 예수님은 그를 그

의 어머니에게 넘겨주었습니다. 그녀의 기쁨이 즉시 예수님의 얼굴에 나타납니다.눅 7:11-17

우리에게 있는 대제사장은 우리의 연약함을 동정하지 못하실 이가 아니요. 그는 우는 자들과 함께 울고, 즐거워하는 자들과 즐거워할 줄 아는 분이십니다. 성경은 '모든 사람이 두려워하며 하나님께 영광을 돌려 이르되 큰 선지자가 우리 가운데 일어나셨다 하고 또 하나님께서 자기 백성을 돌보셨다'눅 7:6고 했습니다. 그는 가버나움에서 나인까지 30km의 여정을 가시느라 피곤하셨을 테고, 사람들의 무리와 소음으로 그의 민감한 영혼은 지쳤을 것입니다. 먼지를 덮어쓰고 갈증으로 시달리셨을 겁니다. 하지만 그는 선행을 멈추지 않으셨습니다. 그의 친구 요한은 신실함으로 인해 감옥에 있었는데, 위로를 받기 위해 자신의 제자들을 예수께 보냈습니다.

나인의 거리에서는 예수님 앞에 수많은 병자들이 모였습니다. 예수께서 질병과 고통 및 악귀 들린 자를 많이 고치시며 또 많은 맹인을 보게 하셨습니다. 그는 요한의 제자들에게 말씀하셨습니다.

> 너희가 가서 보고 들은 것을 요한에게 알리되눅 7:22

그리고 그들에게 축복을 내리셨습니다. 주님의 배려는 얼마나 세심하고 사려 깊습니까. 그는 먼저 요한의 제자들에게 기쁜 응원의 소식을 전하게 한 뒤에 기다리고 있는 무리에게 가셨습니다. 사람의 눈에는 치욕을 입었으나 예수님의 눈에는 높임을 받은, 감옥에 누워있는 친구에게 고귀한 영예를 돌렸습니다. 그는 아시고 그는 가치를 알아보십니다. 친구를 높일 기회를 놓치지 않으셨습니다. 예수님은 요한의 우직함에 대해 얘기하셨고, 헤롯의 지하감옥에 갇혀 있는 그를 하나님의 가장 높은 명예의 전당에 두셨습니다.

하나님 나라에 있는 이들 외에 그 위에 있는 자가 없었습니다. 이 모든 것을 언급하는 이유는 그곳에 서서 귀 기울이고 있던 자 때문입니다.

그녀는 거리의 여자였습니다. 감옥에서 치욕을 입은 친구에 대한 예수님의 고귀한 증언과 이 가련한 여자 사이에 긴밀한 관계가 있다고 생각합니다. 치욕을 입은 자에게 신실함을 보이시는 자비의 주님께로부터 나오는 첫 희망의 한마디에 그녀는 숨이 막혔을 것이고, 깊은 그리움의 표정이 역력했을 것입니다. 그녀도 치욕을 입었는데 주님께서 그녀도 도와주실까요? 분명 주님도 그녀의 친구가 되는 것을 거부하지 않으실 겁니다! 아니, 아니. 주님은 어떻게 보더라도 의로움과 애정 어린 사려로 가득하십니다.

바리새인 중 한 명이 인기많은 이 남성에게 식사 초대를 했고 선생님은 응하십니다. 그들이 세모 모양의 탁자 앞에서 발은 바깥쪽으로 뻗고 팔꿈치에 기대서 음식 대접을 받는 동안, 한 번도 일어나지 않은 일이 집안에서 일어납니다. 그들이 저녁식사를 하러 가는 동안, 한 가련한 여자는 서둘러 달려갔습니다. 어떻게 들어왔는지 그녀는 집안으로 들어와 아직 여행의 먼지가 묻어 있는 예수님 발 아래로 직행합니다. 가련한 여자! 그의 눈길이 그녀의 마음을 무너져 내리게 합니다. 식탁 옆에서 주님의 발아래 있던 그녀는 발 위에 눈물을 뚝뚝 흘립니다. 그녀는 길게 땋은 새까만 머리로 눈물을 닦아내지만 눈물은 계속 흐릅니다. 그녀는 눈물로 예수님의 발을 씻고 머리카락으로 닦아냅니다. 그때 들고 온 향유가 생각납니다.

이 두 사람은 서로를 너무나 잘 이해합니다. 사랑은 항상 이해합니다. 아무 말도 없었습니다. 필요하지가 않았습니다. 그는 그녀가 무엇을 원하는지 아셨습니다. 그녀가 죄로 인해 마음이 무너졌고 용서를 원한다는 것을 그는 아셨습니다. 그녀는 예수님이 거절하지 않을 거라는 확신이 있었습니다. 식사 자리에 있던 훌륭한 영혼들은 예수님을 알았습니다. 하지만 바리새인들의 영혼은 조악했습니다. 그들은 두 사람을 가만두지 못했습니다. 그래서 그는 손님인 예수님의 진정성에 대해 사악한 의심을 품었습니다. 주님은 그런 것에 신경 쓰지 않으십니다.

하지만 시몬이 여자를 공격했고 거기서부터는 참을 수 없었습니다. 오! 남자답고 용감한 구원자가 있다는 것은 얼마나 복된 일입니까? 그는 시몬의 비열한 생각을 아셨고 질문을 던지셨습니다. 늘 그렇듯 바리새인은 대답하지 못했습니다. 대답하는 경우가 없습니다. 신사이신 그분은 세심한 배려를 하십니다. 불쌍한 마리아에게 창피를 주지 않으십니다. 그래서 시몬에게 그녀에 대해 어떻게 생각하는지 말씀하시면서 교만한 바리새인을 살짝 꾸짖으십니다.

> 시몬아 내가 네게 이를 말이 있다 하시니 그가 이르되 선생님 말씀하소서 이르시되 빚 주는 사람에게 빚진 자가 둘이 있어 하나는 오백 데나리온을 졌고 하나는 오십 데나리온을 졌는데 갚을 것이 없으므로 둘 다 탕감하여 주었으니 둘 중에 누가 그를 더 사랑하겠느냐 시몬이 대답하여 이르되 내 생각에는 많이 탕감함을 받은 자니이다 이르시되 네 판단이 옳다 하시고 눅 7:40-43

그는 여인을 보면서 시몬에게 물으셨습니다.

> 이 여자를 보느냐 내가 네 집에 들어올 때 너는 내게 발 씻을 물도 주지 아니하였으되 이 여자는 눈물로 내 발을 적시고 그 머리털로 닦았으며 너는 내게 입맞추지 아니하였으되 그는 내가 들어올 때로부터 내 발에 입맞추기를 그치지 아니하였으며 너는 내 머리에 감람유도 붓지 아니하였으되 그는 향유를 내 발에 부었느

니라 이러므로 내가 네게 말하노니 그의 많은 죄가 사하여졌도다 이는 그의 사랑함이 많음이라 사함을 받은 일이 적은 자는 적게 사랑하느니라눅 7:44-47

그리고 그녀에게 말씀하셨습니다.

네 죄 사함을 받았느니라눅 7:48

사람들이 그에게 무슨 권리로 죄를 사하느냐고 묻자 그는 은혜로운 용서의 말씀을 반복했습니다.

네 믿음이 너를 구원하였으니 평안히 가라눅 7:50

꾸짖음의 말이나 화난 표정, 분노의 말은 전혀 없었습니다. 복되신 주님! 우리 많은 죄인들 역시 당신의 사려 깊음과 비견할 수 없는 사랑에 대해 당신을 축복해야 마땅합니다.눅7:36-50

마리아는 훌륭한 제자였습니다. 우리는 그녀가 '무덤에 가장 먼저 도착하고 십자가 아래에서 가장 나중에 떠난 여인'으로 생각합니다. 부활하신 목자께서는 그녀를 가장 먼저 호명하여 양이라 부르셨습니다. 그녀는 영광스런 형체를 알아보지 못했습니다. 하지만 선한 목자께서 자신의 양에게 '마리아!' 하고 부르시자, 그녀는 즉시 '랍오니'하고 대답했습니다. '내 양은 내 음성을 들으며 타인의 음성은 알지 못하는 고로 타인을 따르지 않는다'고 말씀하십니다. 늑대가 양의 옷을 입을지라도 목소리를 바꿀 수는 없습니다.

하나님께 감사드립니다! 예수께서 마리아의 이름을 직접 부르신 것이 그녀에게 얼마나 큰 의미였을까요? 누구나 사랑하는 이의 입술로부터 자신의 이름이 불리기를 바랍니다. 알맞은 사람이 목소리에 알맞은 어조를 실을 때, 비할 바가 무엇이겠습니까? 크신 사랑을 받는 이는 어느 누구와도 구별되게 예수의 이름을 불렀을 것입니다.

그런데 오, 그 가슴 아픈 아침에 예수께서 '마리아' 하고 부르셨을 때, 마리아에게는 얼마나 큰 감동이었을까요! 부활의 아침 예수께서 오실 때, 여러분과 저에게 얼마나 큰 감동일까요? 그가 친히 이름을 부르시는 양들 사이에 우리도 있을까요? 수만 명, 아니 수십만 명이 우리를 사랑하시는 그 분께 새 노래를 부를 것입니다. 수많은 무리 중에서 알아들을 만한 목소리는 없을 것입니다. 하지만 예수께서 말씀하실 때 그의 양떼에 속한 모든 양들은 그의 이름을 알아들을 것입니다. 천국에서 예수님의 환영을 받고 이름이 불린다는 것! 모든 말과 모든 생각을 뛰어넘습니다.

또한 나인의 거리에서 예수께서 자신의 친구를 위해 변론하실 때 마리아는 큰 배움을 얻었습니다. 어찌하여 우느냐고 물었을 때 그녀는 재빨리 '사람들이 내 주님을 옮겨다가 어디 두었는지 내가 알지 못함이니이다' 하고 대답했습니다. 두 강도 사이에서 인간에게 알려진 가장 잔인한 방법으로 처형된 범죄자는 여전히 그녀의 주님이었습니다. 이는 참으로 옳은 말입니다. 예수께서 시몬 앞에서 여인을 세우실 때는 그녀의 행위에 대해 말씀하셨습니다. 그러나 '평안하라'는 말과 함께 그녀를 보내실 때는 그녀의 믿음에 대해 말씀하셨습니다. 우리의 행위는 확신을 주지 못합니다. 하지만 그가 우리를 위해 하신 일은 확신을 줍니다."

하퍼는 설교를 끝내고서 오코너가 노래하는 동안 조용히 해달라고 회중에게 부탁했다. 노래가 끝난 뒤에는 원하는 사람은 누구나 앞으로 나오라고 했다.

클라크는 찬송을 처음부터 끝까지 한 번 연주했고, 마이크는 일어서서 노래했다. 예수님께서 노래하기를 원하신다는 것 외에 그는 아무것도 몰랐다. 홀의 가장 먼 쪽 지붕에 눈을 고정시키고서 그는 노래했다.

어머니의 손이 나의 이마 위에,
부드러운 목소리로 기도하신다.
죄로 얼룩진 수많은 나날들,
사랑의 기억이 떠오른다.

오, 어머니! 당신을 생각하면,
갈보리까지는 한 걸음뿐입니다.
당신의 부드러운 손이 내 이마 위에
나를 예수님께 인도하십니다.

다시 한번 고통의 표정을 봅니다.
눈에 어린 고뇌를 봅니다.
저의 마음은 슬픕니다, 잘 알기 때문입니다.
저의 죄가 쓰라린 고난을 불러왔습니다.

그는 이제 긴장감이 완전히 풀려 있었다. 가사는 회중들의 마음을 감동시켰고 그의 달콤하고 서정적인 목소리는 그들을 사로잡았다. 그가 3절을 시작하자 회중은 그와 함께 했다.

교만한 이들이 나를 비난할 때,
어머니는 저를 곁으로 이끄셨습니다.
온 세상이 나에게 등을 돌렸을 때,
그날 어머니는 제 곁을 지키셨습니다.

건물 전체에서 흐느낌이 들려왔다. 클라크는 마이크와 완벽한 호흡을 맞추면서 그가 쉬는 동안 반주를 했다. 그는 마지막 절을 승전가를 부르듯 노래했다.

죄악에 시달려 집으로 돌아옵니다.
예수님은 여전히 나를 사랑하십니다.
어머니의 사랑은 갈보리의 보다 위대한 사랑을
저에게 각인시킵니다.

클라크의 지시에 따라 그는 연설하듯 노래했다. 회중은 녹아 내렸다. 노래하는 목소리와 연주하는 손은 주님께 바쳐졌고, 회중은 한 몸이 되어 고개를 숙였다. 잠시 동안 그들은 멍하니 앉아 있었다. 그때 아버지의 성경을 믿고 천국에서 어머니를 만날 거라고 약속한 한 남자가 자리에서 일어나 앞으로 나갔다. 그는 하퍼 앞에 서서 말했다.

"목사님! 저는 좋은 어머니가 있었습니다. 천국에서 그녀와 만나기로 약속했습니다. 약속을 지키고 싶습니다."

하퍼는 그에게 무릎을 꿇으라고 말했다. 그러자 글로버와 함께 앞에 앉아 있던 여성들이 일어나 무릎을 꿇었고, 건물 전체에서 사람들이 통로를 지나 앞으로 나가기 시작했다. 앞의 공간이 다 차자 사람들은 측량에서 무릎을 꿇었다. 하퍼는 단순한 언어로 그들에게 구원이 이미 주어졌고, 그것을 믿기만 하면, 죄인을 의롭게 하신 그분을 영접하기만 하면 하나님은 그들의 믿음을 의로움으로 여겨주실 거라고 말했다. 그는 하나님의 말씀이라며 로마서 4장 5절을 읽어주었다. 하나님께서 기뻐할 만한 믿음을 주셨다면, 그들은 주 되시는 예수 그리스도께 그렇게 고백해야 마땅했다. '입으로 시인하여 구원에 이르기' 때문이다. 그들을 일으켜 세운 뒤 그는 말했다.

"만약 여러분에게 해당된다면 이렇게 말하십시오. '예수를 나의 주로 영접한다'고 말하십시오."

앞에 있던 여인들 중 한 명이 말했다.

"오, 영접합니다. 하고 말고요. 그분을 사랑합니다!"

그러자 수십만 명의 사람들이 말했다.

"영접합니다."

하퍼는 도움이 더 필요한 사람은 집으로 찾아오라고 말했고, 그들을 앉게 했다.

하퍼는 사람들에게 말했다.

"하나님께서 원하신다면 다음 주일 이곳에서 같은 시간에 예배가 있을 것입니다. 맥린 씨께서 여러분들이 서명할 서류를 돌릴 겁니다. 기도를 마치고 나서 참석을 원하시는 분들은 모두 서류에 서명을 해주시기 바랍니다. 아직 우리 교회 건물은 없지만 하나님께서 주실 것입니다. 주께서 원하신다면 다음 주일은 이곳에서 성찬식을 갖겠습니다."

그리고 그는 양을 찾기 전에는 결코 포기하지 않으시는 그리스도께 기도했다. 그는 그리스도 안에 들어온 신생아들을 하나님의 어깨 위에 두셔서 지켜주시고 집까지 안전하게 데려다 달라고 구했다.

기도가 끝나자마자 머리가 하얀 두 남자가 측량을 따라 걸어오더니 펜을 가지고 명단을 작성했다. 하워드 벤슨과 이라 워른이었다. 벤슨은 하퍼를 보며 말했다.

"저는 지금까지 고넬료였습니다. 하나님은 당신을 보내셔서 저에게 구원의 말씀을 전하셨습니다."

수백 명이 잇따라 서명을 했다. 그들은 지난 3주간 그리스도를 고백한 이들이었다. 명단에는 오백 명 이상이 새로운 공동체의 구성원으로 서명했다. 그들은 선포된 성경 말씀 외에는 건물도 없고 교리도 없는 이 교회를 믿었다.

하퍼는 주중에 벤슨네 근처 풀튼 가로 이사할 거라고 회중에게 전했다. 집이 좁아서 회의를 하기가 어려우니, 다음날 저녁 여덟 시에 칼튼에서 만나서 다음 절차를 논의해보자는 제안이었다. 그는 다음 단계가 어떻게 될지 모르겠다고 솔직하게 말했다. 하지만 그는 하나님께서 성령님을 교회의 우두머리로 삼아주셨음을 믿었고, 그의 인도하심을 따르기로 했다. 그렇게 모임은 끝났다.

다음날 아침 신문에는 음악당에서 있었던 단순하지만 놀라운 예배에 관한 아주 호의적인 이야기들이 실렸다. 짧은 설교는 전문이 실렸다. 오코너의 달콤한 노래와 클라크의 매력적인 연주는 아낌없는 찬사를 받았고, 모든 신문들이 회중의 합창에 대해 보도했다. 한 기자는 이렇게 말했다.

> 나도 찬송을 불렀다. 주일학교 이후로 그렇게 노래한 적이 없다. 안 부를 수가 없었다. 피아노 반주를 맡았던 여인은 전봇대도 노래하게 만들었을 것이다. 놀라운 여인이었다! 한 젊은 아일랜드 청년도 찬송을 불렀다. 평소에는 안 그럴 것처럼 생겼지만, 그가 '나의 어머니'를 부를 때 나는 주위를 둘러봤고, 그곳에 보이던 모든 얼굴들이 눈물로 촉촉해져 있었다. 모두가 자신을 잊은 듯했다. 그보다 더 훌륭한 목소리와 노래는 들어본 적이 있지만, 그런 감정이 실린 노래는 평생 들어본 적이 없다. 가식이 전혀 없었다. 그는 노래할 것이 있는 사람처럼 노래했고, 가사 한마디 한마디가 그의 마음을 사로잡는 듯했다. 설교는 또 어땠는가! 나는 단어 하나까지 다 받아 적었다. 하지만 읽는 것만으로는 그때 느낌

이 나지 않는다. 설교에는 뭔가가 실려 있었다. 하퍼 목사는 그것을 하나님의 성령이라고 부를 것이다. 한 가지만 말하자면 이렇다. 집에 오는 길에 어느 남성이 이렇게 말하는 걸 들었다.

'예수 그리스도를 그렇게 가까이서 본 것은 처음이었습니다. 그가 우리 중에 걷고 있는 듯 했어요. 너무 가까워서 왕의 의복이 사각거리는 소리까지 들리는 듯했습니다.'

나의 느낌도 마찬가지였다. 발걸음을 재촉해서 돌아가는 길에 많은 이가 비슷한 얘기를 했다. 하지만 놀랍게도 내가 듣지 못한 한 가지가 있다. 아무도 하퍼 목사에 대해 얘기하지 않았다. 모두가 예수 그리스도에 대해 얘기했다. 마치 방금 예수를 만났고 그들만을 위해 해주신 놀라운 말씀을 듣고 나온 것처럼 말이다. 말씀에는 단순함의 위대함 말고는 특별한 점이 없었다. 하퍼 목사는 다음주 음악당에서 또 한 번의 예배가 있을 거라고 알렸다. 한 가지는 분명하다. 같은 무리가 그곳에 있을 것이고, 그들은 일찍 올 것이다. 자리를 못 잡는 일은 없어야 하기 때문이다. 오늘 저녁 칼튼 하우스에서 사역 회의가 있을 것이다. 하퍼 목사는 풀톤 가에 있는 집으로 이사하는데, 회의를 하기에는 너무 좁다고 한다. 그는 앞으로 어떻게 될지 전혀 모르겠다고 말했다. 성전을 짓는다면, 이 도시에 지어진 어느 건물보다도 커야 할 것이다. 일요일 그곳에 왔던 사람들은 입고 있는 코트라도 팔아서 성전을 지을 것이다. 그들은 그러기에 딱 알맞은 감정 상태에 있다.

월요일 하루 종일 사람들은 하퍼 씨 내외를 찾았다. 부부가 새집으로 이사하는 날이었다. 그들이 가지고 있던 가구들은 세인트폴 교회의 것이었으므로 챙겨야 할 것은 개인 소지품밖에 없었다. 많은 이들이 그들을 돕고자 했고, 가장 아끼는 소지품을 정리하는 일 외에는 다른 일을 하지 못하게 했다. 덕분에 부부는 방문자들을 접대하고 도울 수 있는 여유가 생겼다.

애비 클라크와 해티 글로버도 하퍼 부인을 돕기 위해 와 있었다. 하퍼가 남성들을 격려하는 동안 그들은 새로 믿음을 갖게 된 여자들을 격려했다. 벤슨은 딸들을 시켜 새집을 청소하게 했고, 물건이 도착하면 받아서 배치하게 했다. 저녁이 되었을 즈음에는 집이 꽤 아늑해졌다. 부족한 가구도 전부 공급되었다. 의자를 가져오는 사람, 침구류를 가져오는 사람, 그 중에서 하퍼에게 가장 큰 감동을 줬던 것은 헨더슨이 보내온 두 개의 아름다운 양탄자였다. 그는 회개의 자리에 나왔던 이들 중 한 명으로 이제 헨더슨 잡화점의 직원들에게는 새로운 시대가 열렸다. 물론 헨더슨도 마찬가지였다.

감독은 이러한 상황 변화에 매우 놀랐다. 그는 하퍼가 해임의 불명예를 견디지 못하고 교구를 떠날 거라고 생각했다. 보아너게회의 일원들은 전부 그랬었다. '우리와 함께 하지 않는다'는 이유로 누군가를 마귀라고 쫓아내고 나면, 자신들이 그를 버렸기에 그는 완전히 끝난 거라고 생각한다. 그들이 나가라고 한 사람이 계속 남아 있는 것만큼 그들에게 성가신 일은 없었다. 하나님께서 하퍼가 남아 있기를 원하셨고 그를 인정하는 표시를 하셨다는 사실은 그에게 아무 의미도 없었다. 하퍼는 '순응'하는 데 실패한 것이었고, 남은 평생 숲 속의 나무꾼이나 길가의 채석꾼들 사이에 숨어 지내면 되는 것이었다. 물론 그런다고 해서 하퍼의 위대하지만 단순한 영혼이 괴로움을 느끼지는 않았을 것이다. 그는 새로이 발견한 성경에서 이렇게 읽었기 때문이다.

> 주께서 나의 앞뒤를 둘러싸시고 내게 안수하셨나이다 내가 주의 영을 떠나 어디로 가며 주의 앞에서 어디로 피하리이까 내가 하늘에 올라갈지라도 거기 계시며 스올에 내 자리를 펼지라도 거기 계시니이다 주께서 나의 마음을 소유하셨나이다시 139:5-8

월요일 저녁 하퍼가 칼튼 하우스에 들어서자 호텔 로비는 사람들로 가득했다. 그는 커다란 응접실 하나와 서로 붙어 있는 방을 몇 개 구해서 사람들을 그곳에 전부 모이게 했다. 그는 회의를 시작하면서 기도를 드렸다. 모든 것을 하나님 손에 맡기면서, 주께 올려드린 교회의 모든 일들을 성령께서 주관해달라고 구했다. 그는 맥린을 불러 토론 내용을 기록하게 했고, 모인 사람들에게 무엇을 하면 좋을지 물었다. 주께서 마음속에 주시는 대로 자유롭게 말하되, 그분께서 허락하지 않을 만한 것은 말하지 않기로 했다.

회의는 오래 걸리지 않았다. 토론이라고 할 것도 없었다. '그리스도의교회'라고 불리면 어떻겠느냐고 누군가가 제안했다. 모두가 동의했다. 또 한 사람은 맥린은 하퍼의 조수 노릇을 하고, 애비 클라크가 피아노 반주자 및 지휘자를 하면 되겠다고 제안했다. 모두가 동의했다. 또 다른 사람은 교회 건물이 필요할 것이고, 6,000명을 수용할 수 있는 성전을 짓자고 제안했다. 이 또한 반대하는 목소리 없이 모두가 동의했다. 또 한 사람은 카 장로에게서 땅을 사서 정착지로 제안되었던 부동산을 확보하면 어떻겠느냐고 물었다. 이 제안도 받아들여졌고 협상은 헨더슨이 맡게 되었다. 헨더슨이 일어나 말했다.

"돈이 필요할 겁니다. 제가 10만 달러를 기부하겠습니다."

다른 이들도 똑같이 했다. 한 사람 한 사람 맥린의 책상 앞으로 가서 이름을 적고 금액을 적었다. 많은 이들이 그 자리에서 헌금을 냈다. 삼십 분 만에 자발적으로 헌금한 금액은 헨더슨이 기부한 금액을 넘어섰다. 헨더슨은 회계를 맡았다. 다른 제안이 없었기 때문에 그들은 찬가를 불렀고 축도와 함께 해산했다.

하워드 벤슨과 하퍼는 집에 같이 걸어갔다. 가는 길에 벤슨이 말했다.

"교회 모임을 여러 군데 다녀봤지만 오늘 같은 모임은 처음입니다. 그렇게 많은 일들이 그렇게 빨리 처리되는 것은 본 적이 없습니다. 의견이 그렇게 일치하는 것도 본 적이 없고요."

하퍼는 그 비결을 성령님이라고 말했다.

"성령께서 사람의 의지를 통제하실 때 그는 사람들에게 적절한 생각을 주어 자신을 대신해 말하게 하시고, 성령의 뜻에 순종하는 그리스도 안에 있는 모든 이들에게 똑같은 생각을 주십니다. 아직까지는 영혼의 원수에게서 어떠한 저항도 없었습니다. 원수는 입지를 확보하는 데 실패한 것 같습니다. 하나님께서 그를 계속 실패하게 하시기를 원합니다. 하지만 아시다시피 주님의 택하신 열두 제자 중 한 명은 마귀였습니다. 사탄이 유다를 사로잡는 데 삼 년이 걸렸지만 결국에는 해냈습니다. 이해하기 어려운 일들 중 하나입니다. 그리스도께서 갈보리에서 원수를 이기시고 죽음의 속박을 무너뜨리셨음에도 전쟁터를 원수의 소유권에 남겨두셨다는 사실은 이해하기 어려운 사실입니다. 전부 하나님의 계획 아래 있고 하나님의 시계가 종을 치면 전부 바로잡힐 것입니다. 우리 구원의 주님을 온전케 하신 고난의 길 위에서 우리를 영광되게 하신 것은 하나님도 기뻐하실 것입니다. 주께서 우리에게 항상 넘치는 용기와 은혜를 내려주셔서 우리를 앞서가는 그 피의 발자국을 따라가는 데 실패하는 일이 없기를 바랍니다. 아멘!"

벤슨이 말했다.

존 하퍼에게는 바쁜 한 주였다. 최근 몇 주 사이에 하나님께로부터 난 많은 이들이 사랑과 공감을 표하며 그를 찾았고 새로운 삶을 살아가는 데 도움을 구했다. 그는 그들의 선생이라기보다는 동지였다. 하퍼 자신도 그리스도 안에서 어린 아이일 뿐이었다. 그리하여 그들은 사람에게 주어진 가장 훌륭한 목회적 도움을 받았다. 그들은 하나님께 맡겨졌고 그 말씀이 그들을 능히 든든히 세우게 되었다.

한편 헨더슨은 카 장로와의 협상에서 어려움을 겪었다. 성전 부지에 대한 만족스러운 대답을 얻어내지 못해서, 한 주가 끝날 때쯤 하퍼에게 그렇게 보고해야 했다. 기도해보자는 하퍼의 제안은 헨더슨에게 새로운 경험이었다. 집으로 돌아가는 길에 헨더슨은 자신이 위로 받았음을 깨달았다. 인도하심을 구하는 정직하고 우직한 기도에 대해 분명한 응답이 있을 거라는 느낌이 들었다. 아이 같은 단순함과 믿음을 가지고 순종하는 마음으로 하나님께 어려움을 아뢰었던 것이다.

마이크와 클라크는 하퍼 목사 내외와 여러 날 저녁을 함께 보냈다. 그곳을 나설 때 그들의 영혼은 말씀으로 정화되어 있었고, 정신은 성령의 열매로 가득했으며, 깨달음의 눈은 한층 더 밝아져 있었다. 풀튼 가에 있는 작은 집의 진정한 주인을 만난 그들의 마음은 사모함과 찬양으로 넘쳤다.

이러한 변화가 있은 이후로 카 장로는 딸과 사위를 만난 적이 없었다. 이 불쌍한 노인은 동정 받아 마땅했다. 그는 당혹감에 빠져 있었다. 그가 가진 금은 전부 재로 변해 있었다. 아들은 죽었고, 딸은 없는 거나 마찬가지였으며, 정말로 좋아하던 하퍼는 명예가 실추되어 그의 삶을 떠나버렸다. 동료들도 하나 하나 그를 떠났다.

그는 실망과 슬픔과 외로움만 남은 이스마엘 같았다. 어느새 사람들을 경계하게 되었고 사람들도 그를 경계했다. 자기만 옳고 남들은 다 틀려서가 아니었다. 그가 불안을 느낀 이유는 자기가 틀린 걸 수도 있다는 생각 때문이었다. 그는 미지근하고 떨떠름한 관심으로 하퍼의 예배에 관한 신문 기사를 읽었다. 이해가 되지 않아

화가 났다. 기사의 내용이 아니라 자기 자신을 이해할 수가 없었다. 장애물이 그를 가로막고 있었다. 카 장로는 방해 받는 것이 익숙하지 않았다. 평소 같으면 돈이 모든 것을 해결했을 것이다. 자기 방식대로 밀고 나갈 때 그의 마비된 양심과 굳은 마음은 어떤 가책도 느끼지 못했다. 수많은 계약을 무자비하게 몰아붙임으로써 수만 달러를 챙겼던 그는 이제 궁지에 몰려 있었다. 유일한 출구는 바늘구멍이었지만 금을 들고 통과할 수는 없었다.

헨더슨 역시 그를 이해할 수가 없었다. 두 사람 다 말이 별로 없었다. 하지만 두 사람 모두 많은 것을 느꼈다. 부지를 매입하겠다는 헨더슨의 제안을 카 장로는 조용히 거절했다. 화를 내지는 않았지만 조용하고 단호하게 거절했다.

몇 주 동안 하퍼 부인은 금방이라도 눈물을 흘릴 것 같은 얼굴이었고, 하퍼는 말이 없었다. 주일이 되어서 음악당으로 걸어가는 길에 그들은 입구에서 카 장로의 차를 보았다. 하지만 둘은 아무 말도 없었다. 홀에 들어서자 카 장로가 지친 모습으로 앉아 있었다. 하퍼의 몸가짐은 사람들에게도 영향을 주었다. 찬송은 조용했고 기도는 무거웠으며, 성경 읽기는 억제되어 있었다. 하퍼는 예수께서 무리에게, 그리고 그를 배반한 자에게 하셨던 것처럼 말씀의 주제를 얘기했다. 그는 성경을 펼쳐서 읽었다.

> 많은 재물보다 명예를 택할 것이요 은이나 금보다 은총을 더욱 택할 것이니라 잠 22:1

회중은 숙연해졌다.

> 그 사람은 차라리 태어나지 아니하였더라면 제게 좋을 뻔하였느니라 마 26:24

그의 첫마디였다.

"그의 이름은 비열하고 추하고 불명예스러운 모든 것의 동의어입니다. 그는 배신자입니다. 그가 이런 호칭을 받아 마땅한지 그렇지 않은지는 말하지 않겠습니다. 오히려 그를 통해 제 자신을 보고자 합니다. 그가 나와 다른 점이 있습니까? 다른 제자들과는 어떤 점에서 달랐습니까? 한 가지만 빼면 아무 차이가 없는 것 같습니다. 모든 사람이 죄를 지어 하나님께서 요구하시는 영광에 미치지 못하기 때문입니다. 그렇지 않았다면 여러분과 저는 구원자가 필요하지 않았을 것입니다. 하나님 앞에서 나의 죄값을 셈하는 데 어떤 대리적 의로움도 필요치 않았을 것입니다. 예수님은 그래서 오신 겁니다. 그는 다니시면서 끊임없이 선행을 베푸셨습니다. 이것은 적극적 의입니다. 내면에 계시는 성령을 통해 그는 흠 없이 하나님께 자신을 드렸습니다. 이것은 수동적 의입니다. 여러분과 저에게 주어진 은혜로운 말씀은 이것입니다.

> 일을 아니할지라도 경건하지 아니한 자(여러분과 나, 유다)를 의롭다 하시는 이를 믿는 자에게는 그의 믿음을 의로 여기시나니 롬 4:5

이것만이 나를 하나님과 동등하게 만듭니다.

> 스스로 속이지 말라 하나님은 업신여김을 받지 아니하시나니 갈 6:7

여러분이 행한 최고의 선행들, 제가 행한 최고의 선행들은 우리가 범한 죄를 하나도 지우지 못합니다. 하나님 앞에서 조금의 공로도 쌓지 못합니다. 주께서 '육체의 생명은 피에 있음이라 내가 이 피를 너희에게 주어 제단에 뿌려 너희의 생명을 위하여 속죄하게 하였나니 생명이 피에 있으므로 피가 죄를 속하느니라'레 17:11라고 말씀하셨기 때문입니다.

망해가는 도시의 정치 개혁이 아닙니다. 좀더 나은 주택 시설이 아닙니다. 아이들을 위한 보다 큰 놀이터가 아닙니다. 이교도들처럼 기도를 오랫동안 하는 게 아닙니다. 주일에는 성자처럼, 주중에는 마귀처럼 사는 것도 아닙니다. 종교적으로 사는 것도 아닙니다. 오직 피만이, 그렇습니다. 피입니다. 얼룩과 죄로 덮인 우리를 위한 정결하고 죄 없는 선하고 붉은 피, 갈보리에 달리신 흠 없고 순결하신 분의 피뿐입니다.

> 내가 눈 녹은 물로 몸을 씻고 잿물로 손을 깨끗하게 할지라도 주께서 나를 개천에 빠지게 하시리니 내 옷이라도 나를 싫어하리이다 욥 9:30-31

> 누가 깨끗한 것을 더러운 것 가운데에서 낼 수 있으리이까 하나도 없나이다 욥 14:4

> 구스인이 그의 피부를, 표범이 그의 반점을 변하게 할 수 있느냐 렘 13:23

흑인의 얼굴을 톰 소여의 울타리만큼 하얘질 때까지 하얗게 칠할 수 있지만, 표면 아래는 여러분의 모자만큼이나 까말 것입니다. 하지만 그를 '죄와 더러움을 씻는 샘'에 빠뜨려보십시오. 그는 어린양의 피로 씻겨져 하나님 앞에서 깨끗하고 하얀 상태로 나올 것입니다. 독단적입니까? 물론입니다. 하나님께서 말씀하시는데 그러지 못할 이유가 있습니까? 저는 쓰여진 말씀 외에는 기댈 곳이 없습니다. 여러분도 마찬가지입니다. 유다 역시 성경과 살아계신 성령의 말씀, 예수 외에는 기댈 곳이 아무것도 없었습니다.

유다의 이력을 한번 살펴봅시다. 우리가 그에 관해 아는 바에 의하면, 그는 아주 평범한 일상적인 죄인입니다. 유다에 대해 공정하게 생각해봅시다. 그는 예수님을 사랑했을 겁니다. 그는 예수를 따르기 위해 모든 것을 버린 어부들 중 한 명이었을 겁니다. 그는 형제들의 신임을 얻었습니다. 예수님의 신임을 얻었습니다. 그는 돈가방을 맡았습니다. 돈가방에 아무것도 들어 있지 않을 때도 있었습니다.

한번은 선생님과 그의 제자들이 너무 배고프고 가난해서 허기를 달래기 위해 밭에 있는 밀을 까먹었습니다. 이는 율법에서 허락한 일입니다. 또 한번은 만물의 창조주께서 인두세를 낼 돈이 없으셔서 기적을 행하셨습니다. 세금이 부당했음에도 말입니다. 그는 자유의 몸으로 태어나셨습니다. 또 '다 각각 집으로 돌아가고 예수는 감람 산으로 가시니라'요 7:53-8:1라는 말씀처럼 그는 돌아갈 집이 없으셨습니다. 그리고 무리들과 마찬가지로 음식이 없었습니다. 그들 중에는 단돈 200페니(2달러, 약 2,300원)도 가진 사람이 없었습니다. 행상을 하는 소년이 있었습니다. 그가 가진 것은 고작 떡 다섯 개와 물고기 두 마리였습니다. 소년은 학교를 빼먹은 것 같습니다. 무리를 따라다니고 싶은 유혹을 이기지 못한 겁니다. 소년에게는 꽤 괜찮은 장사였습니다. 무리가 다 먹고 나서 남겨진 열두 광주리는 그의 투자에 대한 수익으로 주어진 거라고 생각됩니다. 하찮은 자투리 음식도 아니었습니다. 선생님께서 만들고 축복하신 떡과 물고기였습니다. 주께서 가나에서 만드신 포도주만큼이나 좋았습니다.

이런 것들에 비춰봤을 때 유다는 돈가방에서 훔칠 것이 많지 않았습니다. 하지만 결과는 무서웠습니다. 돈에 대한 사랑이 그를 무너뜨린 겁니다. 금액은 아무 상관이 없습니다. 훔치는 행위는 비밀리에 이뤄졌지만 요한은 알고 있었습니다. 요한은 그가 도적이라고 말합니다. 그는 동전 몇 닢을 슬쩍하고서 아무한테도 말하지 않았습니다. 그것이 그의 끔찍한 결말의 시작이었습니다.

상황은 점점 더 악화됐습니다. 말미에 가서 십자가 처형이 있기 한 주 전에 그는 예수님에 대한 마리아의 아낌없는 사랑을 보고 꾸짖었습니다. 그는 거룩하게도 가난한 자들을 들먹였습니다. 정말로 관심이 있어서 그랬을까요? 그는 50달러에 눈이 멀었던 겁니다. 여러분은 돈 욕심을 내본 적이 한 번도 없습니까? 고백컨대 저는 있습니다. 어떤 유혹보다도 돈은 그를 인생의 파멸에 가까이 이르게 했습니다. 가련한 유다는 위선적인 사회주의자가 됐던 겁니다.

마리아가 자기 것을 가지고 원하는 대로 하는 데 반대했습니다. 전부 예수한테 퍼붓는 것은 낭비라고 말했습니다. 여러분은 그런 적 없습니까? 저는 있습니다. 하나님, 저를 용서하소서! 그는 예수님께 꾸짖음을 들었습니다. 그의 혀가 마리아를 향하지 않았더라면 오히려 예수님을 맘껏 꾸짖었을 겁니다. 강하신 구원자를 주신 하나님께 감사드립니다. 항상 참된 친구를 주셔서 감사합니다! 그는 자기 편을 지켜주십니다. 할렐루야!

이에 유다는 화가 납니다. 동양에서는 이것을 '체면을 잃다'라고 말합니다. 유다에게는 치명적이었습니다. 화가 나본 적 있으십니까? 조심하십시오! 화는 무서운 죄입니다. 여러분은 유다보다 조금이라도 낫습니까? 저는 아닙니다. 가련한 청년! 그는 제사장들에게 곧바로 가서 예수를 팔아 넘겼습니다. 화가 난다는 이유로 말입니다. 이 예리한 유대인 금융업자는 그날 형편없는 거래를 했습니다. 좋은 거래를 하기에는 너무 화가 나 있었습니다. 고작 은전 삼십 개라니! 삼천 개라도 받을 수 있었을 겁니다. 하지만 그렇게 기록되어 있습니다. 하나님은 이미 다 알고 계셨고, 감동으로 쓰여진 펜은 수백 년 전에 기록을 했습니다. 하나님은 유다가 화를 내다가 제정신을 잃고 형편없는 거래를 할 것을 알고 계셨습니다.

그때 저녁식사가 대접되었습니다. 다시 예수님과 얼굴을 마주보게 됐습니다. 유다는 유월절 성찬에 거부당하지 않았고, 저녁식사 자리에도 거부되지 않았습니다. 저녁식사가 끝나자 예수님은 수건을 걸치고 제자들의 발을 씻었습니다. 네, 유다의 발도 씻으셨습니다! 아마 예수께서는 가련한 유다의 발을 내려다 보시면서 눈물 흘리셨을 것입니다. 유다는 자백하고 용서를 구할 용기가 여전히 없습니다.

모두 다시 자리에 앉았습니다. 성경 전체에서 이보다 가슴 아픈 장면은 없습니다. 유다는 예수님을 사랑한 것 같습니다. 그리고 예수님도 유다를 사랑하셨습니다. 그분은 저도 사랑하십니다. 예수님께서는 놀라운 사역들 중에서, 그날 밤 유다를 구원하시기 위해 그 어느 때보다 더 열심히 애쓰셨습니다. 유다는 이미 예수님을 팔아 넘긴 상태입니다. 예수님은 제자들 앞에서 그들 중 한 명이 자신을 배반할 거라고 부드럽게 말씀하십니다. 모두가 깊은 비탄에 빠져 그게 누구냐고 물었고, 마지막으로 유다가 물었습니다. 예수께서 유다라고 대답하실 때 목소리에 눈물이 베어있는 듯합니다. 하지만 유다는 여전히 예수님과 화해할 용기가 없습니다.

예수께서 유다의 마음을 무너뜨릴 수 있는 마지막 방법이 하나 남아 있었습니다. 관습에 따르면, 만찬의 주인이 손님에게 특별한 영예를 돌릴 때 '사랑의 빵 조각'이라 불리는 것을 그에게 주었습니다. 빵 한 조각을 자신의 포도주에 찍어 사랑하는 이에게 주는 것입니다. 예수께서 사랑하시는 요한은 그의 품에 기대어 있었습니다. 위대한 고백을 했던 베드로도 그곳에 앉아 있었습니다. 그러나 오! 가련한 죄인을 위한 예수님의 비할 데 없는 사랑! 그는 사랑의 빵 조각을 유다에게 주셨습니다.

어째서, 어째서 유다는 그 순간 머뭇거려서 사탄이 들어올 기회를 주었을까요?

> 조각을 받은 후 곧 사탄이 그 속에 들어간지라 요 13:27

마귀들의 우두머리는 그 일을 부하에게 맡길 수 없었습니다. 그가 직접 나섰습니다. 어느 전통에 따르면, 유다가 문을 나서다가 고개를 돌려 예수님을 쳐다보자 예수님이 그에게 돌아오라고 하셨다고 합니다. 이 이야기가 사실인지 아닌지는 모르겠습니다. 하지만 예수님은 충분히 그러실 분입니다.

오 주여! 이제 그를 놓아주지 않으시렵니까? 그럴 분이 아닙니다. 그는 동산에서 배신의 입맞춤을 받으십니다. 그의 넘치는 사랑이 그 입맞춤에 전부 실렸을 겁니다. 그는 다시 한 번 유다에게 '유다야 네가 입맞춤으로 인자를 파느냐' 눅 22:48고 호소합니다. 예전에는 이것이 꾸짖음인 줄 알았습니다. 그런데 지금은 주님의 목소리가 '입맞춤'에서 갈라지는 것이 들립니다.

죄의 길은 넓고 미끄러운 내리막길입니다. 유다는 처음에는 조심스럽게 들어섰습니다. 그리고는 빨리 걸었습니다. 이제 그는 뛰어가고 있고, 가장 참혹한 죄를 짓기 일보직전입니다. 가련한 청년! 입맞춤은 그의 마음을 거의 무너뜨려놨을 것입니다. 그 다음 날, 골고다로 향하는 길에 그는 자기 죄의 결과를 보았습니다. 그는 죄책감에 사로잡혀 애꿎은 돈주머니를 제사장들에게 도로 던져버립니다. 하지만 죄책감은 회개가 아닙니다. 회개에 미처 이르지 못합니다. 회개는 돌이키는 것입니다. 유다는 목을 매달았습니다. 지금까지 했던 일 중에서 가장 악한 일입니다. 조롱하는 무리를 뚫고 주님의 피흘리는 발 아래에서 '주님! 죄송해요. 용서해주세요'라고 말했다면 너무 늦지 않았을 것입니다. 그는 용서 받았을 것입니다. 그의 가장 큰 죄는 하나님 아들의 무너지는 크신 마음을 신뢰하지 못하고 갈보리에서 변화되지 않은 데 있습니다. 여러분과 저는 많은 죄를 범했습니다. 이런 죄는 짓지 않기를 바랍니다. 가련한 청년! 베드로처럼 기다리기만 했어도, 그 표정을 보기만 했어도….

삭개오도 비슷한 죄인이었습니다. 금에 대한 탐욕은 그를 굳은 사람으로 만들었습니다. 그는 가난한 자들을 잊었고 거래하는 자들을 속였습니다. 그는 예수를 보고자 하는 호기심에 무화과나무에 올랐고, 그날은 부유한 삭개오에게 매우 특별한 날이 됐습니다. 그것으로 충분했습니다. 예수께서 그에게 말씀하셨습니다. 그러자 나뭇가지와 땅 사이 어딘가에서 삭개오는 완전히 변화되었고 예수님을 '주님'이라 부릅니다. 성령으로 아니하고는 누구든지 예수를 주시라 할 수 없습니다.^{고전 12:3}

삭개오는 변화된 증거를 보였습니다. 굳어버린 사기꾼은 '내 소유의 절반을 가난한 자들에게 주겠사오며 만일 누구의 것을 속여 빼앗은 일이 있으면 네 갑절이나 갚겠나이다'^{눅 19:8} 라고 말했습니다.

삭개오를 만나 어떻게 된 일이냐고 묻는다면, 그는 모르겠다고 대답할 것입니다. 예수를 보자 무슨 일이 일어났습니다. 예수께서 그의 이름을 부르시며 오늘 저녁식사를 함께 하자고 내려오라고 하셨을 때, 그는 예수님을 위해 무엇이든 했을 것입니다. 얼마나 은혜로운 일입니까? 아무리 친한 친구도, 심지어 어머니를 위해서도 하지 못하는 일이 있습니다. 애인을 위해서도 못하는 일이 있습니다. 하지만 예수께서 말씀하시면 그가 말씀하신대로 해야 합니다."

하퍼는 성경을 덮고 옆으로 물러나서 말했습니다.

"제가 유창한 사람이라면, 가련한 유다의 생각과 행동을 전부 묘사해드리고 싶습니다. 그날 삭개오가 예수님과 식사하는 집으로 여러분을 데리고 가고 싶습니다. 하지만 이런 것들은 별로 중요하지 않습니다. 저는 예수께서 성령을 통하여 이곳에 임재하고 계시다는 것을 깨닫습니다. 결국 중요한 것은 우리가 사랑의 형태를 보는 것이 아니라 그분의 성령을 아는 것이니까요. 그는 이곳에 와 계십니다. 예수 그리스도의 성령 말입니다. 성령께서 우리에게 예수님을 보여주신 것 같습니다. 우리 사이로 드나드시며 우리가 얼마나 큰 죄인인지 보여주셨습니다.

여러분과 저는 오늘 비천함을 느낍니다. 유다를 무시하자는 게 아닙니다. 우리는 우리 이웃을 보지 못했습니다. 하나님의 성령이 예수 그리스도를 통해 하나님 얼굴의 빛을 우리에게 비춰주셨고, 우리도 삭개오처럼 구원 받았습니다. 우리에게 변화가 있었습니다. 우리는 예수님을 보았고, 이로써 새로운 광채가 우리 마음에 들어왔습니다. 우리에게만 말씀하시는 그의 목소리를 들었습니다. 교만한 우리에게 말씀하셨고, 우리 이름을 부르시며 '내려오라'고 말씀하셨습니다. 우리는 거절할 생각을 하지 않았습니다. 우리 각자에게 '오늘 너와 식사를 해야겠다'고 말씀하셨습니다.눅 19:5 우리의 온 존재는 기쁨으로 반응했습니다. 그분은 우리에게 잘못을 바로 잡으라고 하지 않으셨습니다. 오히려 더 많은 것을 하셨습니다. 그분은 우리 안에 자신의 성령을 주셨고, 이것은 우리가 가장 원하는 것이기도 합니다.

그분은 우리를 사로 잡으셨습니다. 그분이 우리를 먼저 사랑하셨기에 우리도 그분을 사랑하며 그를 기쁘시게 할 만한 일은 모두 행하고자 합니다. 다른 사람에게는 그런 감정을 느끼지 못합니다. 그분이 찾아오셨고, 우리는 그분을 거부할 수 없고 그럴 마음조차 없습니다. 우리는 그분이 원하시는 것을 하고자 합니다. 그것이 우리의 기쁨이고 생명이며 사랑입니다. 아무리 귀중한 것이라도 그에게 기꺼이 바치고자 하지만, 우리는 그분 앞에서 너무나 가난하고 초라하게 느껴집니다. 우리가 가진 최상의 것, 우리의 모든 것은 그분의 발 아래 놓기에는 너무 부적절하고 보잘 것 없어 보입니다. 하지만 이러한 가난 속에서도 우리는 부유합니다. 그분이 있기에 우리는 모든 것을 가졌습니다. 설명할 수 없습니다. 무한한 진리라는 것만 압니다. 앞으로 나오시겠습니까? 여기에 해당되시는 분들 중에 아직 그분을 고백하지 않으신 분이 계시다면 말입니다. 나오십시오."

06
변화의 물결

제자들이 눈을 들고 보매 오직 예수 외에는
아무도 보이지 아니하더라 마 17:8

하퍼 부부가 측면 출입구로 나가자 카 장로가 그곳에 서 있었다. 그는 기다렸다는 듯이 다가와 딸과 아들의 손을 한쪽씩 잡고서 그들의 작은 집으로 향했다. 그는 마치 늘 그랬던 것처럼 집에 들어섰다. 모자를 벗고 나서 그는 딸의 책상을 보며 말했다.

"딸아, 여기 좀 앉아도 되겠니?

"네, 아버지. 앉으세요."

그녀가 말했다.

그는 잠시 생각하다가 늘 들고 다니는 수표책을 꺼내서 수표를 썼다. 수표와 수표책을 주머니에 넣은 그는 문을 향하면서 말했다.

"금방 올게."

그들은 서로를 이해했다. 몇 집 떨어진 곳에서 그는 또 하나의 문에 들어섰다. 그는 거기서도 마치 기다렸다는 듯한 응대를 받았다. 벤슨이 예전의 미소를 지으며 그를 맞았다. 카 장로는 결국 무너졌다.

"하워드!"

그가 말했다.

"제가 못난 놈처럼 굴었어요. 용서해 주시겠어요?"

"오, 그럼요."

연로한 신사가 말했다.

"그건 쉽습니다. 장로님, 저 역시 큰 죄인이고 하나님께서 많은 것을 용서해주셨습니다."

카 장로는 그의 손에 수표를 넣어주었다. 남성들 사이에서만 통용되는 손을 지그시 누르는 악수와 함께였다. 상당한 금액이 적혀 있었다. 필요한 금액의 네 배였고, 수년간의 이자도 포함되었다. 그 문제는 이제 서로 언급하지 않았다. 서로를 이해했던 것이다.

잠시 후 카 장로가 말했다.

"저는 딸과 존과 함께 식사를 하기로 했습니다. 기다리게 해서는 안 되겠어요."

그는 어떻게 알았을까? 초대받은 적은 없었다. 하지만 그가 돌아갔을 때 포크와 나이프가 준비되어 있었다. 딸은 어떻게 알았을까? 사랑은 언제나 이해한다. 그들은 늘 그래왔던 것처럼 식탁에 앉았다. 말은 거의 없었다. 대화를 하기에는 모두가 조금은 벅찬 상태였다. 식사는 매우 조용했지만 편안하고 행복했다. 그들은 예수님과 식사하러 집으로 갔던 것이다.

그날 저녁 해티 글로버가 급하게 찾아왔다. 그녀의 창백한 얼굴을 보고서 세 사람은 말 없이 그녀를 따라갔다. 침실에 들어서자 하워드 벤슨이 누워있었다. 이마에는 식은땀이 흘렀고 얼굴에서는 강렬한 빛이 났다.

"잘 있거라, 내 아들아! 잘 있거라, 딸아! 잘 있게, 옛 친구! 잘 있거라, 해티! 소녀들을 돌봐줘, 해티! 잘 있거라, 샘! 존, 나의 아들들과 샘을 돌봐주게. 그리고 자네도! 그리고 장로님! 해티가 저의 다른 친구들에 대해서도 얘기해줄 겁니다. 그들에게 잘해주십시오."

그는 하퍼를 보면서 미소를 짓고는 말했다.

"주께서 저도 부르셨어요. 존! 하지만 오늘은 저와 식사하지 않으시겠답니다. 저에게 본향으로 돌아와서 식사하라고 하십니다. 본향으로 돌아와 그와 함께 식사하자고 하십니다. 저는 갑니다. 오, 아주 자랑스럽게 갑니다!"

그는 눈을 감았고, 떠나갔다.

다음날 도시 신문의 표지에는 하워드 벤슨과 카 장로가 악수하는 사진이 실렸다. 하단에는 "화해하다"라는 문구가 적혀 있었다. 모든 신문들이 그를 애도했다. 하나같이 "우리의 일등 시민, 하워드 벤슨"에 관한 장문의 기사를 실었다.

음악당에서 있었던 지난 주일예배를 상세히 보도했던 젊은 기자 조지 허드슨은 이번에도 하퍼의 설교 전문을 실었고 그 장면을 묘사했다.

> 하퍼 목사가 "그러면 나오십시오"라고 하자 그들은 정말로 나왔다. 아주 조용하게 나왔다. 이따금씩 들리는 흐느낌 외에는 완전한 고요였다. 몇 명인지도 모르겠다. 세기에는 너무 많았다. 그 장면 외에도 설교 역시 묘사하지 못하겠다. 성령께서 강권하실 때 느끼는 죄에 대한 압도적 수치심은 묘사할 수 있는 류의 것이 아니다. 그 장면을 있는 그대로 기록할 수 있다면, 가난한 기자는 큰 부를 얻을 것이다. 나도 알맞은 단어를 적어봤다. 하지만 실제 현장처럼 읽히지는 않는다. 예수님이 그곳에 계셨다.
> "모두가 그를 만났습니다. 우리는 가련한 유다도 봤습니다. 그리고 말입니다! 저는 그에 대해 생각을 바꿨습니다. 부정적인 감정을 품기에는 그가 저와 너무 비슷했습니다. 그가 문을 나설 때 예수님은 그를 부르셨습니다. 글쎄요! 저도 모르겠습니다. 저는 예수님이 그런 분이라고 생각해본 적이 없습니다. 그가 저를 부르시는 것 같았습니다. 저 역시 삭개오와 함께 무화과나무 위에 올라가 있었습니다. 그리고 예수께서 부르시자 저 역시 내려왔습니다. 저 역시 그와 식사했습니다. 제 인생에서 처음 있는 일이었습니다. 그리고 오늘. 글쎄요! 사람들은 얘기하지 않는 것들이 있기 마련입니다만, 어제 사람들의 마음속에 무슨 일이 있었

는지 알 것 같습니다. 저의 은행 계좌는 어제보다 금액이 줄어들었습니다."

지난주 주일과 마찬가지로 나는 서둘러 집으로 향하는 길에 사람들의 대화를 엿들었다. 한 청년이 말했다.

"카 장로가 와 있었어요. 그를 봤습니다. 하퍼가 설교할 때 저는 그에 대해 신경 쓰지 않았습니다. 저는 하퍼도 신경 쓰지 않았습니다. 예수님 외에 다른 사람은 생각할 겨를이 없었습니다. 제 자신이 너무 보잘것없어 보여서 다른 사람은 신경쓰지도 않았습니다."

대화를 받아 적고 나자 뒤에서 또 다른 남성의 얘기가 들렸다.

"유다의 가장 못난 점이 예수님의 마음을 신뢰하지 못했다는 사실을 이전에는 보지 못했습니다. 저 역시 그랬습니다! 앞으로는 나보다 유다를 더 무시하는 짓은 하지 않을 것입니다. 그거 아십니까? 저는 지금 기분이 조금도 좋지 않습니다. 끔찍한 죄인이 된 기분입니다. 하지만 그 모든 빚을 탕감해주신 사랑으로 저의 마음은 넘칩니다. 그래서 소리쳐야 할지 노래해야 할지, 울어야 할지 웃어야 할지 모르겠습니다. 할 수만 있다면 네 가지 다 하고 싶습니다. 하지만 저에게 확신을 주는 것은 기분이 아닙니다. 예수께서 하신 말씀입니다. 그가 내려오라고 하셨을 때 저는 '물론입니다!' 하고 내려왔습니다. 그가 오늘 너희 집에서 식사해야겠다고 하셨을 때 저는 감사합니다라고 했습니다. 삭개오가 재산의 반을 가난한 자들에게 주고 속여서 얻은 것은 네 갑절 갚겠다고 했을 때, 저 역시 '저도요, 주님!'이라고 말했습니다. 이제 저는 그와 함께 인생 최고의 식사를 하러 집으로 갑니다."

그게 내가 적은 전부다. 하지만 그걸로 충분한 것 같다. 두 간증은 나의 경험을 정확히 묘사한다. 이제 그 말씀이 무슨 말인지 알 것 같다.

제자들이 눈을 들고 보매 오직 예수 외에는 아무도 보이지 아니하더라 마 17:8

수요일에 사람들은 하워드 벤슨을 묻었다. 시청의 국기는 반기 위치에 있었다. 시장과 주지사, 몇 명의 하원의원, 한 명의 상원의원, 시의 원로들이 모두 모였다. 음악당 안에는 하워드 벤슨에게 속한 이 땅의 소유물들이 전부 놓여졌다. 사람들은 관 주위에 뿌려진 꽃더미를 무너뜨리지 않고 지나갈 수 있었다. 몇 시간 동안 사람들이 줄지어 지나갔다. 아무도 서두르지 않았다. 풀튼 가에 사는 한 가난한 노파가 서서 그의 평화로운 얼굴을 보며 말했다.

"한결같은 우리 귀한 벤슨 씨!"

그녀가 시 전체를 대변하는 듯했다. 그는 가난한 자들을 도왔고, 소년들을 사랑했으며, 소녀들의 친구가 되어 주었고, 친구들을 위로했다. 중서부에서 그 같은 장례식이 치러진 적은 한 번도 없었다. 모든 가게들이 문을 닫았고 거리는 붐볐다. 젊은 남자들이 관을 들어올리자, 아더 프링글이 일어서서 손을 내밀며 말했다.

"조심히 걸으십시오, 젊은이들. 여러분은 성령의 전을 들고 계십니다."

세인트폴교인들도 몇 명 와 있었다. 왜소한 루든 록스버리는 하퍼의 교인 중 한 명과 함께 걸으며 말했다.

"불쌍한 벤슨 씨! 천국에서는 못 보겠네요."

"그렇습니다."

이라 워튼이 말했다.

"영원하신 분의 보좌에 아주 가까이 계셔서 당신과 저는 멀리서도 못 볼 겁니다."

하퍼 부부가 묘지에서 돌아오자 벤슨의 변호사가 그의 유서를 읽어주었다. 하퍼 부부는 그의 유일한 상속자였고, 벤슨 씨는 그가 사랑하고 도왔던 가난한 이들, 소년과 소녀들을 부부에게 맡겼다. 카 장로의 수표 덕분에 그들은 상당한 재산이 생겼다. 하퍼는 곧장 세인트 폴을 찾아가 자신이 그 동안 받은 봉급을 돌려주었고, 집세까지 추가로 지불했다.

그는 이전에 사역했던 교회에도 십 년치 봉급을 돌려주었다. 그날 저녁 카 장로는 헨더슨에게 팔기를 거부했던 부지의 증서를 하퍼에게 건넸다. 이제 그들은 부지도 있었고 성전을 지을 돈도 넉넉했다. 그들은 건축가를 고용해 육천 명을 편안하게 수용할 수 있는 평범하고 수수한 벽돌 건물을 주문했고, 음향이 좋아야 한다고 덧붙였다.

"벽돌이 남는다면 타워를 짓는 대신 공원 반대편에 가난한 이들을 위한 선교관을 짓고 싶습니다."

하퍼가 말했다.

또 그는 해티 글로버를 찾아가 세인트폴교회와 이전에 사역했던 교회에 봉급을 돌려주고 나서도 필요 이상의 돈이 남았기에, 3만 달러를 신탁 계정에 넣어서 그녀가 벤슨 생전의 사역을 이어갈 수 있게 하는 게 어떻겠느냐고 제안했다. 이자는 벤슨이 지출하던 금액과 같을 것이고, 분기마다 그녀에게 지불하겠다는 것이었다. 여분의 돈이 필요할 경우, 그녀는 물론 벤슨의 요청에 따라 카 장로에게 도울 수 있는 기회를 줄 것이었다.

"하지만 그의 돈을 사용하는 것은요?"

꼼꼼한 성격의 해티가 물었다.

"카 장로님은 성령께서 기억나게 하신 것들을 네 갑절로 갚고 재산의 절반을 가난한 이들에게 나눠줬을 겁니다."

하퍼가 말했다.

"저와 글로버 씨는 바로 잡을 것들이 아주 많습니다. 갈보리에서 우리 주님이 청산하신, 우리 힘으로는 갚을 수 없는 '그 모든 빚' 외에도 말입니다. 카 장로님이 하실 일은 차치하더라도, 우리는 앞으로 매우 바쁠 겁니다. 게다가 장로님은 우리와 마찬가지로 선생님이자 안내자이신 분의 내주하심을 입어 그의 보살핌을 받으실 것입니다.

성령께서 카 장로님을 통해 하신 일로 미루어볼 때, 그분의 신실함과 능력을 믿어도 될 것 같습니다. 그리스도의 형상을 닮아가고 모든 일에서 주님께 순종하고자 하는 카 장로님의 의지도 신뢰할 수 있을 겁니다. 조심하지 않으면 그리스도 안에서 새로 태어난 이 신생아가 우리를 앞질러서 면류관을 얻을 수도 있습니다.

하지만 그런 걱정은 하지 맙시다. 하나님께서는 우리 모두가 기쁨으로 경주를 마치고 그리스도 안에서 온전하게 되도록 하실 것입니다. 그럴 거라고 믿습니다. 우리가 길을 잃었을 때 우리를 찾으시고, 기쁨으로 어깨 위에 메고서 교회로 데리고 가신 분이 누군지 아십니까? 그는 우리를 실망시키지 않으십니다. 우리는 물론 실패할 겁니다! 하지만 그는 다릅니다. 그는 결코 실패하지 않으십니다."

"고맙습니다."

해티가 할 수 있는 말은 그게 전부였다.

"그러면 지금까지 해온 것처럼 집과 소녀들과 샘을 돌봐주실 거죠?"

"네."

글로버가 대답했다.

그는 샘에게 말했다.

"부인이 뭘 원하는지 알거야. 지금까지 지내온 곳에서 해티 씨를 돌봐줄 거지?"

"네, 하퍼 부인! 저는 해티 씨를 돌봐줄 거예요"

"좋아, 샘! 그렇게 하기로 하자."

그날 하퍼 부부는 저녁 말씀을 읽었다.

"모든 게 이루어졌다. 주님이 약속하신 것들 중에서 이루어지지 않은 것이 없다."

하퍼는 멈춰서 말했다.

"오늘은 그 정도로 해요. 그분은 선하신 주님이십니다! 그분이 우리의 요구와 생각을 넘어서 보다 풍성하게 일하신다는 바울의 말은 맞았습니다. 이제 과거형으로 말할 수 있겠어요. 그분은 우리를 위해 일하셨습니다. 우리의 새 삶의 시작이 이렇게 넘치도록 풍요롭다면, 마지막은 어떻겠습니까! '예비하신 모든 것은 눈으로 보지 못하고 귀로 듣지 못하고' 우리는 조금의 배려도 받을 자격이 없는데 말입니다! 실로 그분은 헤아릴 수 없습니다."

그날 저녁 사랑과 구원을 주신 분께 찬양함으로 무릎 꿇은 남자와 여자는 깨달음을 얻은 터였다. 그리스도는 자신의 피로 그들의 죄를 씻었고, 그들이 말씀 안에 잠기게 했고, 사랑의 모든 풍성함을 그들에게 부어주셨다.

07

선교의 사명을 품다

이는 너희 지역을 넘어 복음을 전하려 함이라 고후 10:16

하워드 벤슨이 세상을 떠나고 카 장로가 그리스도의 자녀로 다시 태어난 지 삼 년이 지났다. 하퍼 부부가 무릎 꿇고서 하나님의 선하심을 눈물로 찬양했던 날 이후로 많은 일들이 있었다.

성전 건축은 끝났고, 공원 반대편에 선교관을 지을 만큼의 벽돌이 남았다. 음악당에서의 마지막 주일, 하퍼는 하나님께서 주신 건물이 완성됐으므로 다음주부터는 그곳에서 같은 시간에 만나기를 바란다고 사람들에게 알렸다. 축하식이나 특별예배도 없었고, 유명한 설교자에게 '입당식'을 부탁하지도 않았다. 일반적인 경우와 달리 그들은 부채를 갚을 필요가 없었기 때문이다. 그들은 부채가 전혀 없었다.

애비 클라크는 몇 명의 거듭난 성가대원을 모아 하나님께 찬양하는 법을 훈련시켰다. 그들은 노래를 곧잘 했다. 오페라도 없었고 송가도 없었다. 음악은 훌륭했다. 주로 경배와 찬양의 찬송가들과 복음성가들로 이루어져 있었고, 회중은 마음을 다해 따라 불렀다.

수개월 동안 사람들은 출근하기 전 아침 일찍 모였다. 하퍼는 또 다른 비전을 보았는데, 목자없는 거대한 양떼가 있었고, 선한 목자께서 상처 난 손으로 그들을 가리키고 계시는 비전이었다.

네 달 전 하퍼는 사람들에게 비전 얘기를 하면서 복음의 사실을 선포했었다.

> 너희는 너희 자신의 것이 아니라 값으로 산 것이 되었으니고전 6:19-20

하퍼는 누가가 성령을 섬기는 자였다는 사실과 눅 14:16-24, 주께서 마련하신 식탁에 앉을 손님들을 모셔오는 일을 성령에게 맡기셨음을 보여주었다. 먼저 유대인들을 찾아갔지만 그들이 핑계를 늘어놓자 성령을 유럽의 마게도니아로 보내셨고, 성령께서는 바울을 그리로 부르셔서 아시아로 가지 말고 자신을 도우라고 하셨다. 그곳에서 복음은 아메리카까지 퍼졌다. 성령께서는 주의 명령대로 하였고 아직도 여유가 남았다고 보고하였다. 그러자 주님은 성령을 머나먼 우회로와 타지로 보내셔서 주의 전을 채우도록 하셨다. 성령께서는 주의 말씀대로 이백 년 동안 이방인들 사이에서 손님을 찾고 계신다.

그런 다음 하퍼는 성령이 사람의 공동의 증언 없이 홀로 모든 사람에게 복음을 전달하기가 어려웠을 것임을 이야기했다. 그리스도의 법을 어기고 기적을 행하지 않는 한은 말이다. 주께서 제자들에게 진리의 영이 자신을 증언할 것이라고 선포하셨을 때, 그는 '너희도 증언하느니라'라고 덧붙였다. 이는 십자가 사건 전의 일이었다. 주께서는 부활하신 뒤에 제자들이 행할 바를 예측하시고는 그들에게 '가서' 복음을 '모든 피조물에게', '땅 끝까지' 전하라고 하셨다. 다만 그의 공동 증언자, 즉 아버지와 아들의 성령이 오시기를 기다리라고 하셨다. 그가 아버지께로부터 성령을 보내실 것이었다. 그들이 기다리자 성령이 강하고 세찬 바람 소리와 함께 찾아오셨다. 이로써 사람이 하나님으로, 말씀으로, 그의 성령으로, 그리스도의 공동 증언으로 다시 태어날 것이라는 그리스도 율법의 조항이 또 하나 이루어졌다.

하퍼는 성령께서 공동 증언자가 없을 경우, 기적을 행하지 않으면 사람들을 그리스도께 접붙이는 것이 불가능했을 거라고 얘기했다. 게다가 사람들이 다시 태어나기 전에는 공동 증언자가 나올 수도 없었다. 그래서 성령께서는 사람들이 그들에게 주어진 불 같은 혀로 서로에게 증거하게 하셨다. 그들의 입에서 나온 하나님 말씀으로 그들은 다락방에서 서로에게 얘기했고, 이로써 그들은 새 사람으로 거듭났다. 유월절이 지난 지 오십 일, 승천하신 지 이레 만에 열두 제자는 이 열매의 잔치에서 부활의 하나님의 두 번째 열매가 되었다. 그들이 거듭나고 그리스도의 일부가 됨으로써 성령의 첫 번째 공동 증언자가 태어났다.

하나님께서 가이사랴에서 이방인들의 문을 여셨을 때 그들의 혀는 다시 한 번 불탔다. 고넬료는 베드로의 증거로 이방인으로서는 첫 번째 개종자가 되었다. 거듭난 자들이 부름 받았을 때 베드로와 바울처럼 곧바로 나아간다면 성령께서 사역을 완수하기가 훨씬 더 쉬웠을 것이다. 하지만 나중에는 부름받지 않은 많은 이들이 나아갔고, 바울처럼 개종자들을 돕기보다는 방해하는 이들이 많이 나타났다.

이는 너희 지역을 넘어 복음을 전하려 함이라 고후 10:16

그리하여 선교에 엄청난 돈이 지출되었고 수천 명의 백인 선교사들이 파송됐지만 이룬 것은 많지 않았다. 현지의 거듭난 자들에게 초기 교회사를 되풀이할 기회가 주어지지 않았기 때문이다. 그들은 방방곡곡을 다니며 복음을 전파하고, 바울과 디모데처럼 '하나님 앞에서 그리스도의 향기'가 될 기회가 없었다. 사람들이 실제로 귀를 기울여서 생명을 얻든, 복음을 거부하고 멸망하든 간에 말이다.

"명심하십시오."

하퍼가 말했다.

"성령이든 제자들이든 모든 피조물을 구원하거나 가르치라는 사명은 받지 않았습니다. 단지 모든 피조물에게 증거하라는 것뿐이었습니다. 하나님 나라의 복음이 아니라 은혜의 복음을 가지고서 말입니다. 여러분과 저는 이 복음을 듣고서 양떼 울타리에 들어오게 됐습니다. 선한 목자께서 '오라'고 부르시는 부드러운 목소리를 들었을 때 말입니다. 오, 사랑하는 형제 자매여! 우리는 다른 양들을 잊었을지언정 우리 주님은 잊지 않으셨습니다."

양떼를 지켜주시는 양떼의 주인은,
긴 밤비가 내릴 때
어두운 초원으로 내려가신다.

스코틀랜드의 양치기가 언덕에서 양떼를 우리로 돌려보내고 있었다. 양 모는 일은 충실한 콜리에게 맡긴 채, 그는 양 우리의 빗장 옆에 서서 셋, 넷, 다섯씩 무리 지어 들어가는 양들을 세고 있었다. 두 마리가 모자랐다. 밤은 춥고 습했다. 충실한 콜리는 강아지들을 돌보러 갔다. 콜리는 추운 날씨에 축축하게 젖어 있었고, 태풍 속에서 힘든 임무를 수행하느라 지쳐 있었다. 양치기는 언덕을 가리키며 말했다.
"두 마리가 없다! 어서!"
콜리는 양치기를 쳐다보고는 강아지들을 쳐다봤다. 손가락은 여전히 언덕 쪽을 가리키고 있었고, 양치기는 "어서!"하고 말하고 있었다.
콜리는 일어나서 밤 속으로 들어갔다. 두세 시간이 흘렀고, 콜리는 한 마리를 찾아왔다.
양치기는 양떼를 다시 셌다. 여전히 한 마리가 없었다. 그는 충실한 콜리가 무거운 몸을 이끌고 들어간 개 집으로 가서 말했다.

"한 마리가 없다! 어서!"

콜리의 애원하는 눈이 그를 쳐다봤다. 하지만 그는 언덕을 가리키며 "어서!"하고 말했다. 콜리는 이번에도 강아지들을 쳐다보고는 양치기를 쳐다봤다. 그리고 밤 속으로 들어갔다.

동이 터올 무렵 콜리는 잃어버린 양을 데리고 아주 천천히 돌아왔다. 그리고 개 집으로 들어가서는 새끼들과 함께 누웠다.

양치기의 새벽 휘파람 소리에 아무 대답이 없었다. 양치기는 개 집에서 차갑고 뻣뻣한 송장이 된 콜리를 발견했다. 콜리는 양들을 위해 목숨을 바쳤던 것이다.

무거운 침묵 속에서 하퍼는 물었다.

"우리도 이같이 해야 하지 않겠습니까?"

설교가 끝나자 애비 클라크는 아름다운 전주를 연주하고는 새처럼 노래했다.

> 그 보좌 앞에 설 때,
> 저는 뭐라고 대답해야 할까요 예수님?
> 제가 행하지 못한 임무에 대해
> 어떻게 확실한 핑계를 꾸며낼까요?
> 그분은 말했습니다, 그분은 말했습니다.
> 나의 양을 먹이라, 나의 양을 먹이라.
> 그들이 굶주림으로 힘겹게 우는 소리를
> 듣지 못하였다 말할 수 없습니다.
> 그들이 제 문 앞에서 울었기에
> 모르는 척할 수도 없었습니다.
> 그들을 들었습니다, 그들을 들었습니다!
> 네, 하지만 금방 지나쳤습니다.
> 그들을 울게 내버려뒀습니다, 울게 내버려뒀습니다.

목자께만은 내가 가난했다고 말할 수 없습니다.
그분이 저에게 모든 것을 주고자 하셨던 적이 몇 번입니까!
그러지 말 것을, 그러지 말 것을.
빈손으로 가서
양을 먹이려 했습니다, 양을 먹이려 했습니다.
쾌락이 나를 억지로 노예로 만들었다 말할 수 없습니다.
무덤에 들어갈 때까지
쾌락의 사슬을 끊으려 노력했다고 말할 수도 없습니다.
나는 쾌락을 좇았습니다! 쾌락을 좇았습니다!
네, 쾌락을 기꺼이 섬겼습니다
평생토록, 평생토록.
온 세상보다 그분을 더 사랑했다고 감히 말하지 않습니다.
그분이 얼마나 자주 저의 친구로서 찾아오셨는지 모릅니다.
그분은 저를 아십니다! 저를 아십니다!
제가 그분을 사랑한다면 그의 양을, 그의 양을 먹이리라는 것도 아십니다.
제가 당신의 뜻에 순종했다면, 저를 부르셔서 응답하게 하소서.
아직 당신의 양을 먹일 수 있게 해주소서.
당신의 마지막 사랑의 요청을 이루게 하소서.
용서하소서! 용서하소서!
오, 선한 목자여,
당신의 양을 먹일 수 있게 도와주소서. 당신의 양을 먹일 수 있게.

옛 음악당에서는 놀라운 집회가 여러 번 있었지만, 이번 선교집회만큼 감정으로 충만한 집회는 없었다. 많은 이가 말씀을 듣기 위해 멀리서 또 가까이서 찾아왔고, 가련한 하퍼가 설교를 하지 못했던 날 이후로 이천 명 이상이 그리스도를 고백했다.

클라크의 노래가 끝나자 무거운 침묵이 흘렀다. 그때 기자들 사이에 앉아 있던 조지 허드슨이 일어나서 말했다.

"순종하겠습니다. 가겠습니다."

그러자 나이와 성별을 막론하고 수많은 기독교인들이 앞으로 나와 무릎을 꿇었다.

하퍼는 어찌할 바를 몰랐다. 그들이 무릎 꿇고 있을 때 그는 축도를 하기로 했다. 그는 회중의 대부분이 갈 거라고 생각했지만 그들은 전부 자리에 앉았다. 그날 아더 프링글이 하퍼와 함께 있었다. 하퍼는 이게 무슨 뜻인지 그에게 물었다.

"성령께서 함께 하신다는 뜻입니다."

그가 말했다.

"무엇을 하기를 원하십니까?"

하퍼가 사람들에게 물었다.

"그들을 보내라."

한 목소리가 말했다.

"여러분과 마찬가지로 저에게도 모든 게 새롭습니다."

하퍼가 말했다.

"더 많은 빛이 없이는 아무것도 할 수가 없습니다. 하나님의 뜻을 온전히 깨달을 때까지 기도해볼 것을 제안합니다. 실수하는 일이 없도록 말입니다."

무릎 꿇고 있는 이들에게 그가 말했다.

"저녁에 잠깐 만나서 성경을 공부하면 어떻겠습니까?"

모두가 손을 들었다.

"그럼, 그렇게 합시다."

그가 말했다. 그는 회중에게도 말했다.

"매일 아침 여섯 시에 만나 공부를 하면 어떻습니까? 우리의 집행자이신 성령께서 인도하지 않으신다면 다른 사람들의 방법을 따라하고 싶지 않습니다. 선교를 위한 헌금도 마찬가지일 겁니다. 교회가 끝날 때까지 여기서 만나서 성령의 방법을 연구해보시겠습니까? 그러고 나서 선교헌금을 하면 됩니다. 그때까지는 성령께서 무엇을 원하시는지 알게 될 겁니다. 어떻습니까?"

수많은 사람이 손을 들었다.

"그러면 좋습니다, 내일 아침 이곳에서 만납시다."

이로써 그들은 선교에 관심을 가지게 되었다.

08
선교의 준비

너희는 주께 받은 바 기름 부음이 너희 안에 거하나니 아무도 너희를 가르칠 필요가 없고 오직 그의 기름 부음이 모든 것을 너희에게 가르치며 또 참되고 거짓이 없으니 너희를 가르치신 그대로 주 안에 거하라 요12:27

앞장에서 기록한 일들이 있고 나서 네 달 뒤, 성전 입당식을 드렸다. 육천 개의 좌석이 만석이었고, 측랑과 연단 등 다른 공간들도 가득 찼다. 입구에서는 많은 사람들이 돌려보내졌다.

하퍼는 사람들에게 알렸다.

"이제 선교 헌금을 드리겠습니다."

헌금과 제사의 예배는 어떤 노래나 목소리의 방해도 받지 않았다. 회중은 매우 조용했다.

헌금을 걷고 나서 하퍼는 종이 쪽지 하나를 받았다. 하퍼는 일어서서 헌금이 2만 2000 달러에 달했다고 알렸다. 강요받은 사람은 아무도 없었다. 오직 성령과 성령의 역사를 주관하는 그리스도의 율법을 네 달간 공부한 것이 그러한 성과를 가져다 준 것이었다. 그리스도 안에 있는 이들에게는 성령의 일을 따르는 것이 특권이었다. 하퍼와 친분이 있었던 한 여인은 노란 100 달러짜리 지폐 열 개를 헌금 접시 위에 담았다.

하퍼는 그들이 교회를 이루고 나서부터 받은 축복들을 되짚어보았고, 그날의 주제를 밝혔다. 바로 '하나님의 성령'이었다.

"오늘 성령에 대해 얘기하기로 한 이유는, 성령께서 이 모든 것을 가능하게 해주셨다고 믿기 때문입니다. 우리 주님의 말씀을 떠오르게 한 분은 성령이셨고, 그 신령한 말씀으로 우리를 그리스도의 지체로 만들어주셨습니다. 지금까지 우리를 가르치시고 인도하신 분은 성령이십니다. 그는 주님의 말씀을 밝혀주시기 위해 은혜롭게도 우리를 그리스도의 공동 증언자로 사용하셨습니다. 그는 말씀의 주인이시자 우리를 이끄시는 분이시며, 우리를 감동케 하시는 집행자이십니다. '주의 영이 계신 곳에는 자유가 있느니라'고후 3:17라고 하셨습니다. 모두가 이것을 깨달았을 것입니다. 첫째 날부터 지금까지 우리는 온전한 자유와 완벽한 하나됨을 경험하였고, 그의 평온함과 미쁘심은 우리의 힘이 되었습니다. 모든 영예와 찬양을 하나님의 성령께 드리는 예배를 이 성전에서 시작하는 것은 아주 적절합니다. 성전을 마련해주신 분은 성령이시고, 오늘도 셰키나의 구름으로 우리 위에 계십니다. 하지만 이는 우리가 그의 가르침과 공급하심을 따라 그리스도라는 또 다른 성전을 이 도시에 세운 덕분입니다. 여러분은 모두 그에게 이끌리셨습니다. '내가 땅에서 들리면 모든 사람을 내게로 이끌겠노라'요 12:32라고 하지 않으셨습니까.

모세는 광야에서 성전을 완성하고서 그것을 바로 세웠습니다. 그러자 하나님의 성령이 셰키나의 구름으로 그 위에 거하셨습니다. 세례 요한이 하나님의 아들에게 증거했을 때, 하나님의 성령은 비둘기 형태로 그 위에 내려오셨습니다. 하나님은 그 아들이 땅에서 들리면, 어느 때고 자신의 성령을 내려보내지 않을 수 없습니다. 그리고 그를 보는 모든 이에게 영원하신 목소리가 말씀하십니다.

> 이는 내 사랑하는 아들이요 내 기뻐하는 자라 마 3:17

여러분은 모두 그 목소리를 들으셨을 것입니다. 그리스도 안에 있는 여러분 모두가 말입니다. '누구든지 그리스도의 영이 없으면 그리스도의 사람이 아니라'롬 8:9라고 하지 않으셨습니까?

여러분이든 다른 하나님의 자녀들이든 그의 성령의 인치심을 받지 않으면 그의 것이 아닙니다. 여러분이 하늘에 대해 처음으로 아기의 옹알이를 하기 시작한 것은, 예수님을 바라보면서 그를 주님이라 불렀을 때입니다. '성령으로 아니하고는 누구든지 예수를 주시라 할 수 없기'고전 12:3 때문입니다. 여러분의 두 번째 옹알이는 성령의 아들됨을 통해 하나님을 '아바 아버지'라 불렀을 때입니다. '아바'는 시리아어로 아빠를 뜻합니다. 아기의 언어입니다. 어린아이와 같은 신뢰의 마음입니다. 예수님은 그런 어린아이를 두고서 하나님 나라에 들어가려면 그와 같이 돼야 한다고 말씀하셨습니다.

하지만 이 신뢰는 우리에게서 나지 않습니다. '너희는 그 은혜에 의하여 믿음으로 말미암아 구원을 받았으니 이것은 너희에게서 난 것이 아니요 하나님의 선물'엡 2:8이기 때문입니다. 우리를 구원하는 이 믿음의 은혜는 성령의 첫 번째 열매입니다. 따라서 처음부터 끝까지 여러분과 제가 붙잡을 수 있는 것은 지금 공부하고 있는 이 성령밖에 없습니다. 성령은 여러분에게 '주어'졌고 저에게 '주어'졌습니다. 우리는 그를 '받았고', 그는 우리의 것입니다.

이 놀라우신 분은 너무나 은혜로우셔서, 함께 일주일을 보내고 나서야 그를 이해하기 시작할 수 있습니다. 지금은 성령에 관해 말할 수 있는 게 얼마나 적은지요! 하지만 말씀을 바탕으로 성령에 대해 말할 수 있는 약간의 것이 우리 모두에게 도움이 됩니다.

개인적으로는 그의 이름들이 저에게 많은 것을 가르쳐줬습니다. 예배 받아 마땅하신 이 분의 가장 큰 특징은 겸손함인 것 같습니다. 그는 자신에 대해 얘기하는 법이 없습니다. 우리 주 예수께서는 아버지에 대해 많은 것을 증거하셨습니다. 하지만 아버지의 성령에 대해 더 많은 얘기를 하셨습니다. 성령은 오직 그리스도만을 증거하고, 오직 성령만이 그리스도를 증거합니다. 거듭난 공동 증언자들을 통해서 말입니다. 성령께서 그리스도를 증거하실 때 우리는 성령에 대해 알게 됩니다.

함께 떡을 뗄 때, 광야에서 주님의 입에서 나오는 모든 말씀으로 비롯되는 성령[생명, 말씀, 만나]을 포용할 때, 우리는 비로소 자랍니다. 이 신령한 재료를 가지고 그는 포도나무 가지에 열매를 맺게 하십니다. 기록된 마흔네 가지 종류 전부를 말입니다. 열매가 익으면, 이웃에게 열매를 먹이는 것이 우리의 몫입니다. 그러지 않으면 쓸모가 없어진 광야의 만나처럼 썩게 됩니다.

> 우리가 그리스도의 마음을 가졌느니라 고전 2:16

그가 바로 '우리 마음의 눈을 밝히'시는 분이시며, '영적인 일은 영적인 것으로 분별'하시는 분이십니다. 그는 우리의 선생님이시기 때문입니다.

> 너희는 주께 받은 바 기름 부음이 너희 안에 거하나니 아무도 너희를 가르칠 필요가 없고 오직 그의 기름 부음이 모든 것을 너희에게 가르치며 또 참되고 거짓이 없으니 너희를 가르치신 그대로 주 안에 거하라 요12:27

우리 안에 선생님이 계시다는 것이 얼마나 놀라운 특권입니까? 그는 지혜의 영이시자 진리의 영이십니다. 그가 가르치신 것처럼 우리는 그리스도 안에 거하고자 합니다. 주께서는 우리가 달리 행하지 못할 거라고 하셨습니다. 우리가 달리 행하기를 원치 않기에 하나님께 감사드립니다. 이것이 아버지를 영광되게 하는 것이니, 그 안에 거함으로써 우리가 많은 열매를 맺는다는 점입니다. 우리는 우리 마음속에 그러한 축복을 받았고, 그렇게 거함으로써 하나님께 열매를 올려드렸습니다. 감히 생각지도 못하고 가능하다 믿지도 못했으나 우리는 그의 성령이 우리 안에, 우리를 위해, 우리를 통해 일하게 했습니다. 여러분도 저와 마찬가지일 거라 믿습니다. 오늘 제 안에 있는 모든 것이 하나님의 이름을 찬양합니다. 저는 다른 선생님은 두지 않을 것이며, 도성으로 가는 동반자로서 다른 분을 원하지 않습니다.

그는 '아버지의 성령'이시며, '아들의 성령'이십니다. '여호와의 성령'이시며, '하나님의 성령', '예수 그리스도의 성령'이십니다. 그가 나의 것이라니, 하나님께 감사드립니다. 그는 '사랑의 성령'이십니다. '믿음의 성령', '진리의 성령', '생명의 성령'이십니다. 성경 역시 그렇습니다. '능력의 성령', '올바른 지성의 성령'인 그가 계시는 한 저의 생각은 바를 수밖에 없습니다.

그는 '온유의 성령'이며, 그와 함께라면 나는 하나님께 온유할 수밖에 없습니다. 그는 '사랑의 성령'입니다. 그의 '온전한 사랑이 두려움을 내쫓나니'요일 4:18 나는 사람 앞에서 겁쟁이가 될 수 없습니다. 하나님이 우리에게 주신 것은 두려워하는 마음이 아니요 사랑하는 마음입니다. 두려움은 마귀의 것입니다. 할렐루야! 그는 '기도의 성령'이요, 오직 그 안에서 성령께 기도할 수 있습니다. 아버지 뜻에 따라 성령은 내 것이 되어 기도합니다.

너희 안에 이 마음을 품으라 곧 그리스도 예수의 마음이니 빌 2:5

내가 품는 만큼 그리스도께서 역사하실 것입니다. 그리스도 안에서 율법이 완성되어 옮겨졌음을 하나님께 감사드립니다. 하나님께서 풍성하게 마련해주신 모든 것은 그 놀라운 곳, '그리스도 안에' 있습니다. 이제 내가 할 일은 더 이상 하는 것이 아니라 사는 것입니다. 내가 할 일은 부셸 바구니 안에 숨어 다니는 게 아니라, 성령으로 하여금 나를 격려하여 내 짐을 가볍게 하고 내 모든 문제들을 수월하게 만드는 것입니다. '그리스도 안에서' 말입니다. 그리스도 안에서 나는 모든 것을 누릴 수 있습니다. 그리스도 밖에는 아무것도 없습니다. 그 안에 거하기만 하면 됩니다.

성경에는 성령의 상징들이 여럿 있습니다. 우리는 두 가지만 살펴보겠습니다. 그것은 비둘기와 기름입니다.

성경에서 '기름'은 항상 성령을 뜻합니다. 일곱 개의 금촛대를 위한 기름이 나옵니다. 이 촛대들은 교회를 상징하고, 대제사장의 손질을 받아 밖으로 가지고 나가지 못하게 됩니다. 그날부터 지금까지 세상의 빛이신 예수님을 체험한 증인들 중에 교회를 떠나는 자가 있다면, 그는 어둠 속에 거합니다. 성령은 빛이 아닙니다. 성경은 한 번도 성령이 빛이라고 말하지 않습니다. 그는 기름입니다. 예수님이 영원하신 빛이십니다.

또 '기름부음'의 기름과 '향유의 기름'이 있습니다. 둘 다 매우 거룩했기 때문에 그와 비슷한 것은 아무도 만들지 못했습니다. 그리스도 안에서 형제 된 여러분은 이 거룩한 기름부음을 받으셨습니다. 여러분은 하나님께 대하여 왕과 제사장으로서 기름부음을 받았습니다. 은혜의 대제사장 멜기세덱, 곧 예수께서는 그의 의의 옷을 입은 자들 위에 거룩한 기름을 부으셨습니다. 그 피로 말미암아 그들을 사람에게서 구분하여[분리하다, 성화하다, 거룩하게 하다, 바치다] 하나님께 올려드렸습니다. 회계 사무소에 있든 설교단 앞에 섰든, 쟁기를 밀고 있든 집에 있든 간에, 여러분은 값을 지불하여 하나님께 온전히 드려졌습니다. 여러분이 평온함과 감사함으로 여러분의 거룩한 구분지음 안에 영원히 거하기를 바랍니다. 그럴 때만 비로소 두 번째 기름, 향유의 기름이 여러분 것이 될 것입니다.

여러분은 왕께서 전국을 찾아 헤맨 참한 처녀입니다. 참한 에스더입니다. 여러분은 처녀를 보호하시는 성령께 맡겨졌습니다. 여러분은 성령의 은총을 입었고, 그는 여러분을 위해 상아로 된 궁전 내에 가장 좋은 방을 마련해주셨으며, 여러분의 정화를 위해 모든 것을 예비하셨습니다. 여러분이 왕 앞에 서기 위해 그곳에서 나올 때, 여러분은 위엄의 왕께서 소유하신 영광과 아름다움의 의복을 입게 될 것입니다. 여러분의 옷에서는 왕의 옷과 마찬가지로 상아로 된 궁전의 몰약, 알로에, 계피 향이 날 것입니다. 여러분과 함께, 또 여러분 안에 거하시는 그리스도의 영은 왕의 헤개(아하수에로왕 시대에 궁녀를 주관하던 내시)입니다. 그는 여러분의 삶을 예수님의 삶과 같이 아름답고 향기롭게 해줄 것입니다. 먼 나라에서 외아들의 신부를 찾아 헤맨 이 부유한 아버지의 종은, 성경에 따르면 '온갖 선물이 다 아버지께로부터 내려'왔다고 합니다.약 1:17 우리가 종의 편에 서면 영원히 가난하지 않을 것입니다.

그를 생각할수록 그에 관한 언어는 점점 더 무력해집니다. 그의 또 다른 상징은 비둘기입니다. 비둘기는 새 중에서 가장 순하고 겁이 많습니다. 저는 어렸을 때 비둘기를 키웠습니다. 어른이 되자 저는 겸손한 회갈색의 멧비둘기와 친해졌습니다. 그들의 순함과 소심함은 말로 다 못합니다. 그들은 집비둘기들보다 겁이 많습니다. 길들여진 집비둘기들도 손에서 모이를 잘 먹다가 반대쪽 손을 내밀면 크게 무서워하면서 움츠러듭니다. 이런 특징을 꼭 기억해야 합니다. 이것을 기억하지 못하면 사탄에게 매우 유리해집니다. 온유한 비둘기가 성령 안에 자리잡고 알을 품게 하려면, 우리는 매우 고요해야 합니다. 소란을 피우거나 성령을 닦달해서는 안 됩니다. 우리는 아주 조용히, 성령께서 우리 안에 자리잡으시도록 '두어야' 합니다. 그러면 그는 놀라운 평화로 우리를 채우실 것입니다.

사람들이 알지 못하는 평화, 고요, 자신감입니다. 이것이 열매 맺음의 비결입니다. 가지는 요동칠 때가 아니라 거할 때만 열매를 맺을 수 있습니다. 우리의 열매가 아니라 그의 열매임을 잊지 맙시다.

흐르는 강물의 비결입니다. 그의 강물이지 우리의 것이 아닙니다. 우리는 강기슭일 뿐입니다. 그가 강기슭에서 열매를 키우시는 동안 우리는 그의 강물이 흐르는 수로가 될 뿐입니다. 우리는 열매를 만들지 못하고 강물을 흐르게 하지 못합니다. 그가 하도록 '두는' 수밖에 없습니다. 우리의 '노력'과 '행위'로부터 하나님께서 지켜주시기를 바랍니다.

아! 그가 하도록 두기를 바랍니다! 우리가 천국의 햇빛으로 가득해질 때까지 우리 존재의 모든 틈을 메워주시기를 바랍니다. 빛은 곧 어린양이십니다. 하나님께서 그의 성령을 통해 우리의 내면에 힘이 되셔서, 우리 자신의 충만함이 아닌 하나님의 충만함을 알게 하시기를 바랍니다. 그와 함께 걸읍시다. 그의 동행하심을 사모합시다. 그의 위로를 찾읍시다. 그의 교제하심을 갈구합시다. 그는 우리를 실망시키거나 저버리지 않으십니다. 우리를 때묻지 않은, 흠 없는, 죄 없는, 아름다운 상태로 구원자의 영광과 아름다움의 옷을 입히실 것이며, 그의 은혜와 진리로 채워주실 것입니다. 그는 말할 수 없는 열망으로 우리를 예수 그리스도처럼 만들고자 하십니다. 그는 갈라디아서 5장 22-23절에 기록된 아홉 가지 열매뿐만 아니라, 성경의 다른 곳에 기록된 서른다섯 가지 열매들도 우리 안에 자라게 하실 것입니다.

오, 사랑하는 이들이여! 그가 하시도록 '두어야' 하지 않겠습니까? 그는 여러분과 저의 사랑스럽지 못한 모습들, 우리의 상처와 멍든 곳을 가져다가 기쁨의 포도주와 치유의 기름을 부어주실 것입니다. 주님의 왕 같은 의복을 입히셔서 우리를 주님만큼 곱고 아름답게 만들어주실 것입니다.

 오늘 그가 하시도록 두십시오. 사랑하는 이여! 그가 여러분의 온 존재를 노래로, 담대함과 강함으로, 사랑과 기쁨과 즐거움으로, 인자함과 선함으로 채우도록 두십시오. 성령 자신이 여러분을 채우게 하십시오.

> 그리하면 네 길이 평탄하게 될 것이며 네가 형통하리라 수 1:8

 기도하겠습니다.
 우리 주 예수님! 당신께서 명절 마지막 날 서서 '누구든지 목마르거든 내게로 와서 마시라 나를 믿는 자는 성경에 이름과 같이 그 배에서 생수의 강이 흘러나오리라 하시니' 요 7:37-38 라고 외치시는 목소리를 들었습니다. 이는 성령에 대해 하신 말씀이십니다. 우리 집회의 첫째 날, 당신께 나아갑니다. 우리는 믿습니다. 성령의 강을 흐르게 하실 것임을 믿고 의지합니다. 당신께서 주신 이 건물을 감사함으로 받겠습니다. 이곳에서 생명수의 흘러나옴이 영원히 그치지 않게 하소서. 당신은 이 성전을 우리에게 주셨고, 우리는 우리 자신을 당신께 드립니다. 우리의 보잘것없고 부끄러운 헌금을 받아주소서. 우리를 지켜주시고 이 건물을 오직 당신을 위해 사용하소서. 아멘".
 하퍼는 그들에게 다시 얘기했다.
 "정말이십니까? 여러분의 온 영혼이 기쁘게 '네'라고 대답하신다면, 일어서십시오."
 수많은 사람들이 일어났다.
 "우리가 오늘 배운 이 놀라운 분께서 우리의 정신과 영혼, 몸과 소유물을 지금부터 그리스도 앞에 온전하게 서는 날까지 전부 지배하기를 원하십니까? 그렇다면 두 손을 모두 드십시오."

수많은 손들이 올라갔다.

"이 은혜로운 분께서 여러분의 동반자가 되시고, 하나님의 거룩한 뜻을 받들기 위해 여러분 안에서, 여러분을 통해 일하시기를 진심으로 원하십니까? 그렇다면 두 손을 들고서 '아멘'이라고 하십시오."

육천 명이 넘는 사람들의 손은 도무지 셀 수가 없었다. '아멘' 소리는 마치 거대한 파도가 해변에 부딪치는 소리 같았다.

"하나님을 찬양합시다. 자리에 앉겠습니다. 우리는 네 달 동안 기도하면서 놀라운 시간을 보냈습니다. 공부하면서 축복된 시간을 보냈습니다. 이제 우리는 십자가의 대변인들을 이방인들에게 보내기 위한 2만 2000 달러가 있고, 여러분께서 가고자 하십니다. 그들을 선택하는 데 도움을 주시기 바랍니다. 헨더슨 씨, 구드윈 씨, 심슨 씨께서 도움을 주시면 좋겠습니다. 여러분도 같은 마음이시라면 손을 드십시오. 반대 의견 있습니까? 이 형제들께서 저와 만나시겠다면, 성령께서 구별하여 부르시고자 하는 이들이 누군지 알아봅시다. 모임을 해산하겠습니다."

09
헨더슨의 잡화점에 찾아온 변화

무릇 하나님의 영으로 인도함을 받는 사람은 곧 하나님의 아들이라 롬 8:14

헨더슨은 카 장로에게서 땅을 사는 일보다 자신의 업무에서 더 성공적이었다. 많은 사업가와 마찬가지로 가장 위대한 것들은 마음으로부터 나온다는 사실을 그는 아직 배우지 못했다. 아무리 뛰어난 사업가적 능력으로도 그는 카 장로로 하여금 부지에 가격을 매기게 하지 못했다. 하지만 그의 마음을 사자, 팔아달라는 요청을 하기도 전에 그는 땅을 기부했다.

헨더슨은 곧 자신의 사업을 재정비할 계획을 세웠다. 그는 직원들을 불러모은 뒤 자신이 그리스도 예수 안에서 새 사람이 되었으므로 사업도 새로워지기를 바라며, 직원들과 수익을 공유하고 싶다고 남자답게 말했다. 월 매출에 대한 정확한 회계가 있을 것이고, 매출에 대한 수수료를 배분하게 될 것이었다. 판매 부서에 속하지 않은 직원들은 판매자들과 비례하는 금액을 배당받게 될 것이었다.

"이 계획은 제가 거듭난 날을 기점으로 시작될 것입니다."

그가 말했다. 그는 또한 사업 전체를 재정비하고 동선을 줄이자는 제안을 했다. 그리하여 고객들에게 빠른 서비스를 제공함으로써 모두가 유익과 만족을 얻게 하자는 것이었다.

"저번에 보니까 마이어스 씨가 서두르는 고객에게 특정 문구 브랜드가 없다는 사실을 확인시켜주는 데 11분이 걸렸습니다. 액튼 씨에게 도움 요청이 들어왔는데 그 와중에 세 명의 고객이 방치됐고 7분이 낭비됐습니다. 그들의 잘못이 아닙니다. 마이어스 씨는 1

분이면 되는 일이었습니다. 그래서 토요일 바쁜 시간에 일곱 명의 고객이 우리에게 지불할 돈을 들고 와서는 그냥 나가버렸습니다.

또한 우리가 판매하는 표준 상품들은 재고품을 항상 준비해놨으면 좋겠습니다. 고객들이 요청하는 브랜드가 다 떨어졌다고 말하는 일이 없도록 말입니다. 여러분을 더 힘들게 하려는 게 아니라 일을 더 쉽게 만들려는 것입니다. 여러분의 판매 시간의 효율성을 높여서 월말에 여러분이 더 많은 금액을 가져가기를 바랍니다."

직원들이 느끼기에 헨더슨의 배려는 새로웠다. 평온한 그의 모습은 새로운 힘을 나타냈고, 그의 부드러움은 위대해 보였다.

새로운 개종자들 중에서 하퍼에게 가장 큰 위안이 된 이는 바로 헨더슨의 딸 팬이었다. 헨더슨도 딸이 자신의 좋은 파트너가 되었다는 사실을 알고 있었다. 팬이 헨더슨 가게의 여자 직원들과 친구가 된 날은 기쁜 날이었다. 열악한 의식주 환경에서 벗어나기 위해 애쓰던 많은 소녀들이 새로운 희망으로 힘을 얻었고, 더는 절망 속에서 싸우지 않게 되었다. 물론 회사가 컸기 때문에 노력조차 안 하는 이들도 많았다.

그런데 이들이 낙오하자 희망적인 환경에서 일하고자 하는 수많은 지원자가 스스로 찾아와 자리를 채웠다. 이로써 도우미 직원들은 금방 보충되었고, 새로운 효율성은 사업의 규모를 크게 확장시켰다. 사람들은 헨더슨의 가게에 가면 원하는 것을 금방 찾을 수 있고 돈을 지불한 만큼 얻어갈 수 있다는 사실을 깨닫게 되었다. 면은 면대로, 양모는 양모대로, 린넨은 린넨대로 혼합섬유는 혼합섬유대로 구비되어 있었다.

점원들은 차차 자신들이 판매하는 상품에 대해 교육을 받았고, 구매자들은 상품에 대해 친절하고 공손하며 믿을 만한 설명을 들을 수 있었다. 그 결과는 자연스러운 것이었다. 고객들은 가게를 다시 찾았고 이는 최고의 광고가 되었다. 만족한 고객들은 사업을 확장시켜줬을 뿐만 아니라 광고 비용도 삭감해줬다. 회사의 이름은 품질과 신뢰를 대변했다. 제조사들과 판매자들 역시 헨더슨 하고는 신뢰를 지켜야 한다는 것을 알게 되었다. 정직성의 원칙은 구매자들의 효율성을 높였고, 살아남기 위해 몸부림 치던 여러 명의 정직한 제조업자들은 큰 규모의 주문이 적정 가격에 들어오자 다시 두 발로 설 수 있게 되었다.

이러한 일들은 시간이 걸렸고 지속적인 신중함이 요구되었다. 하지만 헨더슨은 자신의 사업을 잘 알고 있었고, 머리와 배짱이 있었다. 물론 실수도 있었다. 실수 없는 사람이 어디 있겠는가? 성령께서는 사람을 그리스도 안에 접붙이실 때, 그가 부모에게서 물려받은 자질을 바꾸지 않으신다. 새로운 영과 새로운 마음을 그 안에 주셔서 그의 모든 동기가 변화된다. 그리고는 그가 그리스도를 온전히 닮아가게 하기 위해 옆에서 지켜보신다.

이러한 사업 분위기는 느껴지기 마련이고 신뢰가 갈 수밖에 없다. 실수가 전혀 없는 것은 아니지만, 실수가 있을 때마다 친절하고 진심으로 교정되기 때문에 고객은 같은 실수에도 개의치 않는다. 같은 인간으로서 대접 받는다는 유쾌한 경험 때문이다. 그들에게는 돈보다도 행복이 더 중요했다. 헨더슨의 매장을 구경하는 사람은 확신을 얻었다. 고객들은 옛 친구를 방문하듯이 들어와서는 자신을 한 번 도와준 적이 있는 점원들에게 고개를 끄덕이며 미소를 지었다. 이러한 분위기는 연출되거나 모방할 수 있는 것이 아니다. 정말로 그런 분위기가 있기에 느껴지는 것이다.

이는 종교적인 분위기가 아니다. 기독교적인 분위기다. 어떤 국가나 민족에게 종교적인 분위기만큼 괴롭고 불쾌한 것은 없을 것이다. 율법주의적인 '하지 말지어다. 나는 너보다 거룩하다' 식의 훈계와 태도로 이뤄져 있기 때문이다. 매력적인 요소는 어디에도 찾아볼 수가 없다. 기만된 인간의 자아가 스스로를 구원하기 위해 공허하게 노력하는 가장 역겨운 모습일 뿐이다. 정신의 온전함이나 논리, 겸손함이라곤 없다. 종교의 가장 특징적인 열매는 고작해야 인색한 이기심이며, 인간을 이전보다 더 심각한 상태에 빠뜨려 놓을 뿐이다. 종교는 그 창시자인 마귀만큼이나 추하다. 마귀는 종교의 거짓말하는 아버지다.

기독교적 분위기는 얼마나 다른가? 누군가는 모든 사람이 아브라함 링컨을 만나서 자신들이 얼마나 왜소한지 깨닫고 그의 정신에 참여했으면 좋겠다고 말했다. 비현실적인 생각이다. 하지만 모든 사람이 아브라함 링컨보다 더 위대한 이를 만날 수 있다. 그의 영에 참여하는 것을 넘어서 그의 영을 소유하고 자기 안에 거하게 할 수 있다. 바로 그리스도 예수, 그의 영이다.

헨더슨의 이기적인 종교는 사랑 받으시는 자께서 그 자리를 대신하셨다. 그는 부활하시고 높임 받으신 하나님의 아들이시다. 그의 영이 헨더슨 안에 거하셨고 첫 번째 일을 행하셨다. 바로 타인을 배려하는 희생이다. 모든 사람이 군자의 영을 가진다면 그들 모두 군자가 될 것이다. 그날이 오고 있음을 하나님께 감사하라! 가장 작은 자부터 큰 자까지 모든 이가 그의 영, 영원하신 군자의 영을 소유할 그날이 올 것이다. 반면 이 시대의 영은 그 추악한 악의에 저항하는 그리스도인을 제외한 모든 이를 통제하고 있다. 따라서 헨더슨의 가게에 작은 낙원이 임했다고 생각하면 안 된다. 오히려 작은 전쟁터가 생겼다. 그곳의 유일한 승리자는 그리스도의 영이셨다. 예수 그리스도의 군사들이 애정 어린 순종으로 그에게 복종하여 원수에 대항했기 때문이다.

사람들은 헨더슨의 잡화점에 들어선 즐거운 분위기에 대해 의아해했다. 너무 달라져서 도저히 이해할 수 없다는 식으로 그들은 얘기했다. 하루는 피터 구드윈이 가게에 들렀다. 헨더슨과 마주친 그는 얘기를 꺼냈다.

"헨더슨, 여기가 많이 바뀌었네요. 그렇죠?"

그가 말했다.

"글쎄요, 예를 들면요?"

헨더슨이 기분 좋다는 듯이 물었다.

"제가 눈여겨본 것 하나는, 이제 손수건 하나 사기 위해 건물 전체를 삼십 분이나 돌아다니지 않아도 된다는 거예요. 판매 시스템을 놀랍게 개선하셨고 그건 이해가 됩니다. 하지만 이해가 안 되는 한 가지가 있습니다. 아주 즐거운 분위기가 생겼어요. 저쪽 통로를 걸어가는 여인 보이시나요? 그녀는 오늘 세 명의 점원에게 얘기를 했는데 모두에게 유쾌한 인사를 받았어요. 그녀는 누구죠?"

"우리의 고객이신 맥길 씨입니다. 남편은 벽돌공입니다."

"점원들이 다 그녀를 압니까?"

"고객으로만 알지요."

"제 생각대로군요."

구드윈이 말했다.

"저에게 설명해주셨으면 하는 부분입니다. 솔직히 말씀드리면, 예전에는 이곳이 뭔가 치열했어요. 하지만 그런 분위기는 완전히 사라졌습니다. 이제 새로운 분위기가 생겼어요. 완전히 새로운…. 설명해줄 수 있으세요?"

"이해가 안 된다고 하시는 것에 대해 대략적으로 설명해드릴 수 있을 것 같습니다."

헨더슨이 신중하게 말했다.

"옛 직원들과 현재의 직원들 중에서 기독교인의 숫자는 거의 같습니다. 물론 누군가가 다른 누군가에 대해 우월성을 주장하는 일은 없습니다. 기독교인이라면 자기가 죄인이라고 말할 것이고, 비기독교인들은 기독교인들이 좋은 사람들이라고 할 것입니다. 당신이 방금 치열하다고 하신 분위기는 악마적이었습니다. 지금 분위기는 기독교적입니다. 종교적이라는 게 아닙니다. 종교는 마귀의 가장 저열한 수단입니다. 그리스도적이라는 것입니다. 그의 성령에서부터 나오는 것이기 때문입니다."

"하지만 어떻게 모든 부서에 똑같은 분위기가 있을 수 있어요? 옛날 직원들과 현재의 직원들 중에 기독교인의 숫자는 같은데 말입니다."

영리한 변호사이자 사교가인 그가 물었다.

"어떤 이들은 그것을 '조작'이라고 부를 겁니다. 저는 예수 그리스도의 영이 주관하고 계시는 거라고 말합니다. 칼튼 하우스에서 첫 번째 교회 회의가 있고 나서부터, 저는 하퍼가 아니라 성령께서 회의를 이끄셨다고 믿게 됐습니다. 하퍼가 할 수 있는 일이 아닙니다. 과거에도 그런 일을 한 적이 없고, 앞으로도 혼자서는 그런 일을 할 수 없습니다. 예전 우리의 교구 회의는 마치 정당 대표들과 탐욕스러운 사업가들의 회의 같지 않았습니까?"

구드윈이 고개를 끄덕였다.

"칼튼에서의 회의는 제가 가본 것 중에서 가장 원활하고 능숙하게 진행된 사역 회의였습니다. 한 시간 안에 많은 일이 처리되었고 논쟁은 전혀 없었습니다. 하퍼의 리더십이 아니었습니다. 그는 거의 손을 떼고 있는 거나 마찬가지였습니다. 하퍼에게 물어봐도 자기 능력과는 아무 상관이 없었다고 얘기할 겁니다. 단지 성령께서 원하시는 대로 하기를 바랐을 뿐이라고 할 겁니다. 그 회의에 참석하고 나서 생각을 하게 되었고 그와 같은 성과를 원하게 되었습니다. 저의 매니저들도 그 같은 마음과 정신을 가지고 있습니다. 직원들 중에는 치아가 보일까 봐 절대 웃지도 않는 몇 명의 종교적인 남자들이 있었습니다. 성질이 아주 가혹했어요! 주위 사람들의 인간적인 친절함을 다 굳어버리게 만들었습니다. 또 얼마나 거룩했던지요. 마귀만큼이나 거룩했습니다. 게다가 이기적이었어요. 그래서 그들을 내보냈습니다. 그런 부류의 사람들은 어떻게 해도 바뀌지 않을 거라 생각했습니다.

이제는 달라졌습니다. 하퍼의 설교로 그리스도를 고백한 사람들이 그들의 자리를 차지했습니다. 관리부 직원들도 사업의 리더는 성령이 되셔야 한다는 데 모두 동의했습니다. 예전에는 헨더슨과 그의 직원들이었습니다. 이제는 예수님의 성령입니다. 게다가 종교적인 점원들도 전부 내보냈습니다. 그런 사람들에게는 희망이 없는 것 같습니다. 하나님을 섬기고 있다고 생각하면서 사실은 마귀를 섬기고 있어요. 그들은 자신들이 성령으로 가득하다고 크게 고백하곤 했습니다. 정말로 그랬을 겁니다. 그들은 진리의 영이 아니라 오류의 영으로 가득했을 겁니다. 그들의 행위는 악한 영의 힘을 입은 육체의 일들이었습니다.

이제 기독교를 직업으로 삼지 않는 이 사람들을 보십시오. 그들은 아무 문제가 없습니다. 문제를 일으키지 않습니다. 기독교인들은 시험 당해서 넘어질 때 빼고는 문제를 일으키지 않습니다. 종교적인 사람들만이 어깨에 후드를 달고서 문이 아닌 다른 곳으로 올라가 천국까지 야곱의 사다리를 오르려고 합니다. 자신들의 진흙 덩어리들까지 전부 들고서 말입니다."

구드원이 웃었다.

"그들이 만약 천국까지 올라갈 수 있다면, 그들은 하나님 앞에 그들의 더러운 짐들을 쏟아내면서 말할 겁니다. '거기 계셨군요!

이제 우리에게 무엇을 주실 겁니까?' 베드로가 하늘로부터 거듭나서 성령으로 충만해지기 전처럼 말입니다. 한 가지만 더 말씀드리고 싶은 게 있습니다."

"하십시오. 저는 좋습니다."

변호사가 말했다.

"우리는 점심 모임을 가지기 시작했습니다. 성경 한 장을 읽고 기도를 드리는데 하루에 두 번 모입니다. 모임을 가지는 데 하루에 150달러가 들지만 제 값을 합니다. 정말입니다!"

그때 한 손님이 헨더슨에게 말을 걸었고, 두 사람은 손을 들어 작별 인사를 나눴다.

10
성령의 역사

성령으로 아니하고는 누구든지 예수를 주시라
할 수 없느니라 고전 12:3

피터 구드윈은 헨더슨과 대화를 나눈 그날, 하퍼의 문을 두드렸다. 하퍼는 직접 나와 그를 반갑게 맞이하였고, 옛날처럼 찾아와줘서 기쁘다고 말했다.

"구드윈 부인은 어떠세요?"

그가 물었다.

"잘 지내시죠?"

"네, 잘 지내고 있습니다."

구드윈이 말했다.

"신체적으로는 말입니다. 비교적 건강한 여인입니다. 하지만 당신은 요즘 지인들의 영혼에 관심을 더 많이 가지지 않습니까?"

"그들의 영혼과 마음, 신체 모두에 관심을 가지고 있다고 말하는 게 더 정확할 겁니다. 구드윈, 저는 이제 전인적인 관심이 있습니다."

하퍼가 말했다.

"그것 봐요. 하퍼! 당신은 누구보다 직설적인 사람입니다."

구드윈이 말했다.

"당신의 두 번째 변화에 대해 얘기 좀 해주세요. 넬과 저는 둘 다 어리둥절합니다. 당신의 설교를 들으러 갔었습니다. 신문에 실린 기사들도 전부 봤어요. 특히 젊은 허드슨이 쓴 '헤럴드' 기사 말입니다. 솔직히 우리는 어리둥절합니다. 당신을 이해할 수가 없어요. 어제 헨더슨과도 얘기했는데 그도 이해하지 못하겠습니다. 하지만 헨더슨 주위에 전에는 보지 못했던 것들이 보여요. 그에게 변화가 일어나지 않았다면 그런 일은 없었을 겁니다. 자, 말해주세요. 저도 알고 싶습니다."

하퍼는 피터 구드윈을 바라보면서 눈에 눈물이 고였다. 그가 얘기를 꺼내자 구드윈은 크게 감동했다.

"구드윈!"

그가 말했다.

"거듭난 사람에게 그 과정을 설명하면 그는 스스로 경험해봤기 때문에 이해할 겁니다. 하지만 당신은 이해하지 못할 겁니다. 하나님의 일들은 자연적 인간이 이해할 수 없기 때문입니다. '그는 그것들을 알 수도 없나니 그러한 일은 영적으로 분별되기 때문'고전 2:14입니다."

"하지만 전에는 당신을 이해했습니다! 왜 지금은 못한다는 거죠?"

구드윈이 끼어들었다.

"방금 말씀드리지 않았습니까. 거듭나지 않은 자연적 상태의 인간은 이해할 수가 없다고요. 하나님은 자연적 지성, 즉 머리로는 성령의 일들을 이해할 수 없게 하셨습니다. 하나님의 성령께서 직접 보여주십니다. 그의 진리는 머리로 '2 곱하기 2는 4'라는 사실을 이해하는 것과는 다른 방식으로 깨달아야 합니다. 우리 마음의 눈을 밝히실 때 그보다 훨씬 더 분명하고 확실하게 깨닫지만 그 전에는 알 수 없습니다. 하나님은 죄악되고 타락한 인간을 상자 안에 굳게 가두셨기 때문에 자기 혼자 노력으로 나올 수 없습니다. 하나님의 역사하심이 그를 대신해서 일할 때만 나올 수 있습니다. 사람은 깊고 질척한 구덩이에 빠졌고, 건짐을 받지 않으면 멸망할 수밖에 없습니다. 그리스도 예수, 신이자 인간이신 그 분 외에는 그를 건질 수 있는 사람이 없습니다. 자연적 건짐이 아니라 신적인, 초자연적인 건짐입니다.

당신의 당황한 표정을 보지 않아도 이해가 안 될 거라는 것 잘 압니다. 그렇게 기록되어 있기 때문에, 그리고 하나님께서 저에게 직접 보여주셨기 때문에 저는 압니다. 저를 찾아와주셔서 기쁩니다. 구드윈! 저는 당신과 제 자신에게 큰 해를 입혔습니다. 저는 제가 크고 어려운 문제와 씨름했다고 생각했고 그래서 신이 났습니다. 제가 신이 났던 것은 자연적인 것을 넘어선 초자연적인 것이었음을 이제 압니다. 하지만 당시에는 거룩하지 않고 악마적이었습니다. 저는 사탄의 도움을 받았던 겁니다. 하와가 동산에서 속은 것처럼 저도 속았고, 똑같은 교리에 넘어갔습니다. 당신도 똑같이 속았습니다. 사탄은 하와에게 가르쳤던 교묘하고 듣기 좋은 그 교리를 당신과 저에게도 제시했습니다.

그는 아담과 하와가 하나님이 금지하신 것을 행함으로써 하나님과 똑같아질 수 있다고 말했습니다. '엘로힘[히브리어로 하나님의 복수형]과 같이 된다'창 3:5는 약속을 했습니다. 그는 하와와 당신과 저에게, 우리가 인간으로서 하나님 없이도 하나님처럼 될 수 있다고 말했습니다. 바울은 이 '마귀의 교리'가 마지막 때에 만연할 거라고 예측했습니다. 하나님의 성령은 인간이 속이는 영과 마귀의 교리에 넘겨질 것이라고 바울을 통해 분명히 말씀하셨습니다.

이렇게 넘겨진 사람들은 가려운 귀를 긁어줄 수많은 선생들을 둘 것이고, 인간의 칭찬을 사랑하게 될 것입니다. 저는 그러한 선생이었고, 당신도 그들 중 한 명이었습니다. 마귀는 우리를 둘 다 조종했습니다. 당신과 제가 믿었던 것들 중에 우리의 자연적 능력에서 비롯되지 않은 것은 하나도 없었습니다. 우리는 사탄의 기만과 그럴 듯한 교리를 힘입어 구원자가 필요치 않다고 믿었습니다. 하나님의 간섭 없이도 하나님과 동등해질 수 있을 정도로 우리는 꽤나 대단했던 겁니다. 우리가 어째서 그리스도를 힘입어야 하느냐? 이것이 우리를 만족스럽게 했습니다. 이런 생각은 자연적 인간을 항상 만족시킵니다.

하지만 사탄은 어려움이 있었습니다. 먼저 성경이 하나님에게서 났고 권위가 있다는 우리의 믿음을 무너뜨려야 했습니다. 그 다음은 그리스도의 신성에 대한 우리의 믿음을 파괴해야 했습니다. 그러기 위해서 그는 처녀 잉태설을 공격했고, 기적들을 전부 비웃었습니다. 그 다음 그는 속죄와 부활을 공격했고, 우리는 그의 영리한 거짓말들을 전부 믿었습니다. 사탄에게는 전혀 새로운 일이 아닙니다.

서기관들과 바리새인들이 빌라도를 찾아가 경비병을 요청하는 부분을 방금 읽고 있었습니다. 자신이 하나님의 아들이라는 그리스도의 고백을 제거하기 위해 사탄은 그들에게 지시를 내렸던 것입니다. 이들이 빌라도를 찾아가 경비병을 요청한 이유는, 예수께서 아직 살아계실 때 사흘만에 부활하실 거라고 말했기 때문입니다. 그래서 자연적 수단으로 이를 막아보려는 것이었습니다. 그들은 '후의 속임이 전보다 더 클까 하나이다'^{마 27:64}라고 말했습니다. 바로 그겁니다! 더 큽니다. 그들이 '전의 속임'이라 부른 것은 자기가 하나님의 아들이라는 확언입니다.

부활은 이 확언의 증거입니다. 구드윈, 하나님의 성령으로 확신컨대 서기관들과 바리새인들은 이것을 스스로 생각해내지 않았습니다. 그들의 선생인 '오류의 영'에게서 가르침을 받은 겁니다. 그는 태초의 속이는 자이고 거짓말하는 자의 아버지입니다. 그는 위험을 감지했던 겁니다. 한낱 인간이 어찌 앞을 내다보고 그러한 결과를 두려워했겠습니까? 이는 문제가 아니라 예측입니다. 빌립보의 소녀를 점쟁이로 만든 바로 그런 종류의 예지력입니다.

바로 이 마귀가 또 한 명의 서기관과 또 한 명의 바리새인을 속인 겁니다. 존 하퍼와 피터 구드윈입니다. 우리는 꽤나 솔직했습니다. 자연스러운 방식으로 말이죠. 우리는 무거운 짐을 지고 있었고, 사탄은 우리의 위기를 이용해 자신의 목적을 이루려고 했습니다. 그리스도를 부인하고 우리의 교만하고 죄악된 마음을 만족시키게 만들었습니다. 주께서 선포하신 것처럼, 그는 하나님의 것이 아닌 인간의 것을 즐깁니다. 사탄은 인간을 만족시키지만 하나님은 그러지 않으십니다. 하지만 저의 주님은 저를 구원하셨고, 구드윈 당신도 구원하실 겁니다!

당신이 필요한 것은 설명이 아니라 바로 그분이십니다. 살아계신 거룩한 구원자 말입니다. 그가 당신을 구덩이에서 건져주실 것이고, 오직 그분만이 하실 수 있습니다. 결정은 당신에게 달려 있습니다. 하나님은 당신을 자유로운 주체로 만드셨습니다. 지금은 교리를 이해하지 못하실 겁니다. 하지만 그의 뜻을 행하면 알게 되실 겁니다. 예수님이 그렇게 말씀하셨고, 그는 아셨습니다. 요 7:17 세례 요한도 '아들을 믿는 자에게는 영생이 있고 아들에게 순종하지 아니하는 자는 영생을 보지 못하고 도리어 하나님의 진노가 그 위에 머물러 있느니라'요 3:36고 말했습니다. 하나님의 성령은 거듭난 바울의 입을 통해서도 말씀하셨습니다.

> 할 마음만 있으면 있는 대로 받으실 터이요 고후 8:12

당황한 제자들에게 선생님께서 말씀하셨습니다.

> 그런즉 너희는 먼저 그의 나라와 그의 의를 구하라 그리하면 이 모든 것을 너희에게 더하시리라 마 6:33

당신과 저는 그렇게 하지 않았습니다. 구드윈! 우리는 그리스도 안에서 하나님의 의를 구하지 않았습니다. 첫 번째로든 두 번째로든 마지막으로든 말입니다. 우리 자신의 의를 구했습니다. 우리만의 의로써 하나님과 동등해지려고 했습니다. 이웃들이 음식과 음료, 의복을 즐길 수 있게 도와줌으로써 말입니다. 우리 주 예수님은 첫 번째 것을 얻고 나면 이런 것들은 '더해'질 것이라고 하셨습니다. 우리는 이런 것들을 스스로 하려 했고, 마귀는 그걸로 충분하다는 거짓말을 믿게 만들었습니다. 우리는 머리로 이해했기에 만족했고 자랑스러웠습니다. 다른 사람들은 전부 어리석었고 학자가 아니었습니다. 우리가 유일한 학자들이었습니다.

하지만 예수께서는 무리 중에서 어린아이를 앉히시고는 어린아이가 믿듯이 믿으라고, 사상가가 생각하듯이 생각하지 말라고 하셨습니다.

너희가 믿지 아니하면 죽으리라 요8:24

오, 구드윈! 하나님께서 저에게 자신을 보여주지 않으셨다면 저는 결코 살아남지 못했을 겁니다. 제가 그의 얼굴을 보고 그가 저에게 말씀하시는 것을 들었을 때, 그 즉시 저는 구원 계획을 전부 보았습니다. 전부 그분 안에 있었습니다. 하고자 하는 마음은 어떤 노력도 필요 없었습니다. 저의 마음 전체가 사랑과 사모함으로 그에게 나아갔습니다. 그의 성령께서 제 마음속에 들어오셨고, 그를 힘입어 예수님을 나의 주님이라 불렀습니다. 저는 아들의 영 또한 받았고, 그는 하나님을 저의 아버지라 부르게 하셨습니다. 그는 제 입에 새 노래를 주셨고 하나님을 찬양하게 하셨습니다. 그는 저의 온 존재가 그를 찬양하게 하셨습니다. 저를 사랑하시고 그 피로 저의 죄를 씻어주신, 갈보리에서 피 흘리신 그분을 말입니다. 제가 성경을 읽을 때는 마치 천국의 모든 등대들이 성경의 거룩한 장들에 빛을 비추어 저로 하여금 깨닫게 하는 것 같았습니다. 살아계신 선생님이 그 뜻을 저의 마음속에 새기시는 것 같았습니다. 모든 것이 새로웠습니다. 저는 구덩이에서 건짐을 받았을 뿐만 아니라, 굳건하고 든든한 거대한 바위 위에 세워졌습니다. 저는 안전했고 확신을 가졌습니다. 하지만 안전하다는 느낌보다는 저를 건지신 그분에 대한 사랑이 더 컸습니다.

저는 그를 사모했습니다. 그가 나를 떠나는 것은 견디지 못할 것 같았습니다. 그의 뜻을 행할 의사가 있느냐 없느냐의 문제가 아니었습니다. 그분을 기쁘게 하고자 하는 열망은 너무나도 커서 마치 고통처럼 느껴졌습니다. 하지만 저는 너무나 약하고 무력합니다. 바위는 굳건하지만 저는 여기서 떨고 있는 작은 소년입니다. 목자는 강하시며, 저를 들고서 큰 걸음으로 양우리로 저를 데려가십니다. 그가 찾은 길 잃은 양은 약하고 어리석으며 우둔합니다. 헤매려는 본능은 여전합니다. 제가 기대고 있는 강한 어깨가 있기에 저는 안전하게 양우리로 돌아갈 것을 압니다. 결코 지치지 않는 상처난 발이 있기 때문입니다."

두 사람 모두 크게 감동을 받았다. 하퍼가 얘기를 마치자 한동안 깊은 침묵이 흘렀다. 그리고 구드윈이 말했다.

"당신이 설명한 그런 경험을 저도 했으면 좋겠습니다."

"지금 하실 수 있습니다."

하퍼가 말했다.

"하나님은 항상 '지금' 받아주시기 때문입니다. 당신의 구원자께서 이미 모든 것을 마련해 놓으셨고 이제 당신의 결정에 모든 게 달렸기 때문입니다. 선한 목자께서 오늘 잃어버린 양을 찾으셨습니다. 그분께서 당신을 그의 강한 어깨 위로 들어올려주십니다."

"그러겠습니다."

구드윈이 말했다.

"제가 원했던 어떤 것보다 지금 그것을 원하고 있습니다."

"하나님을 찬양합니다!"

하퍼가 말했다.

"예수님께서는 그것만 있으면 된다고 하셨습니다. 원하는 마음 말입니다. 그 교리를 분명히 알게 되실 겁니다. 하나님께 감사드립시다."

두 남자는 어린아이처럼 조용히 무릎을 꿇었다. 하퍼는 구드윈에게 기도를 해보라고 했다. 몇 분간을 기다렸지만 이 유능한 변호사이자 사교가에게서 흐느낌만 나올 뿐이었다. 조금 지나자 그는 조용해졌고, 하퍼는 힘과 지혜를 발휘해 계속 기다려줬다. 그러자 기도가 나왔다. 간헐적인 흐느낌과 함께 피터 구드윈은 말했다.

"주 예수님! 기도할 수가 없습니다. 너무나 기쁩니다."

드디어 나왔다. 그는 예수를 "주"라 고백했던 것이다.

> 성령으로 아니하고는 누구든지 예수를 주시라 할 수 없느니라 고전 12:3

그는 형제 앞에서 고백했다.

> 네가 만일 네 입으로 예수를 주로 시인하며 또 하나님께서 그를 죽은 자 가운데서 살리신 것을 네 마음에 믿으면 구원을 받으리라 롬 10:9

피터 구드윈은 예수를 주라 고백했고, 부활을 비롯해 그와 관련된 모든 것을 믿었다. 목자께서는 그를 발견하실 때까지 찾으셨고,

그를 어깨 위로 올리시고는 기뻐하셨다. 하퍼가 그랬던 것처럼 그의 온 영혼은 주님이자 구원자이신 분께 나아갔고, 그분은 구드윈의 모든 비전과 모든 생각을 채우셨다. 그는 이것이 자신에게서 나온 게 아님을 즉각 알았다. '믿음'이 그에게 주어진 것이다. 믿음의 영이 그의 안에 믿음을 자라게 하였고, 그것은 성령의 첫 열매가 되었다. 그와 함께 또 하나의 싱그러운 열매가 맺혔는데, 바로 '그중에 제일'인 사랑이었다.

집으로 가는 길에 피터 구드윈은 모든 의심과 하나님에 대한 모든 원한이 사라졌음을 깨달았다.

집에 들어서자 아내가 말했다.

"피터! 무슨 일이에요? 울고 있었군요. 하지만 얼굴에는 굉장한 빛이 있어요. 말해봐요."

그는 아내에게 걸어가 그녀를 껴안고는 어깨에 기대어 울었.

넬리 구드윈은 현명한 여자였다. 그녀는 남편을 잠자코 받아줬다. 그러자 그가 말했다.

"넬, 내 얼굴에 빛이 있다고 했죠? 성경에 이런 구절이 있지 않나요? '하나님께서 예수 그리스도의 얼굴을 통해 그 얼굴의 빛을 우리에게 비추사'라는 것과 비슷해요. 저에게 일어난 일을 다른 어떤 말보다 그 구절이 잘 설명하는 것 같아요. 말로 하기에는 너무 놀라운 일이에요. 너무나 크고 형언할 수 없어요. 저번에 헨더슨과 얘기를 했는데, 그가 했던 말이 나에게 다가왔고 찔림을 줬어요. 오늘은 하퍼를 만났어요. 존 하퍼가 직설적인 사람이라는 것은 알고 있겠죠. 넬리, 그는 평소처럼 곧바로 얘기했어요. 친절하고 부드러웠지만 남자답고 직설적이었어요. 그는 눈물까지 흘리면서 저에게 얘기했어요. 그것이 나의 영혼에 용암처럼 떨어졌어요. 그는 깨닫지 못했을 거예요. 하지만 그는 나를 예수 그리스도와 대면하게 해줬어요.

오, 넬리! 예수께서 나를 바라보셨을 때 너무나도 무한한 사랑과 인자함이 그의 얼굴에서 드러났어요. 나는 그를 신뢰할 수 있음을 깨달았고 비교할 수 없는 사랑을 받고 있음을 깨달았어요. 무한한 사랑이었어요. 그래서 지금 당신에게 하는 것처럼 했어요. 그가 나에게 또 내가 그에게 속해 있음을 느꼈고, 그가 나를 포옹해주고 위로하고 있다는 것을 느꼈어요."

"오, 피터! 저에게도 그렇게 해주시면 좋겠어요."

넬리가 말했다.

"오, 그러실 거예요. 분명히 그러실 거예요."

남편이 말했다.

"오, 넬리. 그를 본 적이 있다면, 확신이 생길 거예요."

"하지만 어떻게요? 잘 모르겠어요."

그녀가 말했다.

"그래요! 제가 하퍼에게 했던 말도 그거예요. 그것은 계시이기 때문에 머리로 이해할 수 있는 게 아니라고 그가 말했어요. 그가 얘기할 때는 이해가 안 되었지만 이제는 돼요. 그분을 직접 보았고, 사마리아인들처럼 나도 믿게 됐어요. 증거하는 사람의 말 때문이 아니라, 내가 보고 들은 구원자로 인함이에요."

"저도 그분을 봤으면 좋겠어요."

지적인 그녀가 말했다.

"오, 분명히 보게 될 거예요."

그가 말했다.

"그가 이 땅에 계실 때 이런 말씀을 하지 않았던가요.

> 무거운 짐진 자들아 다 내게로 오라 내가 너희를 쉬게 하리라 마 11:28

찌그러진 통에 불과할지라도 ◆ 121

나는 그렇게 했어요. 오! 그리고 모든 게 놀라웠어요. 넬리! 그렇게도 말씀하지 않으셨던가요.

'나에게 오는 자는 결코 저버리지 않겠다.'

이제 믿을 수 있어요. 그의 얼굴을 한 번이라도 본 사람은 절대 의심할 수 없어요."

"피터! 어떻게 해서 그 분께 나아가게 된 거죠?"

아내가 물었다.

"오, 이런 일들을 설명하거나 논증할 수 없다고 한 하퍼의 말이 옳았음을 이제 알겠어요. 너무 큰 일들이에요. 내가 '나아간' 것은 없다고 느껴져요. 그를 보고서 나의 마음이 그를 열망했을 때, 저는 이미 그의 품 안에서 어깨에 기대어 쉬고 있었어요. 내가 원하는 마음을 가지는 순간 그분께서 저에게 '나아오신'거예요. 희생제단에는 계단이 없다던 어느 남자의 말이 생각나요. 이제 그게 무슨 말인지 알겠어요. 그는 우리 죄를 위한 희생 제물이 되기 위해 하늘에서 내려오셔서 힘든 걸음을 옮기셨어요. 아래에서 혹은 땅에서 오신 게 아니에요. 계단은 필요가 없었어요."

"오, 피터! 어디서 들은 얘기예요? 들어본 것 중에서 가장 아름다운 이야기예요. 말해주세요!"

"아마도 그분께서 주신 것 같아요. 이런 말씀이 있지 않나요."

> 아버지께서 내 이름으로 보내실 성령 그가 너희에게 모든 것을 가르치고 내가 너희에게 말한 모든 것을 생각나게 하리라 14:26

"피터, 그분께서 바로 지금 당신에게 그렇게 하고 계세요!"

"그런 것 같네요. 여보. 그런데 넬리! 아주 훌륭한 생각이에요. 어떻게 생각해낸 거예요?"

그녀는 손으로 피터를 살짝 밀어내고는 의아한 표정으로 그를 보며 말했다.

"피터! 이게…. 설마…. 저한테 무슨 일이 일어난 거죠?"

"무릎을 꿇고 그 분께 여쭤보면 어떨까요, 여보?"

무릎을 꿇고서 피터가 말했다.

"당신이 기도해봐요. 넬리."

그들은 약간의 시간이 필요했다. 넬리가 기쁨의 눈물을 흘리고 있었다. 피터는 기다렸다. 그녀는 조금씩 평심을 찾았고, 희열로 가득 찬 목소리로 외쳤다.

"주 예수님, 당신은 놀라우십니다! 당신은 전부 내 것입니다. 당신을 놓치지 않겠습니다. 사랑합니다!"

그들은 다시 일어섰고 그녀가 말했다.

"피터! 아까 했던 말은 잘못됐어요. 당신은 하퍼의 말 때문이 아니라 사마리아인들처럼 믿었다고 말했어요."

"왜 그렇게 생각해요?"

넬리는 책꽂이 앞에 서서 성경 색인을 꺼내고는 말했다.

"여기, 피터! 와서 찾는 걸 도와줘요."

그들은 몇 번을 헤매다가 원하는 구절을 찾았다.

"여기 있어요."

넬리가 말했다.

"베드로전서 1장 23절"

그녀가 읽었다.

> 너희가 거듭난 것은 썩어질 씨로 된 것이 아니요 썩지 아니할 씨로 된 것이니 살아 있고 항상 있는 하나님의 말씀으로 되었느니라

하나님의 말씀이 하퍼를 통해 전해진 거예요."
"와, 넬리! 성경 전문가가 다 됐네요."
"나도 당신에 대해 그렇게 생각했어요."
그녀가 받아쳤다.
"맞아!"
그가 말했다.
"우리는 아주 어리석었어요."
"그랬던 거 같아요, 피터!"
"그런데 넬리! 그 구절이 어떻게 생각난 거예요?"
"당신이 더 잘 알잖아요. 당신이 나한테 말해줬어요. 하나님의 성령이 기억나게 하셨어요. 오! 또 다른 구절이 있어요."
색인의 장들을 넘기면서 그녀가 외쳤다.
"여기 있다! '우리가 그리스도의 마음을 가졌느니라'고전 2:16 이제 알 것 같아요, 피터. 우리의 마음이 아니에요. 그분의 마음이에요. 우리와 함께, 우리 안에 거하시는 그리스도의 마음이에요. 그게 어디라고요? 여기 있어요."

> 그는 진리의 영이라 세상은 능히 그를 받지 못하나니 이는 그를 보지도 못하고 알지도 못함이라 그러나 너희는 그를 아나니 그는 너희와 함께 거하심이요 또 너희 속에 계시겠음이라요 14:7

그녀는 남편의 목을 껴안고 말했다.
"놀랍지 않아요, 피터? 교만한 불신과 냉소로 가득했던 우리는 얼마나 어리석은 죄인들이었을까요!"
"맞아요, 여보!"
"참조 성경을 좀 갖다 주세요."
"그래요. 어느 거요?"

"스코필드의 것이어야 하겠네요. 참조할 만한 것은 그게 유일하다고 누군가가 말했어요."

그들의 이야기는 이쯤에서 끝내겠다. 그들은 새로 영접한 거룩한 선생님과 성경을 가지고 진리의 길로 인도 받게 되었다.

11

찾아오시는 예수 그리스도

그는 근본 하나님의 본체시나 하나님과 동등됨을 취할 것으로 여기지 아니하시고 오히려 자기를 비워 종의 형체를 가지사 사람들과 같이 되셨고 사람의 모양으로 나타나사 자기를 낮추시고 죽기까지 복종하셨으니 곧 십자가에 죽으심이라 빌 2:6-8

비가 오는 어느 날, 택시 한 대가 파크 가로 진입했다. 다니엘 롱스트리트가 택시에서 내려 초인종을 울렸다. 집사는 그에게 카 장로가 집에 계시다고 얘기해주었고, 서재로 그를 안내했다. 그곳에는 조용하고 여유로운 한 노인이 평화로운 표정을 하고 있었다.

"오, 롱스트리트!"

카가 그를 반겼다.

"만나서 반가워요. 밖에 비가 많이 오죠?"

"네, 그렇네요."

롱스트리트가 말이 없자 카 장로가 말했다.

"비도 오는데 여기까지 와줘서 고마워요. 존과 앨리스가 기회 될 때마다 찾아오면 그들과 같이 저녁을 먹긴 하지만 이곳은 외로워요. 옛 친구는 언제든 반가워요."

"요즘 어떻게 지냈어요?"

롱스트리트가 물었다.

"성경을 읽고 있어요. 오랫동안 등한시했던 책이지요."

"카! 어떻게 된 거예요? 무슨 일이 있었던 게 분명해요. 물론 당신의 변호사로서 당신이 최근 했었던 일들은 알고 있어요. 하지만 그게 아니에요. 당신 자체가 바뀌었어요. 이 집 분위기도 달라졌어요."

"그럴 겁니다."

카 장로가 말했다.

"예전 이곳의 분위기는 카라는 엄청난 죄인의 영혼에서 흘러나왔어요. 지금은 죄 없으신 분, 그리스도 예수의 분위기입니다. 그는 이 집의 주인이시고, 마음이 열려 있는 사람이라면 누구나 그의 영을 느낄 거예요. 그러고 보니 롱스트리트! 당신의 영혼도 열려 있나 봅니다. 그렇지 않으면 분위기를 느끼지 못했을 테니까요."

"그건 모르겠네요. 제가 봤을 때 저는 살아있는 영혼들 중에서 가장 이기적이고 닫혀있는 사람이에요. 기분이 엉망이에요. 그래서 얘기를 하러 왔어요. 도와줄 수 있을까요?"

롱스트리트는 정말 그렇게 보였다. 카 장로처럼 인간 본성을 면밀히 살펴보는 사람에게는 말하지 않아도 충분히 느껴졌다.

"이렇게 합시다. 롱스트리트! 존에게 연락을 할게요. 당신과 그는 한때 좋은 동료였잖아요. 그도 당신을 좋아하고요. 저번에 당신에 대해 얘기하더라고요."

"아니요! 아니요! 카, 그러지 마세요. 내가 얼마나 나쁜 사람인지 알고 싶지 않아요."

"이런, 롱스트리트! 존은 그렇지 않아요. 그는 자기가 죄인임을 알고 있어요. 자기가 당신보다 더 큰 죄인이라고 생각해요. 그를 불러낼게요. 그에게도 좋을 거고 당신에게도 도움이 될 거예요. 모두에게 좋을 거예요."

그래서 카는 하퍼에게 전화를 걸었다. 롱스트리트가 와 있는데 들르지 않겠느냐고 묻자, 하퍼는 "물론이죠!"라면서 몇 분 안에 나타났다.

"존!"

카가 불렀다.

"롱스트리트가 저를 찾아왔는데 당신이 와서 구원에 대해 조금 얘기해주시면 모두에게 좋을 거라고 생각했어요. 진리를 간명하고 분명하게 보여주는 구절을 읽어주지 않으시겠어요?"

"그럼요, 저의 즐거움이기도 합니다. 저도 끼게 해주셔서 감사합니다."

하퍼가 말했다.

"롱스트리트 씨에게 성경을 주시면 누가복음 5장의 첫 열한 구절을 읽어보겠습니다."

무리가 몰려와서 하나님의 말씀을 들을새 예수는 게네사렛 호숫가에 서서 호숫가에 배 두 척이 있는 것을 보시니 어부들은 배에서 나와서 그물을 씻는지라 예수께서 한 배에 오르시니 그 배는 시몬의 배라 육지에서 조금 떼기를 청하시고 앉으사 배에서 무리를 가르치시더니 말씀을 마치시고 시몬에게 이르시되 깊은 데로 가서 그물을 내려 고기를 잡으라 시몬이 대답하여 이르되 선생님 우리들이 밤이 새도록 수고하였으되 잡은 것이 없지마는 말씀에 의지하여 내가 그물을 내리리이다 하고 그렇게 하니 고기를 잡은 것이 심히 많아 그물이 찢어지는지라 이에 다른 배에 있는 동무들에게 손짓하여 와서 도와 달라 하니 그들이 와서 두 배에 채우매 잠기게 되었더라 시몬 베드로가 이를 보고 예수의 무릎 아래에 엎드려 이르되 주여 나를 떠나소서 나는 죄인이로소이다 하니 이는 자기 및 자기와 함께 있는 모든 사람이 고기 잡힌 것으로 말미암아 놀라고 세베대의 아들로서 시몬의 동업자인 야고보와 요한도 놀랐음이라 예수께서 시몬에게 이르시되 무서워하지 말라 이제 후로는 네가 사람을 취하리라 하시니 그들이 배들을 육지에 대고 모든 것을 버려 두고 예수를 따르니라 5:1-11

"이것이 제가 알고 있는 가장 완전하고 간명한 구원 이야기입니다."

하퍼가 말했다.
"제가 제대로 이해했나요, 하퍼? 모든 게 다 들어 있다고요?"
롱스트리트가 물었다.
"네, 그렇습니다. 모든 게 있습니다."
하퍼가 말했다.
"제가 아는 한 빠진 것은 없고 모든 것이 하나님 뜻대로입니다."
"너무나 단순하네요. 저는 예수의 제자가 된다는 것을 항상 다른 방식으로 생각했어요. 물론 말씀 안 드려도 아시겠지만, 제가 세인트폴교회의 교구에 속했다는 이유만으로 제 자신을 기독교인이라 여기지는 않았습니다. 다른 사람들도 마찬가지였을 거예요. 그렇죠, 카? 이라 워른이라면 또 모를까. 하지만 그도 그렇게 단순하지는 않았을 겁니다. 다시 한번 확인해볼게요. 당신의 이야기와 설명에 비춰봤을 때, 베드로가 예수를 좇은게 아니라 주님께서 그를 찾아가신 것이 맞나요?"

"정확합니다."

"그리고 그가 가장 먼저 한 일은 어부에게 부탁을 하는 것이었지요?"

"그렇습니다."

"그에 대한 상으로 베드로는 하나님의 자녀가 되는 권세를 누렸고요?"

"역시 맞습니다."

"어떻게 그렇지요?"

"자기 땅에 오매 자기 백성이 영접하지 아니하였으나 영접하는 자 곧 그 이름을 믿는 자들에게는 하나님의 자녀가 되는 권세를 주셨으니오 1:11-12라고 기록되어 있기 때문입니다."

"배에서 그를 영접하고 물이 더 깊은 데로 가기만 하는 걸로 충분했던 거예요?"

"네, 그게 첫 번째 단계였습니다."

"그 다음에는요?"

"또 하나의 약속이 이루어졌습니다. 하나님의 뜻대로 행한 베드로는 주님께서 가르치신 교리를 깨닫게 됐습니다."

"네, 그 다음에는요?"

"그는 어떻게 하라는 지시를 받았고 그대로 했습니다."

"조금은 부당하지만 매우 간단하네요. 그렇죠? 나병에 걸린 나아만이 요단강에서 일곱 번 몸을 씻은 것과 비슷하네요?"

"그것과 아주 비슷합니다!"

"구원은 이성의 문제가 아닌가요? 하퍼?"

"아닙니다. 이성의 문제는 아니지만 매우 합당한 무엇입니다."

"그럼 정확히 무엇입니까?"

"하나님 아들을 통해 공로 없이 주어지는 선물입니다. 하나님께서 주시고 인간은 받을 뿐입니다."

"그것도 합당하네요."

롱스트리트가 말했다.

"하나님께서 인간보다 크시므로 주실 것이 많을 테니까, 그가 베푸시고 우리가 받는다는 것은 합당합니다. 그런데 인간은 스스로 할 수 있는 게 없습니까? 받을 준비를 하거나 얻어낼 수는 없습니까?"

"결코 없습니다! 선물은 얻어내거나 받을 준비를 할 수도 없습니다."

변호사가 어리둥절한 표정을 하자 하퍼는 말을 이어갔다.

"그러니까 롱스트리트, 인간은 처음부터 하나님의 요구에 미달하여 실패자로 판명이 났어요. 자기 죄의 대가를 지불하기는커녕 자기 자신도 고치지 못했지요. 인간은 사형선고를 받았습니다. 대가를 치르지 않고는 율법을 보존할 수가 없었어요. 그래서 하나님은 아들을 보내셔서 인간을 죄책감과 그 결과에서 자유롭게 하신 것입니다. 그는 우리를 대신해서 적극적으로 또 소극적으로 하나님의 의의 명령들을 지키셨습니다. 이 땅에 사실 때 그는 선행을 하셨고, 율법을 단 한 가지도 지키지 못하는 우리를 대신해서 율법을 지키셨습니다. 우리는 죄인이기 때문입니다. 사람들조차 강도, 불량배, 거짓말쟁이, 간음하는 자, 살인자의 도움을 받으려 하지 않고 오히려 내쫓습니다. 하물며 우리 거룩하신 하나님은 어떠시겠습니까?

하지만 죄 없는 아들의 섬김은 받을 수 있으셨습니다. 우리 주 예수께서는 우리를 대신해 자신을 하나님께 바치셨고, 우리가 어긴 또 우리를 적대하는 모든 규정들을 지키셨습니다. 하지만 그걸로는 부족했습니다. 우리는 모두 죄가 있었고 그 대가는 죽음이었습니다. 죽음에 복종하심으로써 하나님의 아들은 우리를 대신해 소극적으로 하나님의 의의 요구들을 지키셨습니다. 이제 우리를 적대하는 율법은 없습니다. 그리스도는 율법을 문자 그대로 지키셨고 옮겨놓으셨습니다. 이제 그리스도 안에서 모든 의가 완성되고 대가가 지불되었으므로 하나님께서 인간에게 주시는 간단한 제안은 이것입니다. 하나님은 '내가 너에게 요구하는 것은 오직 내가 사랑하는 아들을 영접하는 것뿐이다'라고 말씀하십니다.

> 아들이 있는 자에게는 생명이 있고 하나님의 아들이 없는 자에게는 생명이 없느니라 요일 5:12

> 아들을 믿는 자에게는 영생이 있고 아들에게 순종하지 아니하는 자는 영생을 보지 못하고 도리어 하나님의 진노가 그 위에 머물러 있느니라 3:36

> 하나님이 세상을 이처럼 사랑하사 독생자를 주셨으니 이는 그를 믿는 자마다 멸망하지 않고 영생을 얻게 하려 하심이라 요 3:16

하지만 그 이면에는 무서운 그림이 있습니다. 이렇게 기록되어 있습니다.

> 그는 근본 하나님의 본체시나 하나님과 동등됨을 취할 것으로 여기지 아니하시고 오히려 자기를 비워 종의 형체를 가지사 사람들과 같이 되셨고 사람의 모양으로 나타나사 자기를 낮추시고 죽기까지 복종하셨으니 곧 십자가에 죽으심이라 이러므로 [단순한 접속사가 아닙니다] 하나님이 그를 지극히 높여 모든 이름 위에 뛰어난 이름을 주사 하늘에 있는 자들과 땅에 있는 자들과 땅 아래에 있는 자들로 모든 무릎을 예수의 이름에 꿇게 하시고 빌 2:6-10

다시 말해 하나님은 세상을 너무 사랑하셔서 세상을 구원하기 위해 자기 아들을 내어주셨습니다. 하지만 아들을 너무 사랑하시기 때문에 모든 무릎을 꿇게 하시고 모든 혀가 그를 주라 고백하게 하십니다. 지금 고백하여 구원을 얻든 나중에 고백하여 저주를 받든 말입니다.

사람이 고백하는 데는 두 가지 경우가 있습니다. 첫 번째는 로마서 10장 9절에 '네가 만일 네 입으로 예수를 주로 시인하며 또 하나님께서 그를 죽은 자 가운데서 살리신 것을 네 마음에 믿으면 구원을 받으리라'라고 기록되어 있습니다. 바로 지금, 은혜의 날을 말합니다. 다른 경우는 요한계시록 6장 15-16절, 그리스도의 재림 때입니다. 그들은 머리 숙여 예수님을 고백하겠지만 소용이 없을 것입니다, 롱스트리트 씨. 그가 고통 받으셨기에 마땅한 일입니다. 하지만 지금 고백한다면, 하나님 아들의 선물과 그 이외 모든 것을 값 없이 받는 것입니다."

지금은 은혜 받을 만한 때요 보라 지금은 구원의 날이로다 고후 6:2

하퍼가 얘기를 끝내자 강렬하고 긴장되는 분위기가 형성되어 있었다. 한참 뒤에 변호사는 자기가 무엇을 해야 하는지 물었다.
"자진하는 마음 외에는 없습니다."
하퍼가 말했다.
"주 예수 그리스도께서는 하나님이 요구하신 모든 것을 당신을 위해 행하셨고, 하나님은 당신의 자진하는 마음만을 기다리십니다. 그를 당신의 구원자요 주님으로 영접하고자 하십니까?"
"물론입니다."
변호사가 말했다. 세 사람은 무릎을 꿇었고, 하퍼는 롱스트리트에게 기도를 부탁했다. 그는 어떻게 하는지 모르겠다고 대답했다.
"성경에는 아주 좋은 기도문이 있습니다. 어느 세리가 드렸던 기도입니다.

하나님이여 불쌍히 여기소서 나는 죄인이로소이다 눅 18:13

그렇게 기도할 수 있겠습니까?"
그는 그대로 따라 했다.
"이제 당신 마음속에 있는 바를 아뢰세요."
하퍼가 말했다.
침묵이 흘렀지만 하퍼는 기다렸다.
"오 주님."
그가 한참 뒤에 말했다.

"저는 너무나도 악한 사람입니다. 저를 구원해주시겠습니까?"

그가 할 수 있는 말은 거기까지였고 세 사람은 일어났다.

"그가 첫 번째로 명하시는 바를 행하세요, 롱스트리트. 구체적으로 말입니다. 저는 이제 가보겠습니다."

다음날 아침 하퍼네 집 초인종이 울렸고 문 앞에는 기쁨으로 가득한 남자가 서 있었다. 다니엘 롱스트리트였다.

"들어오세요, 형제! 저를 위한 좋은 소식이 있으시군요. 얼굴에 다 써 있어요. 말해봐요."

"그가 처음으로 명하시는 바를 구체적으로 행하라는 목사님의 말이 생각났습니다. 오래지 않아 명을 주셨고 쉽지 않은 일이었습니다. 제가 가장 하기 싫은 일이었습니다. 하지만 했습니다. 오, 순종하는 그 순간 큰 기쁨이 찾아왔습니다."

그의 눈은 글썽였고 입술은 떨렸으며 목소리는 갈라졌다. 이 강한 남자의 영혼이 무너졌던 것이다. 피터 구드윈은 소식을 듣고 말했다.

"주님께 불가능한 일이 있을까요? 다니엘 롱스트리트가 그리스도를 고백하다니! 나에게도 좋은 일이에요. 내가 고백했을 때만큼 기뻐요. 넬리, 다니엘 롱스트리트가 그리스도를 고백했고 소년처럼 기뻐하고 있답니다."

넬리는 계단을 내려오면서 말했다.

"아니, 피터 구드윈! 정말이에요? 저도 너무 기쁩니다! 피터, 이제 세인트 폴의 무리들이 거의 다 구원 받은 것 같네요."

"아니요, 아직 몇 명 남았어요. 루든 록스버리, 윌리스 펌퍼넬, 레라벨 씨, 쿠싱스 부부 등이 있어요. 우리 같은 죄인도 받아주셨다면 그들에게도 희망이 있어요, 넬리."

찌그러진 통에 불과할지라도 ◆ 135

"네, 그럼요! 피터, 저는 그들을 위해 기도할 거예요. 하나님께서 모두 구원하시기를."

12
두 일꾼의 파송

내가 불러 시키는 일을 위하여 바나바와
사울을 따로 세우라 행 13:2

해외 선교지에 파송할 후보 심사회의가 열리는 당일 아침, 하퍼의 요청에 따라 헨더슨과 심슨이 워른과 함께 나타났다. 구드윈과 롱스트리트, 카도 그들의 사람 보는 능력을 기여하기 위해 왔다. 스무 명 가량의 후보들이 심사를 받았고, 위원회는 최종 결정을 남겨두고 있었다. 하퍼가 자리에서 일어나 말했다.

"형제님들! 우리는 우리 공동체 역사에서 아주 중요한 순간을 맞이했습니다. 성령께서 이 회의를 주관하시고 안디옥의 첫 선교회의에서처럼 후보를 직접 선택하시는 것이 저에게는 매우 중요합니다. 성령께서는 이렇게 말씀하셨습니다.

내가 불러 시키는 일을 위하여 바나바와 사울을 따로 세우라 행 13:2

이 결정을 성령께 올려드립시다."

그들은 머리를 숙여 하나님의 성령께 누구를 보내기를 원하시는지 안디옥에서처럼 분명하게 말씀해달라고 간명한 말로 구했다. 하퍼는 자신이 이 문제에 대해 기도를 해왔는데, 기도할 때마다 두 명이 떠올랐다고 사람들에게 말했다. 조지 허드슨과 마이클 오코너였다.

"허드슨은 오늘 아침 이곳에 왔었습니다. 여러분은 그의 간증을 들었고 어떤 사람인지 보셨을 겁니다. 오코너는 노래하는 모습을 보고 들으셨을 것입니다. 직업은 인쇄업이고 노래의 은사가 있습니다. 그는 저희 집을 자주 방문했고, 부인과 저는 그를 사랑하고 존중하게 되었습니다."

하퍼가 앉자 워른이 일어나서 말했다.

"저도 이 문제로 기도를 해왔습니다. 저도 하퍼 목사님이 얘기한 두 사람이 떠올랐습니다."

심슨 역시 비슷한 간증을 하자 모두가 놀랐다.

헨더슨도 일어나서 말했다.

"저는 이 문제에 대해 기도를 많이 했다고는 못하겠지만, 성령께서 원하시는 대로 됐으면 좋겠다는 생각을 많이 했습니다. 저는 성령님을 '올바른 마음의 영'이라고 생각합니다. 성령께서 이런 임무를 위해 재능 없는 사람을 선택하신다는 것은 상상할 수 없는 일입니다. 저는 이 위원회에 발탁된 이후로 선교를 조금씩 공부했습니다. 지금까지 공부한 것에 비춰보면, 선교사는 상당히 많은 것을 요구하는 직업입니다. 어떤 사람은 백오십 가지 일을 했다고 말합니다. 외교관과 막일꾼, 은행원과 사무실 심부름꾼, 여러 직원을 거느린 대규모 사업의 관리자와 트럭 운전사, 우물 파는 사람입니다. 그는 바위를 뚫고 7m를 파냈다고 합니다.

한 번은 고향과 친구들을 떠나 타국에서 죽어가는 스코틀랜드 청년을 위로해야 했다고 합니다. 청년이 죽자 그에게 수의를 입혔고, 여기저기서 모은 재료로 관을 짰으며, 묘지를 마련하여 무덤을 팠고, 장례식을 준비하고 설교를 했습니다. 관보를 씌워서 청년을 묻은 다음 그의 유산에 대한 법적 집행자 역할을 맡아 유언을 검인하였고, 유산을 배분하는 일 외에도 기억나지 않는 몇 가지 일을 더 했다고 합니다. 선교사로 성공하려면 성경의 내용을 잘 아는 것 외에도 복음에 대한 분명한 계시가 있어야 하며, 성령을 인격적으로 알아야 하고 사탄과 그의 계책들을 알아야 합니다. 그는 정신적

지주가 되어야 합니다. 성공적일 경우 넓은 지역을 맡아 여러 현지 교회와 설교자들을 감독해야 합니다.

이러한 것들에 대해 묵상해본 결과 올바른 마음의 영께서는 선택을 하실 때 이런 부분들을 간과하지 않으실 거라고 생각합니다. 성령께서는 명목상의 대표보다는 한 명의 인간을 원하실 것입니다. 졸업장 몇 개와 목사 자격증을 가진 사람이 아니라 실제로 사용하실 수 있는 사람을 원하실 것입니다. 저 역시 조지 허드슨과 마이클 오코너를 떠올렸습니다. 저는 조지 허드슨이 그러한 사람이라고 믿습니다. 마이클 오코너는 좋은 목소리와 인쇄에 관한 지식, 밝은 성향으로 허드슨 씨에게 귀중한 디모데 역할을 할 거라고 생각합니다."

피터 구드윈은 이렇게 말했다.

"헨더슨 씨의 이야기에 더 보탤 것이 없습니다."

카 장로는 이렇게 말했다.

"은행가로서 저는 먼 타국에서 은행의 지점을 관리할 사람으로 대학을 갓 졸업한 청년은 잘 선택하지 않을 것입니다. 졸업장이 많든 적든 설교할 자격증이 있든 상관없이 말입니다. 먼저 본국에서 정착을 해서 능력을 보여야 합니다. 제가 조지에 대해 알고 들은 바에 의하면 그가 알맞은 사람인 것 같습니다. 인쇄업과 노래를 하는 사람도 좋은 동역자가 될 겁니다. 오코너는 유쾌하고 경우가 바른 청년인 듯합니다."

다니엘 롱스트리트는 이렇게 말했다.

"조지도 충분히 유언을 검인하고 무덤을 파는 일을 할 수 있을 거라고 생각합니다. 보고하는 일은 물론 잘할 것입니다. 그의 눈을 통해 일이 어떻게 돼가고 있는지 볼 수 있을 겁니다. 상황을 있는 그대로 파악해서 보고하는 능력은 개척하는 선교사에게 매우 중요한 자질일 것입니다. 그런 사람이라면 다른 이들처럼 눈에 보이는 것에 넘어가지 않을 것입니다. 게다가 조지는 기자가 되기 전에 샘슨 앤 케네디 직물 도매상에서 7년 간 사람을 뽑고 관리하는 경험을 쌓았습니다. 조지에게 실망하는 일은 없을 거라 생각합니다. 또 마이클 오코너도 그에게 귀중한 도움이 될 것입니다."

"오코너에게 전화해서 가능하다면 와달라고 하면 어떨까요? 조지 허드슨도 호출합시다."

하퍼가 말했다.

"알겠습니다."

워른이 긍정적으로 대답했다.

하퍼는 전화를 끊고 돌아와 오코너의 매니저가 그를 보냈고 조지 허드슨이 오고 있는 중이라고 말했다.

허드슨은 성령님과 위원들이 내린 최선의 결정을 듣자, 고개를 숙여 받아들이며 말했다.

"그분을 기쁘시게 하겠습니다."

"그러면 그렇게 하는 걸로 하겠습니다."

하퍼가 말했다.

곧 마이크도 도착해서 회의 결과를 듣게 되었다. 그는 눈물을 글썽이며 말했다.

"압니다. 저에게 가라고 하셨거든요. 하지만 여러분께도 저를 보내라고 하신 줄은 몰랐습니다. 저는 매우 기쁩니다. 저에 대한 그분의 뜻에 확신을 갖게 되었습니다."

그러한 방식으로 중국 북부와 시베리아가 선교지로 선택되었다. 두 사람은 떠날 채비를 하고 증기선을 알아보라는 지시를 받았다. 의복과 여비, 앞으로의 지원금은 그들이 어떻게 인도되고 어떤 보고를 받느냐에 달려 있었다. 그리하여 첫 선교사들이 파송되었다.

13
첫 선고편지

내가 온 것은 세상을 심판하려 함이 아니요 세상을 구원하려 함이로라 12:47

하퍼 목사님께

아시다시피 저희는 바다 멀리 나와 있습니다. 태평양이라는 이름이 지어졌을 때는 바다가 잠잠했었나 봅니다. 선원들은 이 해로를 좋아하지 않습니다. 하지만 그들은 식탁 가장자리에 그릇이 떨어지는 것을 막기위한 테두리도 붙이지 않고 물 한잔도 엎지르지 않은 채 바다를 건넜다고 합니다. 안타깝게도 저희는 그리 고요한 시간을 보내지 못했습니다. 윌리암스 헤드를 지나자 오래된 배가 넘실거리기 시작했습니다. 승객들은 하나 둘씩 갑판을 비웠습니다. 저는 가장 마지막으로 배 밑으로 내려간 것에 대해 자랑스러워 했습니다만, 닷새 뒤에 갑판 위로 다시 올라온 사람들 중에서도 제가 마지막이었다는 것을 알고는 그런 마음이 사라졌습니다. 제가 얻은 교훈은 '첫 번째로 가면 돌아올 때도 첫 번째일 것이다. 물론 자신을 돌볼 줄 안다면 말이다'라는 것입니다.

배에는 일등석 승객이 가득합니다. 그리고 선교사와 비선교사들 간에 선이 금방 그어졌습니다. 선교사는 본국에서는 사랑과 대접을 받지만, 바다에서는 환영받지 못하는 존재입니다. 저는 진실과는 거리가 먼 얘기들을 많이 들었습니다. 하지만 불행히도 경험상 일부는 맞는 얘기입니다.

당혹스러운 여인 몇 명이 배에 타고 있습니다. 그들에 관해 처음 들은 얘기는 어느 선교사 여인이 그 여인들과 지내기 싫어서 의료 선교사를 통해 사무장에게 다른 방을 요구했다는 것입니다. 곧바로 방이 주어졌습니다. 바다 위의 작은 마을 같은 이곳에서는 그 일에 대해 말이 많았습니다. 사람들은 그 여인들을 주의깊게 지켜보게 되었습니다. 그들은 대체적으로 몸가짐이 바르다는 좋은 평판을 얻었습니다. 그러나 그 의료 선교사와 두 명의 성직자들은 사고를 치려고 작정하고 덤비는 듯했습니다. 식당에서 제 자리는 어느 유대인과 감독 사이에 있었습니다. 전직 기자에게는 매우 좋은 자리였습니다. 양쪽 모두에서 소식을 들을 수 있었습니다. 배 위에서 유대인의 최대 관심사는 도박이었는데, 저를 보고 '그런 식으로 갈색 트위드 정장을 입고서'는 선교사가 될 수 없다고 말했습니다.

한편 감독은 사람이 좋았고 신사였습니다. 의료 선교사와 그의 동료 두 명이 당혹스러운 여인들을 뒤쫓기 위해 그들의 방 바깥에 자리를 잡았다는 얘기를 듣고서, 감독은 누구보다 반감을 드러냈습니다.

"최대한 좋게 말해도 아주 품위 없는 행동입니다, 허드슨."

여느 때처럼 갑판을 걸으면서 그가 말했습니다.

저도 충분히 공감했습니다. 선교사들은 원래도 사람들의 호감을 별로 사지 못했지만, 이제 완전히 배척받게 되었습니다. 감독도 이것을 민감하게 느꼈고 이렇게 말했습니다.

"이것 봐요, 허드슨! 당신과 저는 이 일에 휘말리지 않았어요. 그런데 우리를 형편없는 짓을 한 이들과 함께 묶어서 배척한다는 것은 잘못된 거예요."

저녁식사 때 의료 선교사가 해결책을 찾기 위해 선장을 찾아갔다는 소식이 들렸습니다. 선장은 아주 현명하게 대답했습니다.

"제가 어떻게 할 수 있겠습니까? 그들을 배에서 던져버리거나 아니면 수갑이라도 채울까요? 제가 보기엔 젊은 여성들의 행동은 아주 옳았습니다."

저는 불쌍한 케이트 메이시를 떠올렸습니다. 어린 소년이 아팠을 때 그녀는 행동을 매우 바르게 했습니다. 그래서 저는 들려오는 이야기들이 사실인지 확실히 알 수가 없습니다.

저는, '윌리 브루스에 대해서도 확실히 모르겠고, 마커스 도드스에 대해서도 확실히 모르겠고, 엡의 코코아에 대해서도 확실히 모르겠다. 아무것도 확실한 게 없다. 나는 단지 불가지론자일 뿐이다'라고 말한 어느 스코틀랜드 사람과 같았습니다.

열 엿새째 아침 누군가가 "육지다!" 하고 외쳤습니다. 그러자 몇 시간 동안 너도 나도 망원경을 꺼내 들었습니다. 육지가 가까워 오자 우리는 고기잡이 배를 타고 있는 일본인들을 처음으로 보게 되었습니다. 그들은 매우 미개해 보였고, 갈색 피부는 아랫도리만 겨우 가리는 천으로 감춰져 있었습니다. 얼굴은 우거지상에다 광대뼈는 튀어나왔고 눈은 아몬드 같았습니다.

어느 보험회사 직원은 난간 너머로 그들을 보면서 말했습니다.

"저런 인종들과 함께 살면서, 기독교인으로 만들려고 오셨다고요? 당신의 용기가 존경스럽습니다."

"주님은 저들을 사랑하시고 한 명도 멸망하기를 원치 않으십니다."

제가 말했습니다.

"게다가 저는 증거하는 도구일 뿐입니다. 기독교인을 만드는 일은 사람이 아니라 하나님께 속해 있습니다."

저는 실로 기뻤습니다. 하나님의 눈이 아닌 다른 눈을 통해 그들을 바라본다면 분명 희망이 없을 것이었습니다. 하지만 그의 사랑은 제 마음속의 모든 장벽들을 허무셨고, 겉으로 보기에는 하나님과 멀리 있고 희망이 없어 보이는 이들에게도 똑같이 주어졌습니다.

도착한 날은 주일이었습니다. 연합교회로 향하던 길에 저희는 한두 명의 선교사를 만났습니다. 그날 아침 설교한 남자는 현지인들에게 '과학'이나 '철학' 같은 심오한 내용은 그만 가르치고, 단순한 복음을 가르쳐야겠다고 다짐했다고 합니다. 물론 아주 훌륭한 결정입니다.

선교사 한 명이 저에게 말을 걸면서 자신을 '투명성을 지닌 헨리 목사'라고 소개했습니다. 저는 이름이 허드슨이고, 복음을 전하러 중국 북부로 향하는 길이라고 그에게 말했습니다.

"허드슨 목사 말입니까?"

그가 물었습니다. 저는 대답하지 않았습니다. 하지만 그는 포기하지 않았습니다.

"허드슨 목사님이십니까?"

그가 되풀이했습니다.

"아니요. 저는 은혜로 구원 받은 불쌍한 죄인입니다. 하나님께 대해 이런 말씀이 있지 않던가요? 그의 이름이 거룩하고 지존하시도다"시 111:9

제가 대답했습니다.

"어느 교회 소속이요?"

그가 물었습니다. 다소 냉혹하게 느껴졌습니다.

"그 이름이 천국에 쓰여있는 장자들의 교회에 속해 있습니다. 그리고 대체로 모든 성인들과 예배드립니다."

그의 냉혹한 위엄에 저는 다소 소심하게 대답했습니다. 그에게는 부적절한 대답이었나 봅니다. 저는 더 이상 존중을 받지 못했습니다. 처음부터 그랬지만 말입니다.

우리는 저녁에 유니온Union 성경공부 모임에 갔습니다. 모임을 이끄는 신학 박사는 성서협회를 대표하는 똑똑한 스코틀랜드 청년 때문에 다소 곤란해하는 듯했습니다. 그 박사는 성경공부를 통해 온 세상이 곧 개종할 것이라는 결론을 도출했습니다. 상당한 진전이 있었기 때문입니다.

배에서 머리가 하얀 감독은 이제 모든 것이 선교사가 되었다고 말했었습니다.

"우리가 타고 있는 증기선도 선교사입니다."

그가 말했습니다. 그리고 일본에서는 지금까지 단조로만 노래를 불렀지만 이제 장조로 부르기 시작했다고도 했습니다. 그는 또 승객들에게 가난한 한국인 학생들이[그들은 평생 돌 바닥에 앉아 지냈습니다] 아주 열악한 교실에서 공부한다는 얘기도 했습니다.

"공부하는 책상과 걸상 몇 개 외에는 벽에 그림 한 점 안 걸려 있어요!"

저는 통나무로 만든 오래된 교실을 떠올렸습니다.

그리고는 그가 덧붙였습니다.

"저는 학생들에게 적합한 교실을 지어주고 고전적인 교사들을 제대로 공급해주기 위해 얼마 전까지 고향에서 10만 달러 모금 운동을 하다가 오는 길입니다."

그는 신학 박사의 옛 교육 방식에 찬성했습니다. 하지만 스코틀랜드 청년은 생각이 달랐습니다.

"대체 하나님의 말씀 어디에서 그런 박사가 나옵니까?"

그는 기분이 상했습니다. 박사는 얼굴이 빨개지더니 곧 폭발했습니다.

"이봐, 젊은이! 자네의 무례함을 더 이상 참아주지 않겠네. 나는 자네가 태어나기도 전에 성경을 공부했어."

"네, 그러면 박사님보다 제가 유리하네요. 저는 태어나서부터 쭉 공부했으니까요."

'사랑스러운 스코틀랜드'에서 온 청년이 대꾸했습니다.

다행히 우리는 수도에서 주님과 성경을 잘 아는 유쾌한 여자 선교사를 만났습니다. 그녀는 얼굴에서 영광스런 주님의 빛이 흘러나왔습니다. 친절하게도 그녀는 마이크와 저에게 다음 항구에서 '같은 마음'인 사람을 찾아가라며 편지를 써주었습니다. 그곳에서 우리는 환대를 받았습니다. 우리가 그곳에 도착하게 된 것은 아주 다행이었습니다. 그날 저녁 선교사들 몇 명이 모임을 가지는데 우리도 기꺼이 초대를 했기 때문입니다.

그래서 우리는 기대심과 주린 배를 가지고 그리로 갔습니다. 아뿔싸! 마이크와 저는 그곳의 유일한 회색 비둘기였습니다. 남자들은 전부 흰색 가슴에 긴 꼬리를 단 검은 새들이었습니다. 여자들은 전부 화려한 새의 깃털과 같은 복장이었습니다.

환영회는 담소와 정갈한 점심식사, 음악으로 이루어져 있었습니다. 한 사업가는 사람들을 그리스도께 올려드리는 가장 좋은 방법은 자기처럼 하는 것이라며 삼십 분 동안 저를 설득했습니다. 즉 그들과 함께 주점에서 술을 마시고, 그들의 게임에 하나가 되어서 참여하는 것이라는 거였습니다. 독신 여자 선교사가 사랑 노래를 부르고 나자 사업가 한 명이 독일 노래를 불렀습니다. 청중이 가사 뜻을 다 이해했는지는 모르겠지만, '마시다'가 반복되었기 때문에 내용이 조금은 전달되었을 것입니다.

그때 환영회 주최자께서 저에게 노래를 즐겨 부르느냐고 물었습니다. 저는 억지 웃음을 지으면서 찬송가 말고는 부르지 않는다는 핑계로 상황을 모면했습니다.

"잘은 모르겠지만 찬송가를 조금 부르는 것도 괜찮을 것 같은데요."

그녀가 말했습니다.

마이크를 쳐다보자 그는 머리를 격렬하게 가로저었습니다. 다행이었습니다. 그러자 주최자는 마이크를 쳐다봤습니다. 불쌍한 마이크! 사람들은 마이크를 가만 놔두지 않았습니다. 그래서 그는 피아노 앞에 앉아 직접 반주까지 했습니다. 그는 저를 놀라게 했습니다. 하퍼 목사님과 클라크 씨는 분명 유능한 학생을 뒀던 것 같습니다. 마이크는 그날 음악당에서 우리의 마음을 전부 녹여버린 노래를 불렀습니다.

'나의 어머니'였습니다. 그 영향력은 엄청났습니다. 첫 소절부터 사람들은 대화를 멈췄습니다. 노래의 아름다움과 정서와 힘, 그리고 마이크의 매력적인 목소리와 능숙한 연주에 모두가 사로잡혔습니다. 3절을 부를 때 저는 주위를 둘러봤는데, 거의 모든 사람의 볼에 눈물이 흐르고 있었습니다. 하지만 결말은 안타까웠습니다. 모두가 떠날 준비를 했고 수줍은 우리 마이크는 그날의 스타가 돼버렸습니다.

이 편지는 오늘 부치려고 합니다. 다음 편지는 또 다른 나라, 또 다른 민족들 사이에서 쓰게 될 것입니다. 다들 보고 싶습니다. 저희는 낯선 나라의 낯선 사람들입니다. 저희가 지금까지 경험했던 것들과 봐왔던 것들에 대해 말씀드린 것은, 여러분이 고향에서 무엇을 하고 계시는지 너무 궁금하기 때문입니다. 한 가지는 확신합니다. 우리 주님께서 되찾고자 하시는 이들을 찾으러 저희가 구덩이 속으로 들어갈 때, 여러분이 위에서 밧줄을 잡고 있는 역할만 하지는 않을 거라는 사실입니다. 모두에게 사랑을 전합니다.

알류샨 제도 앞바다에서
조지 허드슨

하퍼 목사님께,

　목사님의 첫 번째 편지는 이곳 공사관을 통해 저에게 전해졌습니다. 마이크와 저는 마치 교회로 돌아가 여러분을 다시 만나는 것 같은 기분이었습니다. 솔직히 말씀드리면, 저희는 그 동안 외로웠습니다. 우리를 대접하시는 분은 남자다운 기독교인 신사이시고 우리가 그 집에서 편히 지낼 수 있게 해주셨습니다. 하지만 우리는 집을 멀리 떠나온 철새들입니다.
　여러분이 소유하고 계신 자금을 사용할 수 있는 최선의 방법이 무엇인가 하는 목사님의 질문에 저는 아직 추상적으로 밖에 대답하지 못하겠습니다. 물론 이곳에서 북쪽으로 가는 증기선을 기다리면서 몇 가지를 주목했습니다. 육지로 가는 것보다는 증기선이 보다 경제적이며 선교지의 상황을 파악하기에도 좋은 것 같습니다.
　솔직히 말씀드리면, 이곳 상황은 저희 마음에 들지 않으며 목사님도 마찬가지일 것입니다. 공사관의 만찬, 주택, 학교, 병원, 위원회 회의, 잔디 테니스, 차 모임, 언어 공부, 워킹 파티 등에 저희는 큰 열정이 없습니다. 함께 지내는 것은 물론 즐겁지만, 선교사 한 명쯤 수도 밖에서 사는 것도 괜찮을 것 같다는 생각이 듭니다.
　저희는 여행자이기 때문에 따뜻한 대접을 받았습니다. 하지만 사정이 그리 좋지 않은 이들도 있습니다. 남부교회의 한 복음주의 선교사는 선교회를 열어달라는 어느 한국인 신사의 초대로 이곳에 오게 되었습니다. 그는 북부 지역에 속한 자기 모교회로부터도 배척을 받았습니다. 북부교회 중 하나가 개최한 연례회의에서 그는 통신원 자격으로 발언권이 주어졌습니다. 그는 한 손에 지역 잡지를 들고서 선교사를 더 보내달라는 내용의 열정적인 호소문을 읽었습니다. 그 글은 회의에 참석한 한 회원의 글이었는데, 소유주를 기다리는 영토가 많이 널려있다는 이유를 내세웠습니다.

"이게 무슨 말입니까?"

회의에 참석한 다른 사람이 물었습니다.

"저는 제 교회의 대표로서 이곳에서 선교를 해달라는 한국인 신사의 초대를 받고 왔습니다. 저는 이곳이든 저곳이든 어디에도 선교사로서 정착할 수 없다는 말을 들었습니다. 전부 이미 점유되었다는 이유로 말입니다. 하지만 그곳에 가봤더니 선교사도, 현지인 전도사도, 한 명의 기독교인도 보이지 않았습니다. 제가 방금 읽어드린 글에 따르면 이들 지역 중에 하나는 선교사를 크게 필요로 하고 있습니다."

"당신들의 교단 선교사들을 말하는 겁니까, 아니면 주님을 사랑하고 그에 관한 좋은 소식을 전하고자 하는 모든 선교사를 말하는 겁니까?"

그는 나중에 저에게 말했습니다.

"이제 그들이 진저리납니다."

이곳에는 비슷한 어려움을 겪은 두 명의 독립 선교사들도 있습니다. 그들은 둘 다 자격을 갖춘 유능한 사람들입니다. 그들이 회원권을 얻고자 성서협회 앞에서 자기 소개를 하겠다는 제안을 하자, 회원들은 서로 획책하여 설립허가를 받은 협회의 회원들만 자격이 있다는 조항을 법률에 추가했습니다.

하지만 그곳에 우리를 초대해주신 분이 계셨고, 즉시 이 형제들을 받아들일 수 있도록 조치를 취했습니다. 그의 동료도 그를 도왔습니다. 그는 이렇게 말했습니다.

"우리는 설립허가가 아니라 사람을 원합니다."

금지 조항은 철회되었고 두 사람은 경력을 인정 받아 회원으로 발탁되었습니다. 이러한 일화들은 북쪽의 상황이 어떤지 보여주는 작은 단서들일지도 모릅니다. 그렇지 않기를 바랍니다.

  돈에 관해 말씀드리자면, 사역의 여러 단계들에 대해 생각을 많이 해봤습니다만, 아직은 암흑 속에 있습니다. 어떻게 일해야 하는지 아직 잘 모르겠습니다. 그리고 안타깝게도 저의 질문들은 추상적인 대답들밖에 듣지 못하고 있습니다. 이것 하나만은 확실합니다. 제가 여기 있는 다른 사람들보다 돈을 더 현명하게 사용할 거라고 생각할 만한 이유는 없습니다. 하지만 저는 여기 사람들처럼 돈을 쓰기는 싫습니다. 우리의 거처를 위해 비싼 벽돌과 마름돌로 된 집을 짓는 것은 저의 생각이 아닙니다. 그런 집은 현지인들이 보기에 왕의 궁궐과 같을 것입니다. 우리는 모두 신분을 감추고 먼 나라로 여행하는 왕들이긴 하지만, 우리의 진정한 왕께서는 머리 누울 자리도 없으셨습니다. '다 각각 집으로 돌아가고 예수는 감람산으로 가시니라'요 7:53-8:1 라는 말씀처럼 그는 돌아갈 집이 없으셨습니다.

  현지의 집들은 조명이나 통풍 시설 등을 조금 개선해야 할지는 모르지만, 제 생각에는 그걸로 충분합니다.

  제가 관찰한 한 가지는 이것입니다. 제가 가본 선교지들은 비축 자금을 갖고 있는 경우가 하나도 없었습니다. 비상 상황에 전혀 대비가 안 되어 있는 것입니다. 선교사들 혹은 그들의 선교회는 앞을 내다보는 일이 필요하다고 느끼지 않는 것 같습니다. 지금까지 보고 관찰한 바로는, 마이크와 제가 한동안 지내는 데는 많은 돈이 필요하지 않을 것 같습니다. 저희는 금 1달러에 대해 은 2달러를 받습니다. 또 은을 현금으로 바꾸면 더 유리합니다. 제가 듣기로는 동양에서 은 1달러가 서양에서 금 1달러의 가치를 지닌다고 합니다. 보수적으로 볼 때도 그런 것 같습니다. 반면 선교사들이 받는 후한 봉급을 다 써버리는 것도 가능해 보입니다. 늘 생활비가 부족하다고 불평하던 한 청년은, 나중에 보니까 미국에서 통조림 콩과 영국에서 레몬 스쿼시 등을 수입하고 있었습니다. 그는 큰 정원도 갖고 있었는데 하루에 십 센트씩 주고 일꾼들까지 고용했습니다. 그들은 훌륭한 농부들이었습니다. 저는 지원금을 저축해서 선교회에 각각 500달러씩 돌려준 선교사도 세 명 알고 있습니다. 물론 레몬 스쿼시 선교사는 이들을 아주 성가시게 여겼습니다.

제가 권할 수 있는 것은 이것입니다. 교회 자금에서 2만 달러를 비축해두고 원금은 건드리지 않습니다. 그리고 비상시에는 토지를 담보로 돈을 빌린 뒤 나중에 갚는 것입니다. 평상시에는 정기적으로 드리는 선교헌금으로 충분히 지낼 수 있을 것입니다.

목사님께 다음 편지를 보낼 때는 북부 중국이라고 찍혀 있을 것입니다. 마이크가 모두에게 애정 어린 안부를 전합니다. 저도 진심으로 안부를 전합니다.

한국, 서울, 1918년 3월 1일.
조지 허드슨

14

존 플라우먼과의 만남

열두 제자를 부르사 둘씩 둘씩 보내시며
더러운 귀신을 제어하는 권능을 주시고 ^{막6:7}

하퍼 목사님께,

이곳까지 편지를 하나 더 보내주신 목사님의 배려와 사려 깊음에 감사드립니다. 마이크도 진심으로 감사하고 있습니다.

목사님의 이름과 사역 소식이 지구 반대편까지 알려져 있다는 데 대해 놀라실 것입니다. 우리는 이곳에서 보아너게회Boanerges Society가 활약하는 모습도 보았는데요. 그들은 마귀를 내쫓는 이들 중에서 우리 편이 아닌 사람은 누구도 인정하지 않습니다. 목사님은 비순응주의자이실 뿐만 아니라, 비순응주의자들 중에서도 비순응주의자이신 것 같습니다. 아직 인정을 받지 못한 '위험한 사람'으로서 회피의 대상이십니다. 우리는 한국에서 만난 남부 출신의 친구가 받은 대접 만큼이나 박한 대접을 이곳에서 받고 있습니다.

하지만 보아너게회에 속하지 않은 몇 분께서 우리에게 개인적인 친절을 베풀어주셨고 축복을 빌어주셨습니다. 그들 중 한 분은 이곳에 25년간 계셨던 존 플라우먼인데, 그는 실로 융숭한 대접을 해주셨습니다.

그는 하나님만을 의지하여 이곳에 나왔습니다. 그는 선교회나 위원회에 소속되어 있지도 않고, 서기나 회계도 없으며, 지원해주는 교회도 없습니다만, 마흔네 명으로 이뤄진 선교부보다 더 많은 교회를 세웠습니다. 그는 은혜롭고 재능 많은 아내와 함께 현지의 아늑한 초가집에서 살고 있습니다. 그의 친구 한 명이 어느 유명한 전도사에게 존 플라우먼이 선교지에서 어떤 선교사보다 큰 사역을 하고 있고 작은 초가집에 살고 있다고 말했다고 합니다.

"뭐라고요!"

전도사가 말했습니다.

"그런 초가집에 살고 있다고요?"

"네, 그렇습니다."

그 친구가 대답했습니다.

"그는 부인과 함께 살고 있습니다. 그녀와 함께라면 초가집이라도 누구나 행복할 것입니다."

그들은 현재 집집마다 다니면서 복음을 전파하고 성경을 판매하는 82명의 전도사를 보유하고 있습니다. 작년에 그들은 3만 5천여 마을들을 다니며 집집마다 방문하여 복음을 전파하였고, 7만권 이상의 성경과 쪽복음[창세기, 출애굽기, 잠언, 요한복음, 사도행전 등]을 판매했습니다.

플라우먼 씨는 교회들을 철저하게 체계화하여 전도사들이 실제적인 사업 시스템을 바탕으로 매달 보고를 올리도록 하고 있습니다. 그는 진행 중인 일들에 대해 지속적인 관심을 기울입니다. 학교나 다른 부속기관은 두지 않고 오직 하나님의 말씀과 성령, 그리스도의 거듭난 증인들에게만 의지하고 있습니다.

이곳에 오기 전에 그는 사업가였습니다. 도매사업의 관리자로서 직원을 뽑고 관리했다고 합니다. 하지만 그는 사람을 구분하여 부르심 받은 곳으로 파송하는 일에 있어서 오직 성령께만 의지합니다. 안디옥에서 그랬던 것처럼 말입니다. 제가 만나본 그의 교회 교인들은 참으로 훌륭했습니다. 플라우먼 씨 역시 교인들처럼 신사이며, 그들은 주님과 그의 성령과 성경책을 잘 알고 있습니다.

플라우먼 씨 부부는 우리가 마치 혈육이라도 되는 것처럼 너무나도 반갑게 환영해주셨습니다. 정말로 기분 좋은 대접이었습니다.

그는 영적인 측면에서 자신의 성공 비결은 성령께서 직접 진리를 가르치시고 열매를 자라게 하시며 교회 일을 처리하도록 두는 것이라고 했습니다. 자연적 측면에서는, 인종적 편견을 인지하고 적절하게 대처하는 게 가장 중요한 요소라고 말했습니다. 현지인들이 백인을 얼마나 경멸하는지 알고 난 뒤로, 그는 현지인들 사이에서 그들과 똑같이 생활한다는 방침을 뒤집었습니다. 이제는 마을에서 마을로 직접 이동하면서 힘을 빼는 대신 필요할 때만 현지인들을 만나며, 서기와 목사, 집사, 전도사들을 주로 상대하고 있습니다. 그렇게 한 이후로는 문제들이 거의 사라졌으며 사역 또한 백 배로 확장되었다고 합니다.

통역가를 구해서 곧바로 일을 시작하라는 진심 어린 조언을 그에게서 들었습니다. 내륙지방에는 광활한 평원이 있는데 아직 누구의 발길도 닿지 않았다고 합니다. 그는 우리가 거기로 갈 것을 권했고, 능력이 입증된 열두 명의 전도사를 붙여주어 사역을 돕도록 했습니다. 또한 그에게서 성경을 원가에 살 수 있게 되었습니다. 시중 가격보다 훨씬 싸다고 합니다.

그래서 저희는 매우 기쁩니다. 여러분과 마찬가지로 저희도 즉시 일을 시작할 수 있게 되었습니다. 여러분의 관대함 덕분에 전도사들을 지원하고 성경책 비용을 즉시 지불할 수 있게 되었습니다.

마이크는 플라우먼 씨의 인쇄공장에서 시간을 절약하는 몇 가지 장치들을 가르쳐주기도 했습니다. 마이크와 플라우먼 씨 중에서 누가 더 기뻐하는지 가리기가 힘들 정도입니다.

북부 중국, 1918년 6월 24일.
그리스도 안에서
조지 허드슨

하퍼 목사님께,

사랑의 메시지가 가득 담긴 편지와 후한 금액의 수표를 보내주신 것 감사드립니다. 귀한 존 플라우먼씨에게도 격려와 안부인사 보내주셔서 감사합니다. 목사님 특유의 메시지였습니다. 존에게 꼭 필요한 격려였습니다.

비상용 자금을 마련해달라는 저의 제안을 받아들여주신 것도 기쁩니다. 헨더슨 씨의 친절한 감사의 말씀에 대해 감사하다고 전해주십시오.

저희는 작은 집을 구했고 정원과 과수원을 위한 밭이 옆에 딸려 있습니다. 미국에서 콩 통조림을 주문할 생각은 없습니다. 집은 새집이고 깨끗하며 65달러라는 거금을 들였습니다. 조랑말과 소를 위한 마굿간을 지어야 하고, 지하 저장실과 창고도 있어야 합니다. 65달러면 충분할 것 같습니다. 개인 생활비와 여비로 매달 300달러까지는 필요치 않을 것으로 보입니다.

가장 좋은 소식은 마지막으로 남겨뒀습니다. 열두 명의 전도사들은 여섯 달 동안 일했습니다. 그 동안 이들은 2,880개의 도시와 마을에서 집집마다 방문하여 복음을 전파했고, 6,700권의 성경과 쪽복음을 판매했으며, 가장 반가운 소식은 주님께 세 군데의 교회를 올려드렸다는 것입니다. 이들 교회는 평균 교인수가 각각 마흔네 명이며 벌써 예배할 작고 깨끗한 예배당을 지었습니다. 어쩌면 다음 소식이 더 반가우실지도 모르겠습니다. 그리스도 안에서 거듭난 이들 초신자는 자발적으로 나서서 복음을 전파하였고, 이들 중 한 명은 신약성경을 벌써 다섯 번이나 통독했습니다.

전도사들의 진심 어린 호소로 이들 중 열다섯 명이 파송되었습니다. 그들의 첫사랑이 꽃피는 순간을 잡으라는 존 플라우먼의 진심어린 조언이 생각났기 때문입니다. 목사님께서 베풀어주신 덕분에 기다리지 않고 일을 진행할 수 있었습니다. 오, 정말 굉장합니다, 목사님! 물론 아직은 그들의 언어를 거의 구사하지 못합니다. 그럼에도 우리는 서로를 이해합니다. 대속 받은 이들의 얼굴에는 하늘의 언어가 쓰여 있습니다.

이들 2,800개 도시와 마을들은 미국 돈으로 각각 25센트 미만으로 복음화됐다는 사실을 인지하셨을 것입니다. 일반적으로는 30달러라고 합니다. 이것 또한 저를 기쁘게 합니다. 돈을 벌기 위해 너무나도 열심히 일하시는 우리 귀한 교인들께서는 헌금 25센트를 하실 때마다 한 마을을 복음화하는 데 도움을 주시는 셈입니다.

쉰 명의 사람들을 마을로 불러서 저희는 첫 여섯 달 동안 14만 4천명에게 옛적의 귀한 이야기들을 들려주었습니다.

마이크는 내년에는 저희가 직접 성경을 인쇄하기를 바라고 있다고 전해달라고 부탁했습니다. 저희 두 사람은 교회에 애정 어린 안부인사를 드립니다.

> 내륙지방에서, 1918년 성탄절 날.
> 그리스도 안에서
> 조지 허드슨

15

계속되는 선교사 파송

이와 같이 주의 말씀이 힘이 있어 흥왕하여 세력을 얻으니라 행 19:20

5월의 첫 번째 주일, 그리스도의교회는 성전 입당 일주년 예배를 드렸다. 등록 교인은 4천 560명이었고 예배 참석자는 6천 명이었다. 도시의 소외 받는 지역에 네 개의 선교 사역을 시작했고, 해외선교회는 활약하고 있었다.

  조지 허드슨이 성탄절에 보낸 편지가 읽혀지자 교인들은 환호성을 질렀다. 하퍼가 찬가를 부르자고 하자 사람들은 일어서서 찬송을 불렀고, 마음속으로도 주님을 노래했다. 하퍼는 다른 도시에서 이뤄지는 주간 성경공부와 그들이 낸 선교헌금에 대해서도 얘기했고 역시나 후한 박수를 받았다. 그는 일 년 동안 450번의 성경공부를 인도했고, 2,900킬로미터를 이동했으며, 5,400장의 편지를 썼고, 해외선교를 위해 4만 7,600달러를 받았다. 그리스도의 재림을 준비하는 단순한 일을 하는 동안에 말이다. 그리스도의교회는 최초의 기부금 2만 2,000달러와 1만 2,560달러 외에도 여러 모로 기여했다.

  하퍼는 다음으로 교인들에게 아프리카의 드넓은 평원에 대해 소박한 말투로 얘기해주었다.

  "제 손에는 아프리카에서 일어난 은혜의 역사에 관한 보고서가 들려 있습니다. 십 년 전만 해도 그들은 아프리카에서 물러나는 것까지 고려했습니다. 그러다가 현지의 기독교인들을 맘껏 활용하기로 했습니다. 현지의 인력을 다섯 배로 늘리자, 전무했던 세례 지원자는 십 년 만에 1,500명으로 늘었고 성찬 참여자는 두 배 이상으로 늘었습니다. 현지인들의 기여도는 열 배 증가하였고 그들의 회중은 세 군데 도시에서 3,400명에서 1만1400명으로 늘었습니다. 사람들은 전도사들에게 하나님의 길에 대해 얘기해달라고 요청하고 있습니다. 이러한 요청은 많은 부분 현지인 기독교인들의 사역과 귀중함 덕분입니다. 이들의 상당수는 선교본부나 선교지부, 선교사들의 개인적 영향 바깥에 있습니다. 저는 아프리카에서 이러한 간증을 듣게 되어 기쁩니다. 현지인 설교자가 선교의 열쇠라는 점을 다시 한번 보여주기 때문입니다."

하퍼가 말했다.

"존 플라우먼이 보낸 편지도 여기 있습니다만, 결국 같은 얘기를 합니다."

하퍼 목사님께,

그리스도의교회에서 보내주신 2,000달러의 후한 지원금은 잘 받았습니다. 저희는 돈이 필요했습니다. 하지만 공감하는 마음이 더 많이 필요했습니다. 하나님께서 계속해서 사람들로 하여금 마음을 쓰게 하신다는 점은 저에게 자극이 되며 실로 마음을 가볍게 합니다. 저희의 감사하는 마음을 부디 받아주시고 관대한 교인들께 안부인사 전해주십시오.

또한 허드슨 씨와 오코너 씨에 대해서도 감사드립니다. 마이크는 저희 집에서 노래가 흐르게 하고 인쇄 공장에서는 화합을 가져다줍니다. 그가 가까이에 있어서 기쁨이 되었고 굉장한 실제적 도움이 되었습니다.

허드슨 씨에 대해 말씀을 드려보자면, 저는 25년간 선교사로 일해왔고 일본, 중국, 한국, 필리핀, 인도, 아프리카에서 수백 명의 선교사들을 만나봤습니다만, 그는 제가 선교지에서 만나본 이들 중에서 가장 준비되고 다재다능한 선교사입니다. 그는 교회에 크게 기여할 것입니다. 그는 사도들이 했던 것처럼 순조롭고 빠른 출발을 했습니다. 목사님의 관대한 지원과 공감, 기도, 자금 덕분에 머지않아 모든 선교지를 통틀어 가장 성공적인 사역을 하게 될 거라고 예상합니다. 현지인 설교자는 빠르고 철저하며 경제적인 세계 복음화를 위한 열쇠입니다. 복음의 메시지가 교육주의와 혼합된 곳에서도 현지인 기독교인에게 절반의 기회라도 주어질 경우 그 성과는 즉시 눈에 띕니다.

목사님의 선하고 관대한 말씀에 감사드립니다. 하지만 저는 모든 방면에서 은혜를 입은 쪽이며, 목사님의 호의와 배려에 감사드립니다.

존 플라우먼

"한 가지 더 말씀드리고 싶은 것은, 우리가 아침 기도회를 위해 다시 모이고 있다는 소식입니다. 세계의 빠른 복음화를 위해, 또 성령께서 우리에게 무엇을 해야 할지 보여주시고 그와 함께 일할 수 있는 특권을 달라고 기도하고 있습니다. 오늘은 우리 교회의 입당 일주년이고 이번에도 선교헌금을 걷도록 하겠습니다. 올 한해 걷은 7만 1,000달러 중에 2만 달러는 중국 내륙을 위한 비상 자금으로 저금했고, 시베리아를 위해서도 같은 용도로 2만 달러를 저금했습니다. 3,000달러는 허드슨에게 송금되었고, 1,000달러는 그들의 선교 비용 및 생활비 지원금으로 보냈습니다. 또 2,000달러는 플라우먼에게 송금되었습니다. 현재 잔액은 2만 5,600달러입니다. 진심으로 바라옵기는, 올해 안으로 프랑스령 콩고의 비어있는 영토와 수단의 비어있는 평원에 자리를 잡았으면 합니다. 허드슨의 성공적인 사례를 따라서 말입니다. 시베리아도 마찬가지입니다. 이들 선교지를 위해 각각 두 명의 남성이 필요합니다. 성령의 강권하심이 느껴지는 분들은 앞으로 나와주시기 바랍니다."

마흔 명의 남성들이 응답했다. 그들은 헌금 접시를 들고 연례 선교헌금을 걷어달라는 부탁을 받았다. 그러는 동안 클라크는 맥그래너핸의 찬송 '흑암에 사는 백성들을 보라'^{찬송가 499}를 불러 회중을 감탄시켰다.

헌금을 세자 접시에 올려진 금액은 전부 12만 5000달러인 것으로 나타났다. 회중은 다시 일어나서 찬가를 불렀다.

하퍼가 물었다.

"허드슨이 하고 있는 것과 같이 그리스도의 재림을 준비하기 위해 언급된 세 지역에서 복음을 전파하는 것이 여러분의 뜻입니까? 그렇다면 손을 들어주십시오."

6000명 이상의 사람들이 전부 손을 든 모습은 장관이었다.

"감사합니다!"

하퍼가 말했다.

"이제 구드윈과 롱스트리트, 카를 선별 위원회에 추가해도 되겠습니까? 그렇다면 손을 들어주십시오."

이번에도 만장일치였다. 감동적인 찬가가 또 한 번 불리어졌고, 교인들은 행복한 상태로 집으로 돌아갔다. 그들은 하나님의 집행자 성령님과 협력하여 평안 속에서 섬김의 한 해를 보낼 준비가 되어 있었다.

16

워른 가의 변화

주 예수를 믿으라 그리하면 너와 네 집이 구원을 받으리라
행 16:31

어떤 가족들의 경우에는 문제가 이미 훌륭하게 해결되었다. 그들은 이번 주일에도 가족 테이블에 둘러앉았다. 워른 씨 내외는 아들 톰과 딸 엘레노어, 그녀의 남편 피터 구드윈과 그들의 자녀들과 함께 그리스도의교회에 갔다가 오는 길이었다. 그들의 딸 에반젤린은 평소처럼 골프장에 나갔다가 들어왔다. 폴리의 남편은 도시에 있는 큰 대학의 교수인 조지 브래들리로 매주 일요일 시간을 보내는 대학교 클럽에 갔다가 워른 가를 방문했다. 사색적인 분위기가 집안에 흘렀다.

브래들리 교수가 대화를 열었다. 그는 구드윈 부인에게 동물들을 노아의 방주에 전부 잘 배치했느냐고 물었다.

"무슨 말이에요, 조지?"

그녀가 물었다.

"제 기억이 맞다면 얼마 전에 당신은 이 식탁에서 이렇게 말했어요. '다윈을 읽다가 처음으로 이런 생각이 들었던 그때를 잊을 수가 없어요. 노아의 방주가 바넘의 서커스와 자연사박물관을 합친 것만큼이나 컸다고 해도, 지구상에 있는 수천 개의 종을 다 수용하지 못했을 거라는 생각이었습니다. 엄청난 깨달음이었죠.' 제가 당신의 말을 바르게 기억했나요?"

"거의 맞아요, 조지. 그때는 다윈과 내가 하나님보다 더 유식하다고 생각하던 때였어요. 이제 당신이 했던 말을 제대로 기억해낼 수 있을지 보겠습니다. 그날 당신은 하나님의 능력을 제한하는 게 아니냐는 어머니의 질문에 이렇게 대답했어요. '어느 쪽이 더 놀랍습니까? 하나님께서 지구를 멈추셔서 태양이 멈춘 것처럼 보이게 하시는 것과 법칙에 따라 수많은 태양과 행성, 위성을 만드시고 각기 궤도에 따라 움직이게 하는 것 중에서 말입니다. 원소 하나 하나가 주권자의 구상에 부합하는 우주 말입니다. 그래서 하나님은 16세기보다 20세기에 더 위대하신 겁니다. 하지만 이렇게 놀라운 사실은 만약 신학의 주창자들이 원하는 대로 되었다면 결코 발견되지 못했을 것입니다.' 제가 제대로 기억하고 있나요?"

"네. 저보다 더 잘 기억하고 계시는군요."

"고마워요, 조지! 기분이 좋네요. 어쨌든 질문으로 돌아가면, 당시에 한 규빗이 어느 정도였는지는 아무도 모릅니다. 그러한 우주의 설계자라면 자신이 창조한 지구상의 모든 종들을 짝지어 편하게 수용할 만한 방주를 만드는 것은 아무 문제도 되지 않을 거라고 생각합니다. 바넘이나 동물원의 동물 관리자들이 하는 것보다 그분께서 하시는 것이 훨씬 더 쉬울 것입니다. 그가 하신다면 동물들은 잠잠히 누울 것이고 사자는 황소처럼 풀을 먹을 것입니다. 우리도 필요없을 것이고 공간은 효율적으로 사용될 것입니다. 사냥꾼도 없이 사방에서 동물을 모으신 이라면 그들을 보존도 하실 수 있을 것입니다.

엘리야로 하여금 천사가 준 음식으로 사십 일을 견디게 하신 이라면, 동물들이 음식 없이도 사십 일 동안 생존하게 하실 수 있을 것입니다. 우리 주님이 이 땅의 중심에서, 그리고 부활 이후에 사흘 낮과 밤을 보내신 데 대한 전형으로서 '큰 물고기를 예비'하여 요나를 삼키게 하신 것처럼, 그리스도의 전형으로서 모세에게 성전의 패턴을 주신 것처럼, 그분은 노아에게 방주를 어떻게 지어야 할지 말해주셨습니다.

방주는 다가오는 멸망에 대비해 교회를 안전하게 짊어지실 그분의 영원한 전형이었기 때문입니다. 아실 수도 있겠지만, 조지, 오늘날 교회에는 '지식의 열매'를 과다하게 먹음으로써 교회가 마지막 거대한 시련을 겪어야 한다고 말하는 선량한 사람들이 있습니다. 그 열매는 인간에게 이론과 논증에 대한 부패한 욕구를 줬습니다.

하나님께서는 홍수의 고난을 안전하게 견뎌낸 방주와 여덟 명의 영혼을 통해 이론과 모든 영리한 가설들을 전부 제압하셨습니다. 이제 당신의 질문에 대답했습니다. 당신이 왜 이것을 스스로 깨닫지 못하고 믿지 못하는지에 대해서도 진지하게 말씀드려도 될까요?"

"그렇게 하신다면 저도 좋습니다, 엘레노어. 이 기회에 제가 당신의 머리와 논리를 깊이 존경한다고 말씀드리고 싶습니다."

"저의 머리나 논리는 신경 쓰지 마세요. 조지, 저는 저의 '마음의 눈을 밝히신' 하나님의 성령 앞에서 이것을 압니다. 저는 여느 이교도와 다름없이 하나님에 관한 일들에 대해 눈이 멀어 있었고 무지했습니다. 제가 믿는 것은 이것입니다.

> 이 세상의 신이 믿지 아니하는 자들의 마음을 혼미하게 하여 그리스도의 영광의 복음의 광채가 비치지 못하게 함이니 고후 4:4

당신은 하와처럼 하나님의 말씀을 거부했고, 그 대신 사탄의 지시에 따라 지식의 열매를 먹었습니다. 하나님은 무지 속에서 보낸 이 시간을 자비로써 인내하셨습니다. 당신이 그리스도 안에서 그분의 은혜로운 예비하심을 믿지 않는다면, 하나님께서 당신의 재앙을 비웃으시고 당신이 두려워할 때 조롱하실 날이 올 것입니다."

> 아들이 있는 자에게는 생명이 있고 하나님의 아들이 없는 자에게는 생명이 없느니라 요일 5:12

아들에게 순종하지 아니하는 자는 영생을 보지 못하고 도리어 하나님의 진노가 그 위에 머물러 있느니라 요 3:36

엘레노어가 얘기를 끝냈을 때 눈에는 눈물이 고여 있었고 목소리는 속삭임에 가까웠다. 이어지는 침묵을 깨고 에반젤린은 톰에게 하루 동안 무엇을 했느냐고 물었다.

"하퍼 목사님의 설교와 클라크 씨의 노래를 들으러 갔단다."

"교회는 기숙학교에서 충분히 다니지 않으셨어요?"

에반젤린이 물었다.

"그네들 교회는 충분히 다녔었지."

그가 말했다.

"하지만 하퍼 목사님은 다르단다. 목사님을 보러 가는 이유는, 그곳에서는 목사님이 보이지도 않고 목사님에 대해 생각하지도 않게 되기 때문이야. 목사님은 내가 예수님을 보게 해. 그리고 예수님은 아름답단다. 음악당로 옮긴 뒤부터 하퍼 목사님의 설교를 들으면, 예수님을 위해서라면 무엇이든 기꺼이 할 수 있을 것만 같아. 하퍼 목사님이 보여주시는 예수님은 너무나도 믿음직하고 고귀하며 선하고 그 전체가 사랑스러워. 클라크 씨가 노래할 때도 그래. 나는 그녀를 잊어버리게 되고, 목소리나 음악에 대해서 생각하는 게 아니라 그녀가 찬양하는 아름다우신 분만 생각하게 되지."

톰이 얘기하는 동안 아버지와 어머니, 피터와 엘레노어는 모두 기쁜 놀라움으로 그를 쳐다보았다.

"그래."

조용하던 이라 워른이 말했다.

"나도 너와 똑같단다, 아들아. 네 말을 들으니 무척 기쁘구나."

그는 헛기침을 하고는 말을 이었다.

"얘들아, 나에게 얘기할 기회를 준다면 말이야, 내 생각에는 소위 정통적 설교의 문제점은, 방금 톰이 말한 것처럼 사람들이 그들 중에 예수님을 보거나 그 말씀을 듣지 못한다는 거야. 나는 물론 정통주의를 믿는단다. 하나님의 영감을 받은 성경과 구원자의 신성을 믿기 때문이지. 하지만 그 아들은 더 이상 배교한 '정통' 교회들에 계시지 않아. 그들은 아들의 영이 없는 문자적 진리만을 가지고 있어. '율법 조문은 죽이는 것이요 영은 살리는 것이니라'고후 3:6 하퍼 목사님이 세인트폴교회에 오셨을 무렵 이 식탁에서 했던 얘기들은 많은 부분 옳았다. 조지, 자네가 했던 얘기들도 많은 부분 옳아. 하지만 자네의 결론은 완전히 잘못되었고, 엘레노어가 지적한 것처럼 어두워진 머리에서 비롯되었어. 악의적인 원수 사탄에 의해 어두워진 거야.

그는 성령님과 비슷한 전선에서 역사하지. 진리의 영은 자원하는 마음을 기다리는 것 외에는 우리를 위해 할 수 있는 게 없어. 오류의 영도 마찬가지고. 하와는 동산에서 하나님의 말씀과 사탄의 말 중에서 선택했다. '지식의 열매'선악과 없이도 주어지는 하나님의 아낌없는 예비하심에 대한 만족과, 하나님의 가르침보다는 지식을 선호하는 자기의지의 탐닉 사이에서 선택한 것이야. 하나님의 지혜보다는 인간의 지혜를 택한 것이지. 정통주의가 갈릴레오의 지식을 대한 방식에 관해 말하자면, 그것은 변절한 정통주의였어. 오늘날의 배교주의보다는 무지했지만 그래도 지금처럼 믿음에서 멀어진 상태는 아니었지.

다른 한편 '과학'은 명칭 자체가 잘못되었는데, 가장 치명적으로 변절한 정통주의보다 더 악해. 그것은 미천하고 유한하며 죄악된 지성의 세속적 추측들을 하나님의 선포하신 말씀들보다 위에 두려고 하기 때문이야. 그것은 기계와 영리 활동으로 부를 획득하여

이 세상을 그리스도 없이도 살 만한 곳으로 만들려고 한다.

하지만 조지, 내가 너의 일부 주장들에 동의한다고 해서 그 이면에 깔려 있는 불신앙을 알아차리지 못한 것은 아니다. 아무리 듣기 좋은 미사여구를 사용한다고 해도 말이다. 왜냐하면 마귀의 종교를 논리적으로 지탱하려면, 자네는 기적들과 '모든 성경은 하나님의 감동으로 된 것'딤후 3:16, 즉 '오직 성령의 감동하심을 받은 사람들이 하나님께 받아 말한 것'벧후 1:21이라는 거룩한 사실을 거부해야 하기 때문이다.

같은 방식으로 자네는 처녀 잉태와 부활도 없애야 해. 사탄이 어두워진 머리를 가진 어리석은 사람들로 하여금 자신의 종교를 설파하게 할 수 있다면, 그의 종교는 모든 이교도 나라의 종교들과 동일하며, 소위 '과학자'라 불리는 자들이 설파하는 것과 본질적으로 같은데, 그는 자기 사업에 유리한 일을 하는 셈이 되네. 그가 만약 기독교인들의 자금으로 마련되고 성경을 바탕으로 설립된 대학 교수 자리에 자신의 전도사들을 앉힐 수 있다면, 그리고 교회의 설교단에서 사람들로 하여금 보혈도 없고, 그리스도도 없는 인간이 모든 것을 안다는 거짓말을 가르치게 할 수 있다면, 그는 성경이 말하는 것처럼 영리한 전술가가 맞을 것이야.

나는 하퍼 목사를 처음부터 좋아했지. 하지만 어린양들에게 떳떳하지 못하게 살아왔고 그들에게 떡 대신 돌을 주었으며, 예수 탄생에 서자의 표시를 하고 그의 동정녀 어머니의 순수한 이름을 없애려고 했다는 데 대해 사과했을 때 나는 그를 가장 크게 존경했네."

"그렇다면 이들은 진심으로 믿지 않는 거예요?"

교수가 물었다.

"그 반대다."

워른이 대답했다.

"그들은 오류의 영으로 인해 마귀의 거짓말을 진심으로 믿게 된 것이다. 거듭난 사람이라면 모두가 성령의 믿음의 열매를 받아 하나님의 진리를 믿게 되듯이, 또 성령과 거듭난 증인들에 힘입어 하나님께로부터 남으로써 그리스도를 공동 증언하듯이 말이다. 악한 영의 열매는 '지식의 열매'에서 나지만, 성령의 열매는 진정한 포도나무 가지에서 나는 그리스도의 열매다."

워른이 얘기를 끝내자 워른 부인이 말했다.

"이라, 당신이 평생 동안 했던 연설들 중에 가장 긴 연설이었던 것 같네요!"

모두가 웃었다. 피터 구드윈이 말했다.

"그렇다면 애석한 일이네요, 장모님. 이렇게 훌륭한 연설은 들어본 적이 없는데."

식탁에서 일어나면서 엘레노어는 톰을 데리고 방으로 데리고 들어가려고 했다. 피터는 따라 들어가면서 엘레노어가 톰에게 하는 말을 들었다.

"아까 너의 귀한 간증이 너무 자랑스럽게 느껴졌어. 톰! 너는 하나님 나라에서 멀리 있지 않을 거야. 예수님은 성도들에게 영원히 주어진 믿음의 처음이자 마지막이며 또 중간이셔. 그 안에서 우리는 우리의 구원을 위해 천국에서 주시는 모든 것을 가지고 있고, 그가 없다면 우리는 아무것도 없는 거나 마찬가지야."

깊이 감동한 톰이 말했다.

"오, 엘레노어. 나는 그분을 사랑해! 그분이 나의 것이라는 사실을 알았으면 좋겠어. 내가 정말로 그 아들을 소유한다는 사실을 말이야."

그녀는 성경을 들고 요한복음 5장 24절을 펼쳐서 그에게 읽어보라고 했다. 톰은 천천히 여러 번 읽었다.

내가 진실로 진실로 너희에게 이르노니 내 말을 듣고 또 나 보내신 이를 믿는 자는 영생을 얻었고 심판에 이르지 아니하나니 사망에서 생명으로 옮겼느니라

"정말로 그래?"
그가 물었다.
"그래, 말씀하시는 그대로야."
그녀가 대답했다.
"나는 예수님 말씀과 그가 하나님이 보내신 아들임을 믿어. 이제 나는 죽음에서 생명으로 나아간 거지?"
"방금 읽은 게 뭐지?"
그녀가 물었다.
"하나님의 말씀이지."
그가 말했다.
"내가 얘기하는 것을 너는 믿지?"
"그럼, 엘레노어!"
"그러면 예수님 말씀도 믿을 수 있어. 그분이 하신 말씀이니까."
"물론이야!"
톰이 신나서 대답했다.
"나는 그분의 말씀을 그대로 믿을 거야. 그가 하나님의 아들이고 진실만을 얘기하신다는 것을 알았으니까."
그는 잠시 침묵했다. 그의 눈에 눈물이 고였고, 따뜻한 마음의 그는 엘레노어의 목에 팔을 두르고 흐느꼈다.
"엘레노어, 이게 대체 무슨 일이지? 전부 보여. 그분이 나 대신 정죄 받으심으로 나는 정죄 받지 않을 거라는 것을 믿어. 그의 아름다운 얼굴이 보여. 나의 주님, 나의 하나님! 당신은 영원히 나의 것이고 저 또한 당신의 것이에요! 오직 당신의 것이에요!"

찌그러진 통에 불과할지라도 ◆ 173

피터는 서서 눈물을 흘리며 그들을 지켜봤다. 엘레노어는 톰의 어깨를 토닥여주는 것 외에는 해줄 수 있는 게 없었다.

피터는 목소리를 가다듬고 말했다.

"넬, 여보! 워른 가의 '워른 가의 문제들'이 해결되고 있는 듯해요. 어머니는 우리한테 그냥 믿으라고 했었죠. 그땐 무슨 말인지 몰랐는데, 우리가 예수님을 몰라서 그랬어요. 하지만 하나님께서 예수 그리스도의 얼굴을 통해 당신의 평안의 얼굴을 비추신 이후로 우리는 어머니의 지혜를 이해했고 그 지혜를 능가하지 못할 거예요. 오직 믿음이에요. 그렇지, 톰?"

톰이 똑바로 앉았다.

"네."

그가 대답했다.

"그게 복음의 전체예요. 하지만 위로부터 와야 해요. 이제 저는 '하늘로부터 나는' 것이 무엇인지 알겠어요. 하늘로부터 나기 전에는 아무도 모를 거예요."

"나도 그렇게 생각한다."

피터가 말했다.

"아까 넬리가 했던 말은 옳았어요. 아버지도 그랬고요. 넬, 교수님을 아주 보기 좋게 제압하던데요. 입도 뻥긋하지 못하게 만들었어요."

"그렇게 말하지마요. 피터! 그렇게 솔직하게 말하는 것은 매우 어려웠어요. 입을 다물게 하려고 했던 것은 아니에요. 단지 그리스도 안에서 진리를 말해야 할 것 같았고 뒷일은 생각하지 않았어요. 그렇게 해야 한다고 느꼈고, 주님께서 명하신다고 느꼈어요."

"그랬던 것 같아요! 조지도 그렇게 받아들였을 거예요."

"피터! 그가 언젠가는 믿게 될까요?"

"하나님께는 불가능한 일이 없어요, 여보. 그가 머지않아 믿는다 해도 놀라지 않을 거예요. 교만한 말세기 지식인들은 당신이 했던 것과 같은 분명한 간증을 필요로 해요. 그들은 세 가지 공포[처녀 잉태, 대속, 부활에 대한 불신]를 교묘하게 설파하면서도 성경을 변론한다는 미명 하에 아이들의 떡을 먹어버린 자신들의 악함을 금방 잊지 못할 거예요. 그런 것은 한번 믿고 나면 거룩한 성경과 신적인 구원자를 거부하게 되고, 길 잃은 냉혹한 바깥 세상에 나앉게 되며, 돼지들이 남긴 열매 껍질을 먹게 만들어요. 하지만 조지는 정직하고 양심적이에요. 그가 하늘로부터 거듭난다면 하퍼 만큼이나 우직해질 것이고 부당하게 얻은 것들을 전부 보상할 거예요."

"피터! 루든 록스버리가 언젠가는 믿게 될까요?"

"넬리! 오늘 어려운 질문들을 많이 던지네요. '하나님으로서는 다 하실 수 있느니라'^{마 19:26, 막 10:27}는 말씀이 있어요. 등에 커다란 혹이 난 낙타가 예루살렘의 '바늘귀'라는 작은 성문을 통과하는 것보다 부자가 천국에 들어가는 게 더 어렵다면, 길 모퉁이에 서서 늙은 가야바를 위해 기도하던 친구한테는 더 어려울 겁니다. 물론 루든과 그의 거룩한 무리들이 그쪽 부류인지는 모르겠어요. 하지만 루든이 그쪽이 아니라면, 이 세상에 그런 부류는 남아 있지 않을 거라는 생각이 자꾸 듭니다.

그리고 말이죠, 넬리. 주 예수님과 베드로, 바울, 스데반처럼 성령으로 가득했던 모든 이들은 죄인들에게는 너무나도 친절하고 온유했지만, 학자들과 바리새인들과 위선자들에게는 지구상에 기록된 가장 신랄한 규탄을 퍼부었어요. 이제 그때가 온 것 같습니다. 하나님께서 사랑의 성령이 가득한 이들로 하여금 증거하게 하셔서, 그들과 함께 또 그들 안에 거하시는 예수 그리스도의 사랑의 영이 그들에게서 두려움을 내쫓고, 사람이든 마귀든 두려워하지 않게 할 때가 온 것 같습니다. 그들은 '오직 사랑 안에서 참된 것을' 말할 것입니다. 참된 것을 말할 거라는 것입니다. 이 순간 아버지 오른편에서 우리를 위해 기도하시는 영광의 주님께서 단지 은혜만이 아니라 은혜와 진리로 가득하다는 사실을 사람들은 잊은 듯해요.

조지는 이 저주 받은 마귀의 종교를 설파하고 있고, 하나님의 이름을 대문자로 써서 거기다 갖다 붙이고 있습니다. 그는 성경에 나오는 소문자 이름을 사용해야 할 것입니다. 그것은 '세상의 신'입니다. 하지만 그렇게 하는 것은 마귀의 목적에 부합하지 않기 때문에 그의 전도사들은 그렇게 하지 않을 것입니다. 그들은 계속해서 사람들에게 '뒤떨어지지' 말고 '시대정신에 뒤떨어지지' 말라고 촉구합니다. 사람들에게 마귀에게 뒤떨어지지 말라고 말한다면 통하지 않을 겁니다. 결국 둘은 똑같은 것이지만 말입니다.

사탄의 거짓말을 빛의 천사로서 설파하는 소위 과학적 철학적 양반들은 하나같이 인간을 떠받듭니다. 인간이 중심입니다. 그들의 입맛에 맞는 유일한 하나님은 진보적인 이 시대의 신뿐입니다. 예수님은 그 신에 대해 '인간의 일을 좇는다'라고 말씀하셨어요. 악한 자들과 속이는 자들이 크게 늘어나서 거의 모든 인간이 인간 자신을 예배하게 될 때, 사탄은 '죄의 인간,' 즉 가짜 그리스도를 불러올 것입니다.

하지만 하나님께 감사하게도, 성령께서 그리스도의 신부를 신랑에게 데려다주기 전까지는 그렇게 할 수 없습니다! 하지만 그는 분명 세상으로 하여금 인간에게는 모든 것이 가능하지만, 하나님 편에서는 자연법칙을 유보하거나 극복하는 것, 즉 우리가 기적이라 부르는 것들은 불가능하다고 치부해버리게 만들고 있습니다. 주께서는 '하나님은 다 하실 수 있느니라'고 말씀하셨고, 사람으로서는 아무것도 가능하지 않다고 하셨습니다. 오늘은 상황이 뒤집

했습니다. 거짓된 과학자들은 오늘날 기적같은 것은 불가능하지만 시간만 주어진다면 인간이 이루지 못할 것은 없다고 말합니다. 나도 모르게 설교를 해버렸네요. 오늘 본문은 동산에서 마귀가 인간에게 했던 말 '하나님과 같이 되어'였습니다."

"계속하세요, 피터. 멈추지 마세요!"

톰이 말했다.

"한 가지만 덧붙일게요. 오류의 영이 정치, 상업, 종교 등 거짓 그리스도를 위해 자신의 세계를 준비시킬 때, 사악한 자와 속이는 자가 점점 더 많아져 적그리스도의 음란한 신부가 되고 있을 때, 성령께서는 신실하고 참된 신랑을 위해 그리스도의 신부를 준비시키고 계십니다.

창세기 24장에서 부유한 아버지가 하나밖에 없는 아들을 위해 신부를 구해오라고 종을 내보내는 장면이 누가복음 14장에 나오는 종의 전형이라는 사실이 나는 너무 기뻐요. 그 종은 '한 남자'가 잔치에 초대할 손님을 불러오라고 보냈습니다. 그 종은 하나님의 성령입니다. 그는 방해받기를 원치 않으시며, 신부는 나아가고자 합니다. 신부는 빠르게 준비를 합니다. 그녀는 시골 여자의 치마를 벗고 부유한 아버지가 준비하신 그리스도를 통한 하나님의 의의 옷을 입으며 성령의 은사로 치장합니다. 그녀는 바울처럼 가장 아끼던 소유물들을 쓰레기로 여깁니다. 종을 통해 그녀에게 주어진 주 예수 그리스도를 아는 지식의 탁월함 때문입니다.

헤개가 자신의 정화를 위해 준비할 때 우리는 왕의 궁궐에서 나오는 그분을 다시 한 번 봅니다. 부유한 아버지의 소유는 전부 그분의 손 안에 있습니다. 그녀를 왕에게 선보일 날이 밝았을 때 그녀는 그분만큼이나 곱고 아름다울 것입니다.

'그리스도께서 교회를 사랑하시고 그 교회를 위하여 자신을 주심 같이 하라 이는 곧 물로 씻어 말씀으로 깨끗하게 하사 거룩하게 하시고 자기 앞에 영광스러운 교회로 세우사 티나 주름 잡힌 것이나 이런 것들이 없이 거룩하고 흠이 없게 하려 하심이라' 엡 5:25-27라고 하셨기 때문입니다. 평화의 하나님께서 그녀를 온전히 구분하실 것이며, 그녀의 온 마음과 영혼과 몸이 주 예수 그리스도의 오심을 위해 죄 없이 보존될 것입니다. 우리는 멀리서 그를 알아볼 것입니다. 그를 둘러싼 무리는 흰옷을 입겠지만, 그들 중에 계신 그분은 피로 물든 옷을 입고 계실 것이기 때문입니다. 갈보리의 피, 우리의 죄를 씻기신 피입니다. 그 피를 통해 우리는 지존하신 하나님과 혈육 관계가 되었고, 그의 독생자와 공동 상속자가 되었습니다.

아들을 위해 결혼식을 올린 어느 왕이 손님을 불러오라고 종을 보냈다는 얘기도 있습니다.마 22:1-13 한 남자가 잔치를 베풀고는 그의 종을 보냈습니다. 여기서 종은 단수입니다. 어느 왕이 결혼식을 올리고는 그의 종들을 보냈습니다. 여기서 종들은 복수입니다. 여기서 진리의 영은 그리스도를 증거하며요 15:26, 거듭난 사람들도 '역시' 그렇게 합니다27절. 그들은 공동 증언자가 주어지기 전에는 증거하지 못했습니다.행 1:8

아직 세계 인구의 삼분의 일이 복음을 듣지 못했습니다. 우리의 임무는 우리가 가진 모든 것을 팔아서 주님께 드림으로써 조지 허드슨과 같은 이들을 보내는 것입니다. 그는 성령의 인도에 따라 수많은 거듭난 공동 증언자들을 내보낼 것이고, 신부를 구하고 하나님께서 영광을 받으실 때까지 이들은 세계 곳곳에서 하나님의 향기가 될 것입니다. 그러고 나면 종말이 올 것입니다. 우리와 동행하시는 분은 우리를 데리고 오실 신랑을 만나러 갈 것입니다.

복된 희망이 점점 어두워지는 암흑 속에서 밝게 빛나기를, 그리고 우리를 지탱하기를, 우리는 그리스도의 고난이 나타내는 바를 채우기 위해 또 그분의 육체를 위하여 서두르며, 맡겨진 대로 모든 피조물에게 복음을 '빠르게' 전파합시다."

17
존 플라우먼의 편지

그가 우리를 새 언약의 일꾼 되기에 만족하게 하셨으니 율법 조문으로 하지 아니하고 오직 영으로 함이니 율법 조문은 죽이는 것이요 영은 살리는 것이라 고후 3:6

존 하퍼는 내면의 안내자를 통해, 전도가 자주 이루어지는 공동체가 할 유일한 일은 예배하는 것이고 땅 끝까지 모든 피조물에게 복음을 전하는 것이라는 사실을 깨달았다. 그래서 성전에서 드리는 모든 예배는 해외선교 회의나 마찬가지였다. 그의 주님은 너무나 위대해 보였기 때문에, 자기 자신은 작게 느껴졌다. 선교에 관한 한 존 플라우먼만큼 훌륭한 증인은 없을 거라고 그는 생각했다. 그는 그리스도 안에서 얻는 단순함으로 선교지에 도착했다. 그는 발에 땀이 날 뿐 아니라, 25년 동안 자신이 그 선교지에 흠뻑 빠질 때까지 그 나라에 머물렀다.

그는 선교에 몰입하여 사람들의 언어를 배웠다. 이것은 최소한의 조건이다. 그는 조금 더 나아가 관습을 배웠고. 사람들 자체를 알게 되었다. 선교에 대한 지식에서 그는 존경할 만했다. 그가 전통적 방식을 버리고 성령께서 가르쳐주시는 보다 효과적인 방법으로 사역해야겠다고 느꼈다는 점은 하퍼에게 그리 놀라운 사실이 아니었다. 그렇게 되지 않았다면 오히려 놀랐을 것이다. 신뢰할 만한 실용적 정보를 얻기 위해 존 플라우먼에게 편지를 쓰는 일도 새삼스럽지 않았다.

주일 아침에 설교단에서 읽기에는 편지가 너무 길다고 생각하지도 않았다. '사람들에게 알려라'는 그가 가진 좌우명 중에 하나였다. 그래서 그는 자신보다는 존 플라우먼의 간증에 대해 더 많이 생각하게 되었고, 플라우먼이 설교단에서 자기 자리를 차지하게 했다. 하퍼는 설교하는 대신 편지를 읽었다.

친애하는 하퍼 목사님께,

목사님의 요청에 따라 선교에 관한 실제적인 사항들 중에서 제 경험상 효과가 있었던 것들을 기꺼이 말씀드리고자 합니다.
먼저 방해 요소에 대해 말씀드리겠습니다.
일반적으로 백인들은 교육기관이 줄 수 있는 최대한의 세련미를 갖춘 상태로 선교지에 옵니다. '이교도'에 대해 '문명'이 가지는 우월성을 과도하게 믿는 백인들은 처음부터 핸디캡을 가집니다. 백인들은 그들의 문명, 예컨대 중국이 더 오래되었고, 그들의 교육방식이 서양식 교육보다 그들에게 더 적합하다는 사실을 깨닫기까지는 한참이 걸립니다. 중국인들이 서양에서 온 문명화되고 교양을 갖춘 우월한 존재를 경멸하며, 백인들의 비누 냄새를 못 참는다는 사실을 깨닫는 데는 그보다 더 오래 걸립니다. 교양 있는 중국인들은 대체로 이 '목사'라는 사람의 태도는 기괴하고 무례해서 봐줄 수가 없다고 생각합니다. 물론 중국의 에티켓은 우리 것보다 우월합니다. 중국인에게 비춰지는 목사는 이렇습니다. 그의 교육 수준은 전무하고, 그는 한자를 몰라서 글을 못 읽으며, 글씨는 그보다 더 심합니다. 그는 도살업자처럼 칼을 들고 식사합니다.
중국인들이 보기에 선교사가 야만스럽고 악취가 나며 몸가짐을 형편없이 하기에, 게다가 지갑을 채우는 일 외에는 바라는 것이 없기에, 서양인과 동양인 사이에 인종적 편견으로 인한 상당한 크기의 장벽이 세워진다는 사실은 그리 놀랍지 않습니다. 이것은 미국의 남부 토박이가 자신과 흑인들 사이에 세우는 장벽과 비슷합니다.
모든 친절한 행동은 그들이 보기에 미심쩍습니다. '저렇게 기이

하게 행동하는 걸 보니, 낯선 땅에서 낯선 이들에게 시간과 노력과 돈을 쓰는 걸 보니 불길한 동기를 갖고 있을 것이다'라는 것이 그들의 생각입니다.

이곳에서 학교를 운영하는 15년 동안 저는 이러한 반감과 불신을 무너뜨리기 위해 안 해본 것이 없습니다. 물론 지금 말씀드리는 것은 최근에 와서야 알게 된 것이고 당시에는 전혀 몰랐습니다. 중국에서는 도살업자가 사회에서 가장 낮은 계층에 속합니다. 그들의 좋은 동료가 되려는 저의 노력들은 오히려 그들로 하여금 저를 막노동꾼으로 취급하게 만들었습니다. 운동은 비교적 잘 통했지만, 의미 있는 변화를 가져다 주지는 못했습니다. 제가 그들의 운동 경기에서 그들을 이길 수 있다는 사실은 그들의 시기심만 자극할 뿐이었습니다. 서양 야만인에 대한 적개심도 유발했을 것입니다. 너무 끔찍한 경험이어서 다시 하라면 못할 것입니다. 무지 상태에서 했기 때문에 쉬웠던 것입니다. 15년 동안 자부심 강한 동양인들 앞에서 제 자신을 천박하게 만들어서 그들의 편견을 키웠던 저의 경험을 다른 동료가 똑같이 겪는 모습은 지켜보기가 힘들 것입니다. 만약 독신 여성이 그런 상황에 빠진다면, 동양인들이 여성을 무시한다는 점으로 봐서는 견디기 어려울 것입니다.

여섯 명의 선교사들이 이미 벌여놓은 일을 저에게 맡겼던 날은 저에게 기쁨의 날이었습니다. 그곳은 저의 거처에서 480킬로미터 떨어진 곳이었는데, 보낼 만한 자격을 갖춘 사람이 아무도 없었습니다. 그래도 상황을 최대한 활용해서 현지인 형제를 보냈습니다. 놀랍게도 그는 훌륭했습니다. 그래서 다른 이들도 보냈더니 그들은 더 훌륭했습니다. 저는 더 많은 이들을 보냈고, 하나님은 거룩한 아들 예수의 이름으로 놀라운 일들을 하셨습니다. 사랑의 영은 현지인 개종자들을 훈련도 시키기 전에 내보내는 것에 대한 두려움을 내쫓았습니다. 제가 말씀드리는 일들의 일부는 우리 안에 내주하시는 온전하신 선생님의 역사하심이었습니다.

목사님, 하나님의 집행자께서 저의 보잘것없는 그릇을 통해 이루신 것들은 전부 저에게 갑작스럽게 맡겨진 것들이었습니다. 많은 선교사들처럼 저 또한 두려움을 내쫓는 사랑의 영보다는 두려움의 영에 사로잡혀 있었습니다. 믿음의 영보다는 의심의 영이 저를 사로잡고 있었습니다. 그때는 하나님보다 마귀가 저를 더 많이 지배하고 있었습니다. 제가 하나님의 집행자와 더 친밀해지자 일은 조금 더 쉬워졌습니다. 하지만 전통적 선교에서 실제적인 선교로의 변화는 저에게 갑자기 닥쳤고, 저는 변화를 인식하고 있었습니다.

그 결과는 심히 놀랍습니다. 누구보다 제 자신에게 말입니다. 수천만이 살고 있는 땅에(그리스도는 이들을 위해 죽으셨습니다) 성령께서 '말씀의 씨앗'과 '하나님 나라의 자녀'를 5년 만에 집집마다 심으셨다는 점은 믿을 수 없을 만큼 놀랍습니다. 게다가 이들 중 두 명만이 백인이었습니다. 그보다 더 놀라운 사실은 성령께서 그리스도 안에서 거듭난 새 신자들을 통해 사도 바울과 그의 형제들이 했던 것보다 더 많은 교회들을 주께 올려드렸다는 점입니다.

우리는 성령께서 하시는 일에 놀랄 필요가 없습니다. 그는 작은 소년의 행상 바구니에 담긴 내용물을 가지고 여성과 아이를 제외하고도 5천 명의 남성을 먹이신 분의 성령이시기 때문입니다. 하지만 우리는 항상 놀랍니다. 여전히 심히 물질주의적인 우리는 아직도 많은 물질을 놀랍게 여깁니다. 선교회가 하려면 30달러가 소요되는 것을 성령께서는 25센트 이하로 하시는 것을 보고 저는 말문이 막혔습니다. 50명 인구의 마을에 말과 글로 복음을 전하는 일 말입니다. 이는 아직 복음을 듣지 못한 5억 명을 위해 1달러당 99센트가 절약되고 있다는 것을 뜻했습니다.

이런 일을 직접 겪었기 때문에 성령께서 '네가 수영을 가르치기 위해 깊은 물속으로 보낸 작은 자들이 보다시피 수영을 아주 잘하고 있다. 너보다도 잘하고 있다. 하지만 그들은 아직도 어깨 너머로 해변에 서 있는 너를 보고서 마음을 놓고 있다. 너는 해변을 떠나 보이지 않는 곳으로 가고, 나머지는 나에게 맡겨라'라고 말씀하셨을 때, 제가 머뭇거리지 않았을 거라고 생각하실 겁니다. 하지만 부끄럽게도 저는 마음이 안 놓여서 네 달을 더 있게 해달라고 했습니다. 늘 그렇듯 성령께서는 저의 의심과 뻔뻔함을 인내하셨습니다. 이제 25년째로 접어들고 있습니다만, 저는 그가 명하신 대로 하였고, 멸시 받는 이들 일꾼은 이번에도 훌륭하게 해냈습니다. 하나님의 집행자께서는 저의 후임인 현지인 목사를 통해 회의를 주재하는 것이 얼마나 쉬운 일인지 보여주셨습니다. 그는 모두를 완전한 만장일치로 이끄셨고, 그들에게 똑같이 쉬운 길을 가르치셨으며, 진정한 포도나무 가지에 은혜의 놀라운 열매를 맺게 하셨습니다. 성령께서는 초대교회 이후로 백인에게서 흘러나온 적 없는 살아있는 강물을 그들에게서 흘러나오게 하셨습니다.

모든 것이 너무나 놀라우면서도, 단순해서 아름답습니다. 지금까지 있었던 일들의 전부는커녕 절반도 다 언어로 표현 못할 것입니다. 제가 할 수 있는 것은 단지 하나님의 집행자께서 주님의 능력을 온전히 나타낼 수 있는 기회를 가지게 해달라고 구하는 것뿐입니다.

제가 다만 드릴 수 있는 말씀은, 앞으로 5년 안에 은혜의 복음을 남아있는 5억 명의 사람들에게 전하는 것이 더 이상 불가능해 보이지 않는다는 것입니다. 성령께서 이들 한 명 한 명에게 그리스도를 증거하는 두세 명의 공동 증거자를 보내주신다면 말입니다. 이들의 철저하고 신속한 복음화에 5천만 파운드밖에 들지 않는다는 사실도 이제는 놀랍지 않습니다.

우리 같은 가련하고 보잘것없는 물질주의적 인간들에게 우리 자신을 헌신할 수 있는 즐겁고 구체적인 사역이 있다는 사실이 놀랍지 않습니까? 잃어버린 이들을 찾으실 때 방해 받기를 원치 않으시고, 기다리고 있는 이삭에게 리브가를 데려다 주기를 원하시는 성령의 열망을 공유하는 일은 또 어떻습니까? 왕 같은 사랑의 하나님과 지정된 믿음의 자리에서 만나게 되는 날을 앞당기는 일에 성령님과 협력할 수 있는 특권과 가능성의 놀라움은 저를 너무나도 신나게 합니다.

저는 또한 인자의 법정에 증인으로 출석하게 될 것이라는 굉장한 특권에 큰 감동을 받았습니다. 하나님을 거부한 모든 이들이 심판 받을 그때, 증인 두세 명 중에 한 명이 되어 그를 거부한 자들에 대해 법정에서 밝힌 바를 지지하는 증언을 함으로써 하나님께 영광 돌릴 것입니다.

그는 속임수나 절차적 형식, 회피, 위증하는 증인 같은 것이 없이 정의로운 심판을 하실 것입니다. 모든 재판은 보고 들은 증인들의 증거를 바탕으로 이뤄질 것입니다.

물론 그토록 위대한 구원을 등한시한 사람이라면 아무도 심판 받기를 원치 않을 것이고 모두 핑계를 댈 것입니다. 하지만 증인들이 그곳에 있을 것입니다. 그분은 증인들을 지금 보내고 계시고 그때가 되면 사용하실 것입니다.

하나님께서는 당신의 일을 '빨리' 이루는 데 협력해달라고 요청하셨으며, 이 축복된 사역에 목사님과 협력하는 특권을 갖게 되기를 희망합니다.

우리의 신랑께서 왕 같은 영광과 아름다움으로 오실 마지막 날까지 진리가 우리 몸을 살아나게 하기를 바랍니다. 왕의 일은 신속함을 요합니다. 누가복음 14장의 종들은 이것을 압니다. 마태복음 22장의 종들도 하나님께 배워서 빨리 알게 되기를 바랍니다.

북부 중국 내륙지방, 1918년 3월 19일.

그리스도 안에서 목사님의 동료 증언자,

존 플라우먼

존 하퍼는 이 편지를 서두로 삼아, 교인들에게 그들 자신과 그들이 가지고 있는 모든 것을 던져서 남아 있는 수백만의 신속한 복음화를 위해 애써달라고 열정적으로 호소했다.

18

선교지 분할 문제에 관한 논쟁

이는 내 생각이 너희의 생각과 다르며 내 길은 너희의
길과 다름이라 여호와의 말씀이니라 사 55:8

존 플라우먼이 미국에 도착했을 때, 교인들이 운영하고 지원하는 세 가지 해외선교 사역이 진행되고 있었다. 한 친구가 그에게 말했다.

"하나님께서 우리를 사용하시는 방향으로 고개를 돌리기만 하면 돼요."

  존 플라우먼이 대답했다.

"아니요. 하나님의 길은 우리의 길과 다릅니다. 저는 너무나 부끄럽고 보잘것없는 느낌입니다. 물론 저도 당신처럼 결과가 주어지기 전에 똑같은 말을 했을 것입니다. 우리는 너무나 가련한 존재들이고 너무나 악해서 하나님은 우리를 통해 하시는 일을 우리에게서 숨기셔야 합니다. 자아가 부풀어오르기 전에 우리를 부끄럽게 하셔야 합니다. 물론 그렇게 하지 않으신다면 우리는 바로 교만해질 것입니다."

"당신 말이 맞습니다. 온전히 맞습니다."

  존 하퍼가 덧붙였다.

"저의 경험도 그렇습니다. 하나님께서 우리를 위해 일을 더 많이 하실수록, 저는 그의 거룩한 존전에서 더욱 부끄럽게 느껴집니다."

  성전의 일들이 너무나도 복되게 번영하고 있어서, 누구 말마따나 '모두가 편승하고자' 했다. 그것이 성전을 위협하는 위험 요소였다.

  대형 선교회의 한 간사는 그곳의 상황을 보고서 성공적인 사역을 합병하려는 노력을 했다.

회의가 열렸고, 간사는 존 하퍼와 그의 동료들과 논의를 하기 위해 참석했다. 존 플라우먼은 손님으로 참관했다.

"자, 간사님."

존 하퍼가 물었다.

"제안하시는 게 무엇인지 말씀해주시겠습니까?"

형식적인 칭찬의 말이 끝나고 간사가 말했다.

"선교 현장에 중복되는 것들이 너무나 많습니다. 지금처럼 과열된 경쟁, 여러 지부를 위한 쓸모 없는 지출, 같은 선교지에 선교사를 중복으로 보내는 일 말입니다. 그 대신 저희는 각 선교부에 선교 지역을 배정함으로써 이런 문제들을 피하고자 했습니다. 여러분도 저희와 동참하셨으면 합니다."

"말씀하신 지역 배정을 하려면 어떤 운영 방식이 좋겠습니까?"

피터 구드윈이 물었다.

"제 생각에는 말입니다."

간사가 대답했다.

"그것은 선교사들에게 맡겨도 안전할 것 같습니다."

"어떻게 진행하실 것인지에 대한 생각이 없으신가요?"

피터가 계속 물었다.

"선교사들이 대표 위원회를 선정해서 일부 선교사들로 하여금 다른 선교부를 위해 특정 영토를 비우게 하고, 그 선교지부는 또 앞의 선교지부를 위해 다른 지역을 비워서, 교류를 최대한 균등화하는 것입니다."

"그럼 현지인들은 어떻게 됩니까?"

피터가 물었다.

"오, 그건 문제가 되지 않습니다."

그가 대답했다.

"당신이 말씀하신 사례의 경우 현지인들의 의견도 구했습니까?"

피터가 미심쩍은 듯이 물었다.

"음, 그러지는 않았습니다. 그들은 알고는 있었지만, 사안에 대해 투표를 해달라는 요청은 받지 않았습니다."

간사가 불안하게 대답했다.

"그들은 이런 일에 대해 아무것도 모르기 때문에 선교사들이 그들을 위해 이런 문제를 처리해줘야 합니다."

"당신도 그런 식으로 하시나요, 플라우먼 씨?"

피터가 물었다.

"아니요."

플라우먼이 대답했다.

"우리 현지인들은 우리와 똑같은 발언권을 갖고 있습니다. 하지만 우리는 다수결 투표로 일을 결정하는 법은 없습니다. 하나님의 집행자께서 우리의 모든 행정 회의를 주재하시게 하는 것이 우리의 목표입니다. 그는 우리 사람들을 한 번도 예외 없이 한 생각과 한 마음이 되게 하셨습니다."

간사의 입술이 떨렸다.

"구체적인 사례를 하나 들어주시겠습니까, 플라우먼 씨?"

기업 변호사 롱스트리트의 질문이었다.

"물론입니다."

그가 정중하게 대답했다.

"예를 들어 우리의 교회 집행부는 모든 목사님들이 매년 소집되는 총회에서 총회장의 임명을 받아야 한다고 요구합니다. 후보들의 이름이 제시되었을 때, 교회 전체가 그들을 진심으로 원하고 아무도 반대 의견을 내지 않으면, 총회장은 그들 위에 손을 얹어 그들을 구별합니다. 장로들은 각 교회의 분기별 회의에서 임명되고, 후보들은 총회에 제시됩니다. 교회 전체가 기꺼이 그들을 원하고 반대 의견이 하나도 없을 경우 그들은 안수 받습니다. 지금까지 한 명도 거부당한 적이 없습니다.

성령께서 회의를 주재하시는 방식에 관해서는, 고故 고든의 사역에서 일어난 일이 그분의 방식을 분명하게 보여줍니다. 집사 회의에서 의견이 엇갈리는 일이 있었는데, 결정을 요하는 실제적 문제에 대해 모두가 강한 입장을 견지하고 있었습니다. 고든 박사는 이를 알고 있었고 마음의 부담을 느끼고 있었습니다. 결정의 날이 다가왔고 개회 순서가 진행되었습니다. 침례교 절차상 회의를 주재하는 목사님은 자리를 비우면서 말했습니다. '성령께서 이 회의를 주관하실 것입니다. 여러분은 그분께서 허락하지 않으시거나, 그분을 거스를 만한 말이나 행동은 하지 말아야 할 것입니다.' 그 결과는 매우 복됐습니다. 집사들은 결정을 미뤘지만, 의견의 차이는 이런 형태가 되었습니다.

A 형제가 B 형제에게 말했습니다.

'당신의 길이 최선인 것 같습니다. 당신의 방식대로 합시다.'

'아니요.'

B 형제가 말했습니다.

'생각을 해봤는데 당신의 방식대로 하고 싶습니다.'

얼마 뒤 강한 남성들로 이루어진 이 무리는 모두 서로를 자기 자신보다 낫다고 여기고 있었고, 잠시 뒤 모두가 한 마음 한 생각이 되었습니다.

이 사건은 저에게 깊은 인상을 남겼고, 이러한 방식을 선교 현장에 적용할 때가 왔을 때도 똑같은 복된 결과가 주어졌습니다. 이 작은 자들을 그리스도께 이끌어주신 그분의 은혜를 찬양합니다."

간증이 끝나자 무거운 침묵이 잠시 흘렀다. 참석한 사람들은 충만한 느낌에 말을 잇지 못했다. 헨더슨이 입을 열었다.

"네, 저는 잡화점에서도 이것이 사실임을 발견했습니다. 간사님께 여쭙고 싶습니다. 당신의 선교회를 비롯한 다른 선교회의 선교사님들은 한 지역을 철저하고 신속하게 커버하고 그 지역에 있는 사람들을 전부 찾아가는 일을 어떻게 진행하십니까?"

간사는 어리둥절한 표정으로 대답했다.

"글쎄요, 정확한 절차는 잘 모릅니다. 선교사님들에게 결정권을 남겨 두었습니다."

"그러한 결정권이 무엇을 포함하고 비용은 어떻게 되는지 말씀해주실 수 없을까요?"

헨더슨이 물었다.

"네, 없습니다. 저희는 통계 수치를 갖고 있지 않거든요."

그가 대답했다.

그는 존 플라우먼을 보며 말했다.

"당신이 말씀해주실 수 있을까요, 플라우먼 씨?"

그는 곧바로 대답했다.

"평균 백 명의 전도사와 목사들을 통해 저희는 천만 명을 찾아갔습니다. 오 년 만에 모든 주요 도로, 샛길, 공터를 커버했습니다. 오십 명 인구의 마을에서 말과 글로 복음을 전파하는 데 각각 25센트 정도 소요되었습니다."

"선교의 전반적인 평균 비용이 얼마인지 아십니까?"

그가 물었다.

"네, 30달러입니다."

이번에도 신속하게 대답했다.

"지역이 철저하게 커버됩니까?"

그가 물었다.

"안타깝게도 그렇지 않습니다."

그가 대답했다.

"전통적인 선교를 할 때는 남들이 하듯이 유망한 지역이라면 다른 곳을 제쳐두고 어디든지 갔습니다. 나중에는 지역을 체계적으로 커버했습니다."

"지역을 배분하기 위해 선교회에 합류하자는 이 제안에 대해서는 어떻게 생각하십니까?"

카 장로가 물었다.

"초창기였다면 저는 그것을 원할 뿐만 아니라 그런 결정을 강하게 주장했을 것입니다. 20여 년 뒤 저희 현장에서 그런 시도가 있었습니다. 그런데 저에게는 의견을 묻지 않았습니다. 제가 사역을 물려받은 곳에서 480킬로미터 떨어진 그곳은 장로교와 감리교로 나뉘어 있었습니다. 2만 5000달러 이상이 지출되었고, 그 지역에 많은 인원이 투입되었기 때문에 저희는 슬펐습니다. 얼마 뒤 저희가 사는 지역도 감리교와 장로교로 분할됐습니다. 이번에도 저희 의견을 구하지 않았습니다. 물어봤더니 저희는 원하는 곳은 어디든 가도 좋다는 것이었습니다. 저희가 할 수 있는 것은 그게 다였습니다. 몇 년 뒤 젊은 선교사들이 그 지역에 도착해서는 저희가 중복 사역을 하고 있다고 몰아붙였습니다. 다른 이들이 그곳을 고려하기 전에 저희가 두 곳 모두 개척했기 때문에 저희는 당연히 기분이 상했습니다."

"당신의 경험과 상관없이, 선교회들 간의 교환이라는 제안을 고려해봤을 때 할 만한 가치가 있다고 생각하십니까?"

카 장로가 물었다.

"그들 중 한 명은 저에게 경계선을 잘 지키지 않았다고 말했습니다만, 제가 아는 한은 그렇지 않았습니다."

그가 대답했다.

"당신이 보시기에, 선교에 대한 당신의 지식에 비춰봤을 때 이 제안을 고려해보는 것이 가치가 있을까요?"

카 장로가 물었다.

"제가 보기에 그건 어리석은 결정입니다. 몇 가지 이유가 있습니다. 첫째, 여러분께 수많은 축복을 가져다 준 방식과 대립됩니다. 둘째, 현재 그들의 방식은 지역을 철저하게 커버하지 않습니다. 셋째, 그들은 임기응변으로 개종하는 방식을 믿고 있고, 3세기 동안 그렇게 해왔습니다. 여러분은 주님 오시기 전까지 최대한 빠르고 철저하게 증거하는 것을 믿습니다. 100년에서 200년 더 기다리기를 원치 않습니다. 넷째, 그들은 선교사 숫자에 비례한 의결권을 주장하고 지역도 그런 방식으로 배분합니다. 그렇게 하면 조지 허드슨과 마이크 오코너는 한 투표의 십 분의 일을 갖게 된다는 뜻입니다. 지역도 작아집니다. 현지 목사들과 전도사들은 아무도 투표하지 못하게 될 겁니다."

"질문 준비 되셨습니까?"

의장이 물었다. 선교회 간사만 빼고 전부 그렇다고 대답했다.

제안은 만장일치로 기각되었다.

하퍼는 간사에게 말했다.

"미안합니다, 간사님. 당신의 제안은 훌륭한 점들이 없지 않습니다만, 상황을 고려할 때 저희가 동참하기는 어려울 것 같습니다."

간사는 일어나서 인사를 하고는 회의실을 나갔다.

존 플라우먼은 발언권을 요청한 뒤 허락을 받고서 말했다.

"여러분, 저는 이 간사와 오랫동안 가깝게 지내왔습니다. 그는 훌륭한 친구이고 신사다운 면모를 가지고 있으며 유쾌한 성향의 사람입니다. 그와 의견을 달리하게 되어 슬픕니다. 하지만 세계의 신속하고 철저한 복음화라는 중대한 문제에 개인적 감정이 결정을 좌우해서는 안 될 것입니다. 주께서 우리의 감정을 소유하시고 그의 성령이 우리의 간증을 통제하시기 전에는, 그분과 협력한다고 자처해서는 안 될 것입니다."

"플라우먼 씨"

이라 워른이 입을 열었다.

"솔직히 말씀드리면, 당신과 조지 허드슨의 편지에 담긴 간증들을 볼 때, 그리고 우리와 함께 하신 이후로 들려주신 간증들에 비춰볼 때, 구식 훈련을 받은 노인으로서 저는 선교의 전망이 매우 비관적이라는 생각을 떨칠 수가 없습니다. 우리 앞에 엄청난 규모의 현장들이 펼쳐져 있고 수많은 땅이 점유되기를 기다리고 있습니다. 교회는 엘리자베스 여왕 시절부터 선교 사역을 해왔습니다. 물론 고도로 조직화된 선교가 이루어진 지는 한 세기도 안 되었겠지만, 백 년은 상당한 시간입니다. 지금까지 이룬 성과들, 그리고 현재 투입된 인원과 자금을 한편에 놓고, 반대 세력을 다른 편에 놓고 봤을 때, 우리는 얻는 것보다 잃는 것이 더 많아 보입니다. 제가 듣기로는 2백만의 아기들이 이교도들에게서 태어날 때 개종되어 세례 받는 사람은 한 명뿐이라고 합니다. 이러한 임무의 절망적인 모습을 떨쳐주신다면 저는 매우 감사하게 생각할 것입니다."

존 플라우먼은 매우 진지한 자세로 대답했다.

"지금까지 소요된 시간과 인원, 자금에 비해 이룬 것이 많지 않다는 점을 고려하면 전부 옳으신 말씀입니다. 워른 씨, 당신의 질문은 상당히 광범위한 질문이며 교리뿐만 아니라 주를 위한 실제적 사업과도 연관되어 있습니다. 여기 계신 분들이 허락하신다면, 최전선에 있는 사람의 관점에서 문제를 논하고 해결책을 제시해

보고자 합니다."

모두가 동의했고 피터 구드윈이 그들을 대변했다.

"좋습니다, 저희도 듣고 싶습니다."

플라우먼은 감사를 표한 뒤 말을 이었다.

"교회는 콘스탄틴 황제 때부터 주님 오시기 전까지 세상을 개종하려고 노력해왔는데, 교리는 그들의 선교 방식을 규정해왔습니다. 이러한 관점을 견지한 교회는 임기응변으로 선교를 하고자 했습니다. 이러한 방식은 아직까지 한 개의 읍이나 시, 도나 나라는커녕 마을 하나도 개종하지 못했습니다. 게다가 초기 기독교인들은 주께서 잃어버린 세계를 위해 이뤄주신 좋은 소식을 '예루살렘에서부터 유대 지방, 사마리아, 그리고 땅 끝까지 이르러 전파하라'행 1:8는 주님의 명령에 순종하지 않았습니다.

초기 기독교인들은 선교의 사명을 서로에게 미루는 성향을 보였을 뿐만 아니라, 뜻을 관철시키시는 하나님과 그분의 예언을 고려하지도 않았습니다. 주님은 예루살렘의 멸망을 구체적으로 선포하셨지만 그들은 그곳에 머물렀고, 명령 받은 대로 한 몸을 이루어 '나아가지' 않았습니다. '예루살렘에서부터'라는 명령은 있었지만, 똑같은 도시를 붙잡고서 반복적으로 전도하라는 명령은 없었습니다. 주님은 예루살렘, 그 다음에 유대 지방, 그 다음에 사마리아, 그 다음에 땅 끝까지 개종하라고 하지 않으셨습니다. 다만 이들 도시에서 이러한 순서대로 '내 증인이 되리라'라고 말씀하셨습니다.

지금과 마찬가지로 그 당시에도 사람들은 살아계신 하나님의 손에 들리는 것이 얼마나 두려운 일인지 깨달았습니다. 끔찍한 핍박이 시작되자 이런 결과가 나타났습니다. 그 흩어진 사람들이 두루 다니며 복음의 말씀을 전했습니다.

하나님은 당신의 뜻을 이루시는 방법이 있으십니다. 여러분! 놀라게 해드리고 싶지는 않지만, 현재 교회 위에 어떤 끔찍한 재난이 닥쳐오고 있다는 두려움에서 저는 한동안 빠져 나오지 못했습니다. 이 사역이 명령 받은 대로, 주께서 마련하신 대로 수행되지 않을 경우 재난은 분명히 닥칠 것입니다. 선교의 내부 사정과 모교회들의 사역 방식을 아는 사람이라면, 우리가 또 다시 예루살렘 근처에 머무르면서 명령 받은 대로 증거하지 못하고 있다는 사실을 누구도 부정하지 못할 것입니다. 다른 동네들에서도 복음을 전파하라고 보내셨기에 한 동네에 머무르기를 거부하신 우리 주님의 모범은 완전히 무시되었습니다.

순종함으로 나아가는 이들조차 예루살렘 근처에 머무르는 옛날 방식을 고수하여 임기응변으로 개종하려 하고 있습니다. 교리를 올바로 알고 있는 이들은 적어도 임기응변으로 개종하려는 옛 방식에서 돌이켰을 거라고 생각하실 겁니다. 교회가 세상을 개종한 이후가 아니라, 세상이 복음화되고 난 이후에 주님께서 돌아오셔서 심판의 역사를 완수하실 거라는 사실을 진리의 영에게서 배운 자들 말입니다. 하지만 이들은 돌이키지 않았습니다. 전반적으로 봤을 때 이들은 증인이 아니라 개종시키는 자들로서 행동하고 있습니다.

가장 낙담되는 것은 이것입니다. 주께서 교리를 바로잡아주셨음에도 불구하고, 모교회와 선교 현장에 있는 사람들이 여전히 개종시키려는 방식을 내려놓지 않았다는 것입니다.

중요한 요소가 하나 있습니다. 주께서 여러분의 교회를 위해, 또 여러분의 교회와 더불어 위대한 일들을 이루실 수 있었던 것은, 여러분께서 여러분의 삶과 행동에서 주님께 자리를 내어드리고 주님의 집행자를 인격적으로 알게 되었다는 크고 중요한 사실 때문입니다. 주님의 사역에서 이것이 곧 위대하고 긍정적인 요소입니다. 그 반대도 똑같이 중요합니다.

여러분은 사탄과 그의 술책에 대해서도 경험적으로 아실 것입니다. 대부분의 교회들은 중보자 성령이든 사탄이든 경험적으로 알지 못합니다. 단지 하나의 영향력으로만 알고 있을 뿐입니다. 한편 성령을 조금 안다는 사람들의 대부분은 갈라디아주의에 빠집니다. 자신들이 곧 사역자이고, 사역이 곧 자신들의 것이라는 겁니다. 교회 안에서 제가 아는 가장 큰 방해 요소는 사람들이 목수의 도구가 되려는 대신 자기가 직접 목수가 되려는 경향입니다. 사탄은 톱에 불과한 사람들에게 자신도 주님의 건물을 지을 수 있다고 설득시킨 것 같습니다. 망치와 송곳들도 스스로 할 수 있다고 생각하게 됐습니다. 너무나 슬픈 사실이라서 차라리 농담이었으면 좋겠습니다.

물론 우리 주님의 집행자의 손에 들린 송곳은 나사렛의 목수보다도 '더 위대한' 일들을 하실 수 있습니다. 그렇게 말씀하셨기 때문입니다. 하지만 송곳이 그분을 사용할 수는 없습니다. 그분이 사용하시도록 자신을 내어드려야 합니다. 저의 말이 확실히 전달되었습니까?"

"물론입니다."

구드윈이 말했다.

"죄송합니다만 구드윈 씨, 한 가지만 덧붙이겠습니다. 여러분 안에 거하시는 분께서는 여러분에게 이 진리를 분명하게 하시기 위해 저의 영향력이 아닌 저의 간증을 사용하셨습니다. 그분께서 해석하시고 계시하셨습니다. 저는 단지 예수님 안에 있는 이 위대한 진리를 여러분께 전달하는 그분의 도구였을 뿐입니다."

그와 동시에 그곳에 참석한 사람들의 눈이 밝아졌다. 내주하시는 성령님께서 그들을 위해 하시는 일이 무엇인지 깨달아지자 그들의 눈은 눈물로 가득해졌다. 잠깐의 침묵 뒤에 플라우먼이 말을 이었다.

"성령님과 교회에 주어진 사명의 실제적 측면에 있어서, 보잘것없는 도구로 직접 일하실 수 있는 성령의 능력을 인정하지 못한 것이 선교의 패인입니다. 성공적인 복음 사역자들은 누구나 '큰 죄에 빠진 날 위해'라는 고백이 하나님께 용서를 구하기 위한 조건이라고 말합니다. 하지만 이 고백은 곧 잊힙니다. 도구들은 더 이상 목수에게 이렇게 말하지 않습니다.

'저를 있는 그대로 사용해주소서, 토기장이시여. 저는 큰 도구가 아니며, 제 안에 있는 쇠는 형편없이 굳어져서 별 쓸모가 없습니다. 저는 녹슬었고 모양새도 없으며 당신의 손에 들리는 명예를 감당할 자격이 없습니다. 당신의 건물을 지을 자격은 더욱 없습니다. 그러나 하나님의 어린 양이시여, 저에게 명령하셔서 저를 사용해주소서. 당신을 기다리고 기다립니다. 당신께서 저를 명예롭게 하신 것은 영원토록 저에게 충분한 영광이 될 것입니다.'

주께서 우리를 뜨거운 불 속에 집어넣으실 때 크게 기뻐하는 자는 없습니다. 그가 사용하실 도구를 만들기 위해 우리를 모루 위에 놓고 구부러지고 불균등한 부분들을 두드리실 때 좋아할 사람도 없습니다. 우리를 단련하기 위해 차가운 물속에 담그실 때 우리는 추워서 떱니다. 우리의 색깔이 변하는 모습을 그분께서 지켜보시는데도 말입니다. 이는 그분의 목적에 알맞게 단련되었다는 뜻입니다. 유쾌함보다는 쓰라림이 더 많지만, 이러한 '고난'을 '통과'한 이들은 의의 평화로운 열매를 보게 되어 기뻐합니다.

이제 위대한 격려의 말씀입니다. 여러분은 주님의 성령의 역사를 보셨습니다. 그의 선하심에 압도되셨고 여러분과 함께 이룩하신 것들에 놀라워하셨습니다. 여러분은 그의 도구들로서 그분이 여러분을 위해 그리고 여러분을 통해 이러한 일들을 하시도록 그분께 모든 것을 내어드렸습니다. 세상이 멸시하는 도구들과 세상이 추구하는 지혜 없이도 기적을 행하시는 그분을 보셨습니다. 저는 가능성을 신중하게 계산해봤습니다만, 명령 받은 대로 모든 피조물에게 증거할 때 저희가 이룰 수 있는 것들이 너무나도 기쁩니다. 남아 있는 5억 명에게 다가가는 데는 2억 5000만 달러와 5년의 시간이면 충분합니다. 성령께서 여러분의 사역을 위해 구별하라고 명하신 거듭난 그리스도의 공동 증언자들의 도움만 있다면 말입니다. 이들은 선교 현장에서 개종자들을 활용하여 산업 리더들이 직원들을 부리듯이 선교의 과정을 반복할 것이고 숫자를 점점 더 늘려나갈 것입니다. 하나님의 성령께서 그들의 입술을 통해 모든 피조물에게 증언하게 할 것이고, 모든 곳에서 하나님의 향기가 나게 할 것입니다. 그리하여 하나님을 영화롭게 할 것이고, 창세기 24장과 누가복음 14장의 종은 마태복음 22장의 종을 데리고 내려오시는 주님을 만나러 갈 것입니다.

하나님께서 많은 교회를 세우셔서 안디옥에서 하셨던 것처럼, 또 여러분에게 하셨던 것처럼 여러 명의 조지 허드슨을 보내시기를 원합니다. 현지인 개종자를 활용하는 데 대한 선교사들의 두려움을 없애서서 신속하고 철저한 복음화를 완수하시기를 바랍니다. 예루살렘과 초기 교회에서 했던 것처럼 복음의 전파를 위해 모든 곳에 흩어지는 일이 여러분의 교회에서는 일어나지 않기를 바랍니다."

그가 말을 마치자 하퍼가 말했다.

"나의 장래 일을 나에게 명령하소서. 주께서 그 뜻을 손수 행하시도록 기도합시다."

말로 표현하기에는 너무 거룩한 것들이 있다. 그들은 은밀하게 기도했다. 하나님께서 상 주시기를 기다리자.

칼럼지

19
선교 현장의 현실과 필요

그대가 나를 사랑함이 기이하여 여인의 사랑보다 더하였도다 삼하 1:26

회의실을 나가는 길에 피터 구드윈이 하퍼에게 말했다.

"저기요, 하퍼 목사님! 우리는 저 분의 경험적인 정보를 아직 십분의 일도 뽑아내지 못했어요. 우리에게 최고의 것을 주고자 하는 저런 분에게서 한 수 배우지 않는 것은 범죄 행위나 다름없을 거예요. 그가 알고 있는 것을 우리는 모르니까요. 그는 조지 허드슨이 올바른 방향으로 출발하도록 도와줬어요. 한번 더 모여서 선교에 대한 그의 지식을 이끌어내면 어떨까요? 그는 정신이 바를 뿐만 아니라 인간적 자상함으로 가득해요. 나약한 구석은 전혀 없고요. 의견이 엇갈릴 경우 서로 어울리기 쉬운 사람은 아닐 것 같습니다. 하지만 구원 받는 사람들은 다 그렇지 않습니까? 하나님도 그렇게 생각하시는 것 같습니다. 그는 자주적 의지와 고집을 가진 사람들을 사용하십니다. 하지만 먼저 그들의 의지와 머리와 마음을 사로잡으시고, 처음부터 끝까지 그들이 어디에 쓸모가 있을지 보십니다. 그러면 뭔가를 행하실 수 있는 도구를 얻게 됩니다. 다시 한번 모이는 것에 대해 어떻게 생각하십니까?"

"좋습니다."

하퍼가 말했다.

"저도 당신과 생각이 같습니다. 그가 알고 있는 것을 우리는 모릅니다. 그가 간증할 수 있는 기회를 주고 성령께서 그의 간증을 통해 우리에게 선교의 지혜를 주시게 한다면 우리는 실수를 많이 줄일 수 있을 것입니다. '신속하게' 완수해야 할 많은 일들이 있습니다. 당신과 마찬가지로 저도 이 일에 동참하고 싶고 큰 실수를 방지하고 싶은 마음이 있습니다."

"저도 물론입니다."

피터가 강조하며 대답했다.

"제가 다른 사람들에게 얘기해볼 테니 당신도 그러면 어떨까요? 당신이 헨더슨, 롱스트리트, 워른과 얘기하시고, 저는 카, 심슨, 플라우먼에게 얘기해보겠습니다."

"좋습니다!"

피터가 열정적으로 말했다.

며칠 뒤 그들은 전부 다시 모였다. 하퍼는 플라우먼에게 선교회들이 어째서 그렇게 성과가 빈약한지, 실수와 방해 요소들을 중점으로 얘기해달라고 부탁했다.

"본국에서는 잘못된 훈련과 관심의 결여, 현장에 적합한 인원을 뽑는 판단 능력이 결여되어 있습니다. 현장에서는 현지인 신자들의 잘못된 훈련과, 은혜, 지성, 기지와 권위를 지닌 엔지니어의 부족 때문입니다."

그가 대답했다.

"조금 더 자세히 말씀해주실 수 있겠습니까?"

하퍼가 부탁했다.

"기꺼이 그러겠습니다. 목사님은 본국에서의 잘못된 훈련의 좋은 예입니다. 목사님은 다른 경로를 통해 여기까지 오셔야 했습니다."

그가 대답했다.

하퍼는 약간 움찔했지만 사실임을 인정할 수밖에 없었다. 그가 '여기까지 왔다'는 말이 조금이라도 의미가 있다면 말이다.

"선교지에 관해서는 두 사람의 예를 들어 설명해보겠습니다. 그들은 복음을 잘 알았고 매우 유능했지만, 삶을 마감할 시점에는 크게 실패한 상태였습니다. 저는 두 사람을 잘 알았습니다. 둘 다 저의 친구였습니다. 한 명은 엄청난 지성과 학식을 가진, 열심히 일하는 친구였습니다. 그는 책벌레였고 매우 정확한 언어학자였습니다. 이러한 특징들 외에도, 저는 그가 선교지에서 가장 그리스도를 닮은 온유한 영혼이라고 생각했습니다. 완벽한 영어를 구사하는 그는 매우 세련된 설교자였고, 사람들의 일반적인 영어 구사력보다 더 뛰어난 헬라어 및 히브리어 구사력을 가지고 있었습니다. 현지 언어에 능숙했던 그는 선교지에서 현지 언어를 가장 완벽하게 구사한다는 평가를 여러 번 받았습니다. 그는 성경 번역을 하기 위한 아주 드문 능력을 갖고 있었습니다.

성경 번역은 많은 사람이 눈독 들이는 작업입니다. 그는 겸손하고 내성적이었고 자기를 내세우는 성향도 없었습니다. 하지만 아무도 그에게 번역을 요청하지 않았고 그 자신도 나서지 않았습니다. 그는 전도 사역을 맡게 되었는데 매우 성공적이었습니다. 다수의 교회를 세웠을 뿐만 아니라, 그 중 하나는 선교지에서 가장 규모가 컸습니다. 하지만 그는 실행력이 전혀 없었습니다. 사람을 뽑아서 일을 시키는 것을 할 줄을 몰랐습니다.

다른 한 사람은 타고난 사업가였습니다. 그는 앞의 사람처럼 선교회의 일원이었는데, 이것은 정해진 학교들과 신학교 코스를 밟았다는 뜻입니다. 그는 사업 능력이 워낙 뛰어나서, 선교를 그만두고 300만 달러 규모의 비즈니스 지점을 관리해주면 2만 5천 달러의 연봉을 주겠다는 제안까지 받을 정도였습니다. 그는 명예롭게도 거절했습니다. 그는 선한 사람이었습니다. 그는 보혈과 성경의 통일성을 강조했습니다. 그는 거듭남을 경험적으로 알고 있었습니다. 하지만 할 줄 모르는 게 하나 있었습니다. 그는 현지 언어를 유창하게 구사했지만, 번역을 할 줄 몰랐습니다. 재능이 없었습니다.

하지만 그는 번역을 선택했고 자기 결정을 책임져야 했습니다.

저는 최근 어느 차분하고 신실하며 우직한 성향의 선교회 선교사와 얘기를 나눴습니다. 저는 앞에서 말한 선교사의 엄청난 작업 능력에 대해 얘기하면서, 그가 선교지에서 누구보다도 열심히 일한다는 잘 알려진 사실을 언급했습니다. 그리고 물었습니다. 하지만 내놓을 수 있는 게 뭐가 있을까요? 그는 즉시 대답했습니다. '다들 그렇게 말합니다. 삼십 년간 열심히 일했는데 내놓을 게 없다고요.' 이렇게 자리가 잘못 배정된 사람들에게 알맞은 자리를 찾아주고, 교회를 위한 그들의 능력과 열심을 보존할 수 있는 건설적인 엔지니어가 선교지에 없다는 사실은 저에게 극히 슬픈 일이고 엄청난 실수로 여겨집니다.

앞의 선교사는 우리의 '공식 인증판'과 같은 성경 번역을 내놓을 수 있었을 것입니다. 그 능력뿐만 아니라 경제적 바탕도 있었고, 위대한 복음화의 사역을 감당할 수 있는 매우 드문 기회를 가지고 있었습니다. 그가 전도 사역에 올바로 배치되기만 했다면, 그는 전례 없이 거대한 규모의 사역을 완수했을 것입니다. 사람을 다루는 능력과 가용 자본, 진정한 복음을 가지고 있었기 때문입니다. 2,000에서 3,000개의 교회를 세웠을 거라고 추정하면 적절할 것입니다."

"그런 실수는 거의 범죄에 가깝군요".

"돈은 또 얼마나 낭비됐는지 생각해보세요. 그 선교지에는 번역가 네 명과 현지인 조수 네 명으로 구성된 단체가 있었습니다. 그들은 형편없는 번역을 하느라 12년을 보냈습니다. 봉급만 따져도 12만 달러가 소요됐습니다. 번역이 끝나자 그들은 번역을 처음부터 다시 시작했습니다. 첫 번째 언급한 선교사는 현지인 조수 두 명만 붙여줬다면 혼자서도 꼼꼼하고 훌륭한 일급 번역을 6년만에 해냈을 것입니다. 교회는 1만 달러만 들이면 되었을 것이고 처음부터 다시 하는 일은 없었을 것입니다.

두 번째 언급한 선교사는 현지인 기독교인들만을 활용해서 백 명으로 이뤄진 선교회가 세운 교회의 숫자보다 1.5배나 더 많은 교회를 세웠을 것입니다. 그리고 그들보다 열 배나 더 많은 지역을 더 철저하고 신속하게 커버했을 것입니다. 그런 낭비는 범죄나 다름없습니다."

"정말 그렇습니다."

피터가 말했다. 모두가 동의했다.

"선교회에서 그러한 실제적인 전도 사역을 한 사람은 아무도 없나요?"

하퍼가 물었다.

"남부 중국에 삼십 년 만에 오십 개의 교회를 세운 사람이 있다고는 들었습니다. 선교회의 방해에도 불구하고 그는 확보할 수 있는 현지인들을 최대한 확보했습니다."

"현지인 기독교인을 대규모로 활용할 것을 주장한 뛰어난 사람이 선교 역사에는 없는 것입니까?"

금융업자인 카 장로가 물었다.

"있습니다. 데이비드 리빙스톤입니다."

플라우먼이 대답했다.

"그는 탐험 작업을 하느라 이것을 대규모로 실행하지는 못했습니다. 하지만 그는 초기부터 이 방식을 주장했고 소규모로 실행하는 데는 성공했습니다."

"과거에는 어떤 사람들이 선교 정책을 세웠습니까?"

카 장로가 물었다.

"캐리와 더프입니다."

플라우먼이 대답했다.

"그들은 선교 위에 최악의 부담을 지웠습니다. 바로 교육주의입니다."

"당신은 교육을 지지하지 않습니까?"

하퍼가 물었다.

"하나님은 학자를 사용하시지만, 학식은 사용하지 않으십니다."

그가 대답했다.

"하나님께서 학자가 필요하셨을 때 바울을 택하고 부르셨다는 사실을 교회는 잊어버렸습니다. 교회 초기의 사역은 대부분 교육 받지 않은 어부들을 통해 하셨습니다."

"그렇다면 학식이라는 것이 필요한 것이고, 따라서 사람들이 훈련 받아야 한다고 말해야 하지 않을까요?"

하퍼가 물었다.

"하나님께서 사람을 택하시고 부르시고 원하는 이들을 보내실 능력을 잃어버리시지 않는 한은 그렇지 않습니다. 사도행전 13장은 여전히 유효합니다."

"플라우먼 씨, 학식에 대해 조금 편견을 가지신 것은 아닙니까?"

"맞습니다."

그가 강조하여 대답했다.

"지식의 열매를 따먹었기 때문에 모든 사람이 곤경에 빠졌습니다. 사탄은 여전히 유혹하고 있고 처벌을 피하고 있습니다. 하지만 우리가 빠져있는 듯 보이는 이 깊은 물은 상상에 불과합니다."

플라우먼이 말했다.

"우리의 발을 적실 만큼 깊지도 않습니다. 문제의 핵심은 인간이 성령의 역할을 빼앗은 데 있습니다. 인간은 성령께 자신들을 위험에서 구원해달라고 요청해놓고는 성령께서 하실 일을 여전히 놓지 않고 있습니다."

"틀림없는 사실입니다."

하퍼가 말했다.

"성령의 뜻과 인간의 뜻의 차이가 성공과 실패를 좌지우지합니다. 집행자 자리에 누가 앉았느냐에 따라서, 하나님이신지 인간인지에 따라서 말입니다. 그러면 성령께서 직접 생산적인 엔지니어 역할을 하시지 않을까요?"

"물론입니다."

플라우먼이 말했다.

"하지만 성령께서는 경주에 부여된 권위를 처음부터 가져가시지는 않을 것입니다. 우리의 의지를 단련시키기 위해서입니다. 사도 바울에게 적합한 일을 베다니의 마리아에게 주시지도 않습니다. 그는 현재 우리가 '자연적'이라 부르는 하나님의 법과 더불어 일하고 계시는 것입니다. 따라서 마리아는 자기 자리에서 사용되고 바울도 자기 자리에서 사용됩니다. 각각 중보자 성령의 인도하심에 따라 말입니다. 훈련 비용은 베다니에 있는 마리아의 집과 예루살렘에 있는 법학 전문학교에서 지불한 것입니다."

"자, 플라우먼 씨, 그럼 이제 당신께서 내세우신 이 진리들을 실제적으로 적용해봅시다."

미주리 출신의 피터 구드윈이 궁금해서 물었다.

"지구상에서 비복음화된 사람들에게 다가가는 임무를 수행하기 위해 우리 교회가 따라야 할 적절한 방법은 무엇이겠습니까? 당신께서 언급한 실수들도 피하려면 말입니다."

"지금까지 하신 대로 하시면 됩니다."

그가 대답했다.

"조지 허드슨과 마이크 오코너는 선교에 매우 적합한 사람들이고, 성령의 인도하심 아래 좋은 성과를 거두고 있습니다. 여러분의 목사님과 성전 역시 좋은 성과를 거두고 있습니다. 하나님의 선하심 안에서 계속 나아가시라는 것 외에는 제안드릴 게 없습니다."

"감사합니다. 만족스럽습니다."

헨더슨이 말했다.

"하지만 만약 플라우먼 선생님, 조지와 마이크가 있는 곳에 번역가가 필요하다면 어떻습니까?"

"그럴 일은 없습니다, 헨더슨 선생님. 그곳에는 성경이 이미 번역되어 있습니다. 하지만 그렇지 않았다 하더라도, 성령께서 부르신 일을 이루기 위해서 조지와 마이크 그리고 바울과 바나바를 택하신 것처럼 누군가를 택하지 않으실까요?"

"그렇습니다."

헨더슨이 말했다.

"저희 가게에서도 그렇게 하고 계십니다. 그분은 저와 저희 직원들보다 사업에 대해 더 많이 알고 계십니다. 저는 감히 그분이 채우고 계신 은혜로운 자리를 넘보지 않을 것입니다. 다른 이들도 마찬가지고요."

"복된 그리스도의 마음이 오늘 아침 형제의 간증을 통해 우리 모두를 한 생각, 한 마음으로 만들어주셨다고 확신합니다."

하퍼가 말했다.

"아멘!" 하고 모두 일제히 외쳤다.

"플라우먼 선생, 이 '아멘'을 당신의 감사와 격려로 여기겠습니다. 하나님께서 당신의 용기를 북돋아주시기를…. 저희를 당신의 친구로 여겨주시고, 북부 중국에서 조지와 마이크에게 해주신 것처럼 당신도 이곳을 최대한 편하게 생각해주십시오. 저희는 당신의 훌륭하신 환대를 본받고 능력 닿는 대로 갚아드리겠습니다."

"아멘."

모두가 말했다. 플라우먼 형제는 고개를 숙인 채 손으로 눈을 가리고 있었다.

고개를 들어올린 그는 슬프고 단련된 남자의 모습이었다. 그는 사람들에게 말했다.

"감사합니다. 여러분의 친절함을 기억하겠습니다. 여러분, 짧지만 격렬한 싸움이 될 것입니다. 하지만 큰 상이 기다리고 있습니다. 우리가 뛰고 있는 이 경주에서는 싸움 자체가 가장 고귀하며, 명예가 달린 문제입니다. 우리의 전 재산을 걸 만합니다. 또한 우리가 지고 있는 사랑의 빚은 결코 탕감할 수가 없습니다. 요나단은 자신이 입고 있던 왕자의 두루마리를 벗어 헐벗고 있는 다윗에게 입혀줬습니다. 그는 허리띠와 활도 가져와 언덕에서 온 어린 양치기에게 건네줬습니다. 요나단은 그를 사랑했고 그가 얼마나 위대한지 알았으며 그의 미래가 얼마나 놀라울지 알았기 때문입니다. 그 때에는 이스라엘 온 땅에 철공이 없었습니다 삼상 13:19. 젊은 용사는 자신이 신뢰하는 칼을 대체할 수 없었습니다. 하지만 그의 마음은 다윗의 마음과 엮여 있었고, 자신의 칼까지 풀어서 젊은 다윗에게 묶어줍니다.

그리고 그들은 평생 우정을 맹세합니다. 요나단은 맹세를 지키기 위해 많은 것을 희생해야 했습니다. 그는 왕관에 대한 권리를 포기하고 아버지를 부인했으며 친구를 몰래 만나야 했습니다. 하지만 그는 한 번도 주춤하지 않았습니다. 요나단의 가장 훌륭한 점은 그가 다윗에 대한 충성으로 집안을 멀리했다는 점이 아니라, 피가 묻은 양치기의 거친 두루마리를 입고서 자랑스럽게 천막으로 돌아왔다는 점입니다. 요나단은 저에게 큰 도움이 되었습니다. 그는 아름다운 영혼입니다. 우직한 남자가 아니라면 버림 받은 다윗을 옆에서 지켜주지 못했을 것입니다. 다윗을 따르던 사람들이라곤 오로지 괴로움 중에 있는 이들과 빚진 이들과 불만에 차 있던 약 사 백명의 사람들이었을 때 말입니다. 하지만 그는 영혼이 너무나 위대하여 자신의 고귀한 행동을 의식하지도 못했던 것 같습니다. 요나단의 수명이 다했을 때 다윗은 그를 기리면서 '그대가 나를 사랑함이 기이하여'삼하 1:26라고 말합니다. 이 위대한 야망이 우리의 것이 되기를, 주께서 버림 받으신 이 때에 담대한 애정과 충성으로 다윗 가문의 왕자로부터 이 같은 인정을 받게 되기를 바랍니다. 모든 권세가 우리를 다윗 대하듯이 하더라도 말입니다.

우리가 할 수 있는 것은 너무나 작습니다. 하지만 우리가 요나단이 받은 찬사를 그분의 입술에서 듣게 된다면 얼마나 아름답겠습니까?"

> 나에 대한 당신 사랑의 기이함이여!
> 나 가진 것 전부 벗어서
> 허리띠와 활
> 그토록 아끼던 칼까지
> 전부 당신께 드립니다.
> 무슨 가치가 있겠습니까, 주 예수여
> 당신께 무슨 가치가 있어서
> 당신은 저에게 말씀하십니까.
> 그토록 놀라운 말씀

달건지

하ᄂᆞ님아바지의 ᄉᆞ랑ᄒᆞ심과 우리 쥬님예수커독과 공뢰와 셩신님의 서ᄅᆞ심을

시나온혜로 말미암아 우리 거독안에 한 지톄된 교회 굼올ᄒᆞ야 거독의 평강ᄒᆞ심

음은 쥬님씌 감사ᄒᆞ며 와 령산편휜가지못ᄒᆞᄂᆞ며 비길도어거지고신과도 보

앙으로 관계ᄒᆞ야 못간에 왓스ᄆᆡ 벼ᄆᆞᄋᆞᆷ을 덥우 ᄂᆞᆷ을ᄂᆡᆺᄂᆞ지 못ᄒᆞᆷ과 ᄀᆞᆯᄆᆡ ᄯᅩ

오늘이 멧 줄 기록ᄒᆞᆷ은 본 교회들원일이 우ᄉᆞ별이 만ᄒᆞ 가ᄉᆞ 육신을 편양지 못ᄒᆞᆷ

교회들의 봄건슝을 기록ᄒᆞ니 용위ᅟᅮᆫ 십양에 맛ᄉᆞ 기달ᄂᆞᆫ 때ᄂᆞᆫ가 모다 교회에

저당셩가 줄러치한 가 김양슝은 비라ᄉᆡ 던 교회에서가지기를 론결ᄒᆞᆷ원 ᄒᆞ얏소

라마(가경추十○트) 발슴졍우년 八二十七( )분동에 번자시에서 다시가 지한에 이한산 얏ᄉᆞ며 말ᄉᆞᆷᄒᆞ엿소

녀(가경후十○트)보시동이 보여 거독ᄒᆞ 원수 감의 ᄯᅳᆺᄒᆞ간 에 오소ᄉᆞ 라 ᄯᅩ 교회와 혐

살 라 ᄀᆞ 교회씌 가기를 원을심으로 최홍믿슴으로 긋것ᄒᆞᆯ 간평민만히 바오게 ᄒᆞ오소서

녀의ᄋᆞᆫ사 가 림가 교회에 가지안ᄒᆞ용심이가교회 허문 으로용시ᄒᆞ ᄒᆞᆯ랴 ᄒᆞᆯ심을

편강에서 도교회들의 ᄯᅡᆼ관 오엄 ᄒᆞ심 소오소ᄉᆞ 우ᄂᆞ 긔 례가 기록 ᄒᆞ신 발슴

에필로그

한국 침례교회와 북방 선교의 선구자가 된 '찌그러진 깡통' - 자유로운 영혼을 소유한 캐나다 선교사, 말콤 펜윅(1863-1935)

김재현 (한국고등신학연구원, 원장)

한국교회 위대한 초석이 된 '찌그러진 깡통'

'찌그러진 깡통'과 같은 하찮은 존재일지라도 그리스도에 대한 열정과 헌신으로 한국에서 복음을 전한 자유로운 영혼의 전도자. 제대로 된 정규교육을 받지 못했지만 한국 침례교회와 북방 선교의 선구자가 되었던 캐나다 출신의 독립선교사.

1863년 캐나다 온타리오 주 마컴Markham에서 태어난 말콤 펜윅은 농업과 철물도매업을 하던 중에 나이아가라 사경회를 통해 복음전도자로 부름을 받았다. 충분한 정규교육을 받지 못했지만 그는 복음을 전하는 선교사들을 위해 우산이라도 들어주어야겠다는 심정으로 선교에 나섰다. 26세가 되던 1889년 12월에 평신도선교사로 한국에 도착한 펜윅은 1893년까지 한반도의 양 허리이자 복음전파의 두 축인 소래와 원산에 토대를 두고 사역했다. 복음전도에 열정을 갖고 있던 그는 이 시기에 〈요한복음〉을 두 번에 걸쳐 번역해 출간했고, 이것이 기초가 되어 1915년에는 신약성경 전체를 번역해 내었다.

이후 미국 보스턴으로 건너가 아도니람 고든Adoniram J. Gordon에게 선교훈련을 받고, 1896년에 원산에 다시 돌아와 한국순회선교회The Korea Itinerant Mission를 조직하고 본격적인 한국선교에 힘을 쏟았다. 특히 현지인인 한국인을 통한 전도와 토착화, 농업과 원예, 성경학원을 통한 평신도지도자 양성을 강조했다. 한국에 온 대표적인 독립선교사였던 그의 위치가 기존 선교회의 틀이나 제도에 얽매이지 않는 독특한 현지인 중심의 선교방안을 만들어내게 했다.

이후 펜윅은 엘라싱기념선교회The Ella Thing Memorial Mission를 이어받으며 시작한 공주-강경선교에 기초해 1906년 오늘날 침례교회의 모태가 되는 '대한기독교회'를 시작하였다. 이와 함께 진행된 간도선교사 파송을 계기로 간도와 연해주에 대한 독보적인 선교사역을 진행했다. 한국교회의 모태가 된 소래에서 한국인과 한국인의 심성을 이해하고, 원산에서 자립적이고 독자적인 선교의 토대를 마련한 펜윅은 이를 통해 만주와 연해주 지역의 흩어진 한인들을 대상으로 복음을 전한 것이다.

펜윅은 종종 자신의 배우지 못함을 강조했지만, 그는 한국교회 역사에 신앙적이고 학문적인 큰 발자국을 남겼다. 그는 선교 초기부터 시작한 독자적인 신약성경 번역, 찬송가 편찬, 교단의 지침서와 교육 안내서의 역할을 하는 '달 편지'와 성경공부 교제, 독특한 구조를 가진 대한기독교회 조직을 형성했다. 이를 통해 오늘날 한국 침례교회의 선구자가 되었을 뿐만 아니라, 한국교회 신앙역사를 더욱 풍성하게 만들었다. 펜윅 자신의 사도행전이라 불리는 *The Church of Christ in Corea* (1911)와 자신의 삶과 신앙과 선교적 관점을 담은 *Life in the Cup* (1917) 등 수많은 작품을 남겼다. 한 편의 드라마 같은 삶을 살았던 펜윅은 한국이 일본의 억압과 지배에 깊이 빨려 들어가던 1935년에 자신이 그렇게 사랑하던 원산에서 소천했다.

자료의 선별 원칙과 이 책의 구성

한국 선교역사와 한국 침례교의 발전 과정에서 펜윅의 기여가 적지 않았음에도 불구하고 몇 가지 이유에서 그에 대한 연구는 지금까지 많이 진척되지 않았다. 첫째, 무엇보다 미국 출신 위주의 선교사 연구에 밀려 캐나다 출신 선교사들에 대한 연구가 전반적으로 경시되어 왔다. 게다가 독립선교사라는 펜윅의 위치는 교단적이거나 조직적인 연구대상에서 제외되는 경우가 많았고, 한국 침례교에서도 제대로 된 대접을 받지 못했다. 둘째, 과도한 토착화에 대한 강조와 기존 틀을 따르지 않는 선교방식과 신학적 접근은 예나 지금이나 사람들이 편하게 접근할 수 없게 만들었다. 예를 들어, 성령을 의미하는 '숨'과 같은 단어나 '달 편지'에서 볼 수 있듯이 성경 번역을 하는 과정에서 보여준 그만의 독특한 용어와 신학적 이해는 역설적으로 사람들이 그의 가르침에 쉽게 다가서지 못하게 했다. 게다가 한국교회에서 침례교의 규모가 크지 않았던 것도 펜윅 연구 부진의 한 이유가 될 수 있다.

이런 차원에서 한국고등신학연구원은 이번에 출간한 두 권의 책을 통해 펜윅이 남긴 1차 자료들을 가능한 종합적으로 독자들에게 전달하는데 우선적인 목표를 두었다. 성경번역가, 찬송가 작사가와 작곡가, 교단의 최종 지도자, 농사를 지은 자비량 선교사, 교육가, 작가, 설교가로서의 펜윅의 다양한 모습을 원자료를 중심으로 보여주고자 하였다. 이를 통해, 펜윅을 '기괴한 성격을 가진 하나의 평신도 선교사' 혹은 '한국 침례교의 선구자'라는 차원을 넘어 한국교회 형성에 중요한 공헌을 했음을 보여주고자 했다. 더불어 우리는 펜윅이 누구인가를 편견 없이 보여주는 것이 이후 펜윅 연구의 중요한 출발점이라 믿고 있다.

펜윅은 소설 형식의 글을 두 편 남겼는데, 자신의 한국선교 이야기를 담은 *The Church of Christ in Corea* (1911)와 자신의 선교철학과 회심의 과정을 보여주는 *Life in the Cup* (1917)이다. *The Church of Christ in Corea*는 1989년 침례신학대학 출판부가 번역해 출간한 것을 이번에 새롭게 번역해 선집에 담았다. 한글로 처음 소개되는 *Life in the Cup*은 펜윅의 선교 철학을 보다 분명하게 보여주는 제18장과 19장만 이번 선집에 담고, 나머지 전체 내용은 한글번역과 영어원문을 담아 이번에 동시에 출간하였다. 소설 형식을 따른 이 두 권의 책은 선교사 펜윅의 신앙과 신학을 가장 잘, 그리고 쉽게 보여주는 자료이다.

또한, 펜윅이 여러 곳에 기고한 다양한 한글과 영어 자료들을 이 책에 담았다. 특히 전도책자로 만든 〈만민됴혼긔별〉이나 교단 지도자의 면모를 여실히 보여주는 〈달 편지〉의 경우 펜윅의 독특성과 열정과 헌신을 고스란히 보여준다. 사경공부, 총회에 해당하는 대화회에서 행한 설교, 복음문답 자료는 김용복 교수의 선 연구를 이곳에 인용해 담았다.

세 번에 걸쳐 펜윅이 직접 번역한 〈요한복음〉(1891, 1893, 1919)은 성경에 대한 그의 기본적인 태도와 시간이 지나면서 그의 성경 번역이 어떻게 변천되었는지를 잘 보여준다. 요한복음 원본과 함께 이 책에 방대하게 담은 《복음찬미》는 한국 찬송가 역사에 주목할만한 펜윅의 작업이다. 우리는 주제별로 원본을 싣고 한편에는 독자들이 읽기 쉽도록 한글을 추가하였는데, 독자들이 원래 펜윅이 의도했던 찬송가의 맛과 예스러움을 느끼게 하는 데 목적이 있었다.

그 외에 우리 연구진들이 새로 발견한 몇 개의 글을 한글 번역과 영어 원본으로 담았다. 마지막에 덧붙인 몇 개의 글은 당대 선교사들이 본 펜윅의 모습을 그리고 있다. 특히 같은 캐나다 토론토 출신으로 한국선교에 한 획을 그은 제임스 게일이 쓴 《밴가드》*The*

*Vanguard*에 나오는 펜윅의 모습은 인상적이다. 사실 펜윅과 언더우드 사이의 논란은 1891년 〈진리〉*The Truth* 지에 실린 논쟁을 통해서는 말할 필요도 없고, 제임스 게일도 펜윅을 결코 편하게 대하지 못한 것 같다. 어쩌면 펜윅은 당대 동료 선교사들에게 편한 존재는 아니었을 것이다. 그러나 우리는 이러한 원 작품들을 통해 펜윅의 모습을 가능한 한 그대로 오늘날의 독자들, 특히 기독교인들과 나누고 싶다.

감사와 바람

한국고등신학연구원은 지난 130여 년에 걸쳐 한국에 왔던 3천여 명의 선교사들에 대한 연구를 오랫동안 진행해 왔지만, 이번 펜윅 연구만큼은 결코 쉽지가 않았다. 우선 원자료를 구하는 것이 어려웠고, 펜윅이 사용했던 단어들을 이해하는 것도 결코 쉽지 않았다. 펜윅에 대한 광대한 이해를 하지 못하고서는 그가 쓴 단어의 독특성을 제대로 이해할 수 없는 경우가 많았다. 이번 연구 중 가장 아쉬운 부분은 펜윅이 지도자로서 남긴 〈달 편지〉에 대한 보다 심층적인 연구를 진행하기가 어려웠다는 것이다.

펜윅에 대한 기본적인 연대기적 이야기나 일화, 그리고 신학적 분석은 이 책의 일차적 목적이 아니었기 때문에 서론이나 본문에서 심도 있게 다루지 않았다. 이를 위해서는 참고문헌에 담은 다른 전문 연구자들의 글과 책에서 적지 않을 도움을 받을 수 있을 것이다.

이번 연구에 여러분들의 도움과 지원이 있었다. 이 책이 나오기까지 재정과 기도로 함께 해주신 지구촌 미니스트리 네트워크(GMN, 이동원 목사님)와 지구촌교회(진재혁 목사님)에 깊은 감사를 드린다. 또한, 원자료를 이용할 수 있도록 여러 편의를 제공해주신 침례신학대학교와 도서관, 출판부 관계자들에게 감사를 드린다.

이 작은 두 권의 책이 자유로운 영혼을 가진 독립선교사 펜윅, 캐나다 선교사들, 더 나아가 한국에서 헌신했던 3천여 명의 외국인 선교사들에 대한 한 단계 진전된 연구에 하나의 작은 디딤돌이 되기를 희망한다.

** 이 글은《한반도에 심겨진 복음의 씨앗: 한국에 생명을 전한 위대한 선교사 50인》에 실린 펜윅에 관한 글(pp. 216-223)을 보완해 작성한 것임을 밝힌다.

Epilogue

'The Crushed Can' Who Became the Pioneer of the Korean Baptist Church and the Northward Mission—Malcolm Fenwick (1863-1935), a Canadian Missionary with a Free Spirit

A Person of 'a Rusty and Crushed Can' Who Became the Great Foundation for the Korean Church

Although as insignificant as 'a crushed can,' Malcolm Fenwick was an evangelist with a free spirit who preached the gospel in Korea with a passion for and commitment to Christ. Even though he had not received formal education, as an independent missionary from Canada, he became a pioneer for the Korean Baptist Church and mission to northern areas of Korea.

Malcolm Fenwick was born in Markham, Ontario, Canada, in 1863. He got into agriculture and the hardware wholesale business. He was called to be an evangelist while he was attending the Niagara Bible Conferences; he engaged in missions with the intention of offering even a little help to missionaries. Fenwick arrived in Korea as a lay missionary in December 1889, when he turned twenty-six, and worked in Sorae and Wonsan, which formed the backbone of the Korean Peninsula and were the two axes upon which he preached the gospel until 1893. He had a great passion for evangelism and published his twice-translated edition of *The Gospel of John* during this period, which became the stepping stone for translating the entire New Testament in 1915.

Later Fenwick went to Boston in the United States and received mission training from Adoniram J. Gordon. Then he returned to Wonsan in 1896, organized the Korean Itinerant Mission, and devoted himself wholeheartedly to his mission to Korea. Particularly, he emphasized evangelism and contextualization through local Koreans, agriculture and gardening, and raising lay leaders through Bible schools. His status as one of the representative independent missionaries to come to Korea made it possible for him to develop unique mission policies that centered on local Koreans and were free from the frames or systems of the existing mission societies.

Afterwards, based on the Gongju-Ganggyung mission that he had launched after taking over the work of the Ella Thing Memorial Mission, Fenwick began in 1906 the Church of Christ in Korea, which became the matrix of the Baptist Church of today. Not only that, with the commissioning of missionaries to Jiandao, he executed unrivaled missionary work in Jiandao and the Maritime Province of Siberia. After having developed a good understanding of Koreans and their hearts in Sorae, which later became the matrix of the Korean Church, and establishing the foundation of the self-supporting and independent mission in Wonsan, Fenwick spread the gospel to the Koreans scattered in Manchuria, as well as some of the regions of Siberia. Although he oftentimes emphasized his lack of education, he left a huge spiritual and academic legacy in the history of the Korean church.

Fenwick compiled hymnals, and began the publication of the *Monthly Letter*, which functioned as a guide to the denomination and an educational guide, and Bible study materials. Not only did he become the forerunner of the Korean Baptist Church, but he also enriched the spiritual history of the Korean church. He left behind numerous works, including *The Church of Christ in Corea* (1911), which is called his own autobiography, and *Life in the Cup* (1917), which contains his life and faith as well as his missionary perspective. Fenwick led a very dramatic life and passed away in his dearly-loved Wonsan in 1935, as Korea was sinking deep into the pit of the oppression and rule of Imperial Japan.

The Principles in the Selection of Data and the Organization of This Book

Although Fenwick made no little contribution to the history of Korean missions and the development process of the Korean Baptist Church, research on him has not progressed much for a few reasons. First, research on missionaries from Canada has been neglected in general due to research on missionaries primarily from the United States. Furthermore, Fenwick was excluded from the list of objects of denominational or systematic studies because of his status as an independent missionary. He was also not treated properly, even by the Korean Baptist Church. Second, his emphasis on excessive indigenization, his missionary methods that didn't follow the existing frames, and his theological approach made it difficult for people to study him. For instance, words such as '*sum* (breath),' which means the Holy Spirit, and his own unique terms that he demonstrated during the Bible translation process, as shown in the *Monthly*

Letter, and his theological understanding, paradoxically made it difficult for people to approach his teachings. Moreover, the small size of the Baptist denomination in the Korean church can also be one of the reasons why research on Fenwick was insufficient.

In this light, the Korea Institute for Advanced Theological Studies made it its primary goal to deliver the original material Fenwick left behind through the two books it has published. Based on the original data, the KIATS attempted to show the various aspects of Fenwick as a Bible translator, a hymn writer and composer, the highest leader in the denomination, a multi-vocational missionary who was also a farmer, an educator, an author, and a preacher. By going beyond the aspect of Fenwick as 'a lay missionary with an odd personality' or 'the forerunner of the Korean Baptist Convention,' it tried to demonstrate the fact that Fenwick made an invaluable contribution to the formation of the Korean Church. Moreover, we believe that showing Fenwick as he is without any prejudice will be the important starting point for any future research on Fenwick.

Fenwick left two writings in novel format: *The Church of Christ in Corea* (1911) which contains the story of his mission to Korea, and *Life in the Cup* (1917) which shows his philosophy of mission work and the process of his conversion. *The Church of Christ in Corea* was translated and published by the Korea Baptist Theological University Press in 1989, but the KIATS had it translated anew and included it in the collection. *Life in the Cup* is introduced in Korean for the first time, and only chapters 18 and 19, which clearly show Fenwick's philosophy of mission, are included in the Collection, and the rest of the book was published with its Korean translation. These two books, which are in novel format, best and most readily reveal Fenwick's faith and theology.

Moreover, the various Korean and English writings Fenwick contributed to numerous places are also contained in this book. Particularly, *Manmin Dyohun Gwibyul* [All People's Good News], which was made as an evangelism tract and the *Monthly Letter*, which unequivocally shows his denominational leadership, both clearly exhibit Fenwick's uniqueness, passion, and commitment. Kim Yong-bok's previous studies regarding the sermons, gospel questions, and answers that Fenwick delivered at Bible studies and discourse meetings, which are equivalent to conventions, are quoted in this collection.

The Gospel of John, which Fenwick translated three times in 1891, 1893, and 1919, reveals his basic attitude toward the Scripture and how his Bible translation changed over the years. The extensive *Gospel Praise* contained in this book along with the original copy of *The Gospel of John* is a conspicuous work of Fenwick in the history of Korean hymnals. We included the original thematically and also added the Korean translation so that the readers would be able to read easily with a view to helping readers experience the taste and class of the hymns originally designed by Fenwick. Furthermore, several writings discovered anew by our researchers have been also included in English with Korean translations. Several pieces added at the end paint the Fenwick his contemporary missionaries experienced. Particularly, the Fenwick who appears in *The Vanguard* written by James Gale from Toronto, Canada, who heralded a new era in the history of missions to Korea, is impressive. The controversy between Fenwick and Underwood appeared not only in *The Truth* in 1891, but also in *The Vanguard* here and reveals that

James Gale must have felt uneasy dealing with Fenwick, showing that Fenwick was likely not an easy person to get along with.. However, we would like to share Fenwick as he was through these original works with today's readers, especially Christians.

Thanks and Wishes

Although the Korea Institute for Advanced Theological Studies has conducted studies for a long time on approximately three thousand missionaries who came to Korea over a period of about 130 years, our research on Fenwick was never easy. In the first place, it was difficult for us to secure the original data, and the words Fenwick used were never easy to comprehend. Without having a comprehensive understanding of Fenwick, we found ourselves having a difficult time understanding the uniqueness of the words he used on numerous occasions. The most regrettable part in regard to this research was that it was difficult to conduct more in-depth studies on the Monthly Letter Fenwick penned. Since chronological stories or episodes about Fenwick and theological analysis were not the primary purpose of this book, we didn't treat them in depth either in the introduction or in the main body. The reader should be able to receive assistance from the writings and books by other professional researchers as shown in the bibliography.

Many people have helped and supported this research. We extend our deep gratitude to the Global Ministry Network, headed by Pastor Daniel Dongwon Lee, and the Global Mission Church where Pastor Peter Chin is the senior pastor. Furthermore, we thank the Korea Baptist Theological University (KBTU) and its library personnel as well as those working for the KBTU Press who ensured that we would be able to use the original materials. We hope that these two humble books would become a small stepping stone for more advanced studies on the free-spirited, independent missionary Malcolm Fenwick, Canadian missionaries, and to take a step further, the more than three thousand foreign missionaries who dedicated their lives in Korea.

Dr. Jae-hyun Kim
Director, The Korea Institute for Advanced Theological Studies

** This Epilogue used part of the section on Fenwick in *The Seeds of the Gospel Planted on the Korean Peninsula* (pp. 216-223) compiled by Jae-hyun Kim

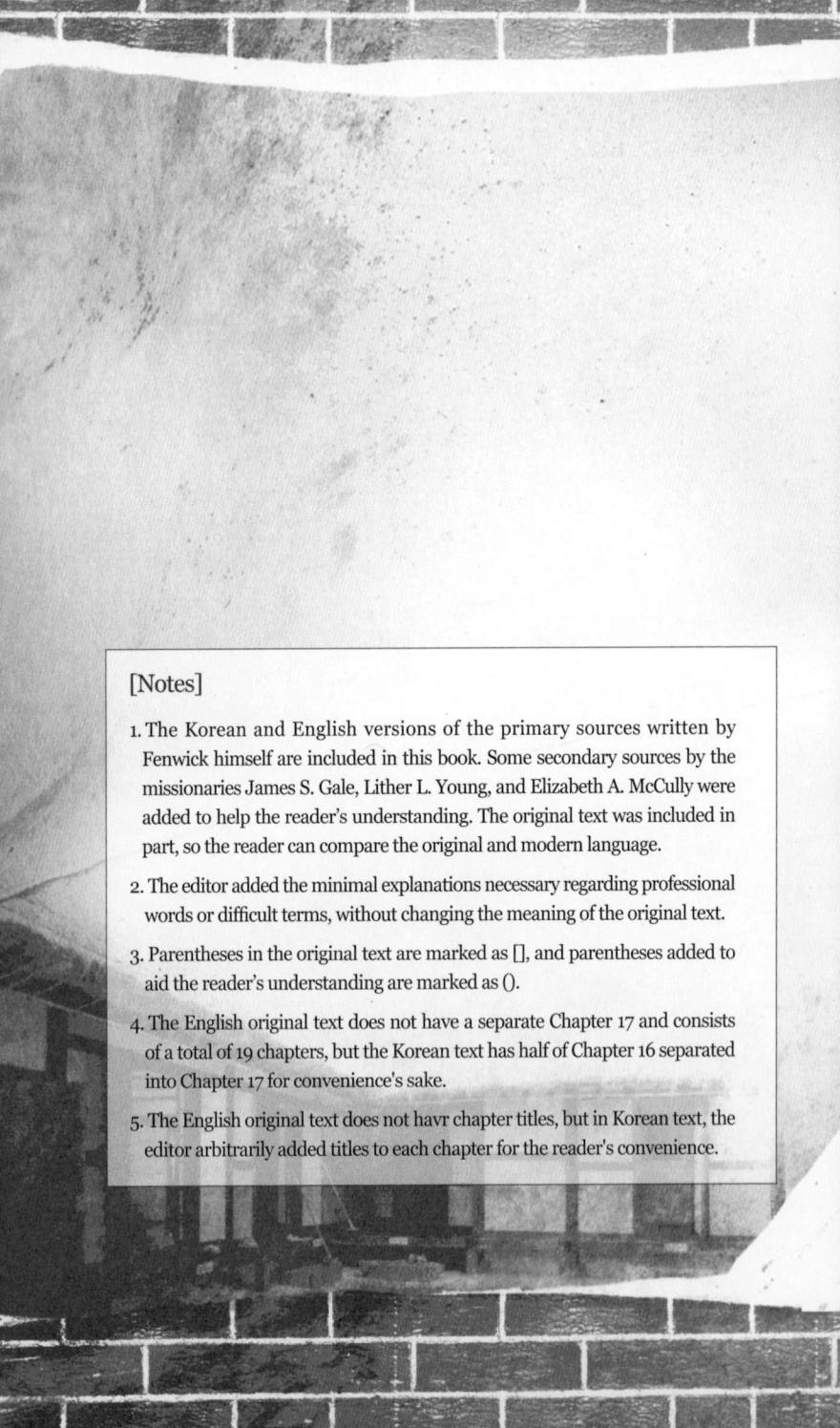

[Notes]

1. The Korean and English versions of the primary sources written by Fenwick himself are included in this book. Some secondary sources by the missionaries James S. Gale, Lither L. Young, and Elizabeth A. McCully were added to help the reader's understanding. The original text was included in part, so the reader can compare the original and modern language.

2. The editor added the minimal explanations necessary regarding professional words or difficult terms, without changing the meaning of the original text.

3. Parentheses in the original text are marked as [], and parentheses added to aid the reader's understanding are marked as ().

4. The English original text does not have a separate Chapter 17 and consists of a total of 19 chapters, but the Korean text has half of Chapter 16 separated into Chapter 17 for convenience's sake.

5. The English original text does not havr chapter titles, but in Korean text, the editor arbitrarily added titles to each chapter for the reader's convenience.

Missionary Series in Korean Christianity 007

Life in the Cup

CHAPTER 1

The rector of St. Paul's was very quiet as he proceeded to the church the Sunday following his experience of grace, accompanied by Mrs. Harper. Each knew it was not the time to talk. But the quality of Mrs. Harper's silence was sympathetic. The church contained the usual crowd. As John Harper entered they stared at him. His usual expression was gone, as well as the appearance of brisk energy with which his audience was familiar. These had been displaced by a strong compassion and quietness. They could not help but feel it. His strong face seemed full of light and peace.

For the first time in his life, Harper enjoyed the lesson. It was vital with life to him. When the paid singers sang, for the first time he experienced a discord. The selection, and the manner of the singers themselves, hurt him. Then he crossed to the desk, feeling weaker and more helpless than ever. As he prayed a thrill went through the congregation, as well as surprise. Harper had never before prayed extempore. There was nothing formal about his prayer; but there was something that strangely moved them. There was a deep adoration of One whom he utterly loved and trusted.

> Oh, draw me to those feet, those wounded feet
> That trod on earth for us, a path so full of thorns which only led to Calvary. And while resting there—O, rest

complete!
Enrapture hearts and minds and fix them on
Thyself,
Calmly beholding from our lowly seat
Thy face, intensely sweet!
We can rest there,
And find in Thee, Thou fairest of the fair!
All, all we need, brightness of glory,
Yea, brightest spot up there.
'Tis there we learn secrets untold,
Except to those who learn this better part
To Mary known so well.
We are but poor shells, O, God!
Having no worth or value,
Washed up on the shores of Thy grace;
But if Thou will deign to listen,
Thou wilt hear faint echoes
Of the vast waves of Thine own love.

Never before in St. Paul's had anyone heard such a prayer. When the people lifted their heads they saw a transformed man whose cheeks were wet with tears. A great hush fell on the people. The rector opened his Bible and stepped to the side of his desk, saying nothing. After some moments of painful silence he said: "Dear people! I prepared with great care a sermon for you to-day; but it has all gone from me. All I can say is, 'Ye are bought with a price and ye are not your own.'" As he stood there, a big working man left his seat and walking straight up to the front, said: "Sir! What must I do to be saved?" Harper could say nothing. He simply motioned to him to kneel; and the man knelt at the altar rail. Immediately from all over the congregation came men and women until forty souls knelt at the altar. Harper had had no experience in dealing with troubled souls and could only pray for them, that Christ in His compassionate love would help them as He had helped him.

Another surprise awaited the congregation when he left the chapel and came down to a sobbing man and put his arm around him. His prayer was equally remarkable for John Harper: "O, Lord!" he said, "You lifted me out of a deep pit; please help this man, too. He does not know how to get out any more than I did; but he wants to get out. Lord, lift him!"

The following day the papers reported the doings at St. Paul's. It was good copy and the reporters had made use of it. Even his prayer was written down in full. The scene at St. Paul's became the talk of the town. People wondered what that man would do next. But no such harsh words were heard as before when he announced his theory of a "Christian Democracy." The people seemed to feel they had a man in their midst who lived up to his light and convictions, and they honored him.

But the "higher critics" who had lost a promising disciple and the clergy of his communion were of a different stamp. To the destructive critics, the man who had been recognized as a scholar when he pronounced their shibboleth was now spoken of as a stupid ignoramus; while to the clergy he had become a "ranter."

Harper felt he was again to hear from his bishop and wondered what it would be. All day Monday and on Monday evening the men and women who had knelt at the altar had called and kept him busy. To some he listened with deep feeling to the story of their newfound joy and peace in believing. Others were yet under a cloud and these he helped as well as he could; but it was all so new to himself he could do little. Hattie Glover was there, and could do more than the rector; she was a help to a number. Her new capabilities had been turned into a new channel and her homely, practical simplicity in repeating to them the text the rector had spoken on Sunday, by which she saw the light, was used to show the Savior to others.

But his assistant Mr. McLean had not come to see him and Harper yearned for him. The home was a new place to both Mr. and Mrs. Harper. They felt that they were only guests there. That their Lord had become Master of the house, and they were only His willing-bondslaves. With a pleasure hitherto unknown they had laid their all at His feet, and had asked Him to receive their unworthy selves and their poor possessions, and deign to use them as He would. During the week they continued their ministry to the poor, and one day, when Mr. Benson went to Simson's house, he found Harper kneeling by his bedside praying for John Simson, while a Bible lay open on the bed, as though it had just been read. As yet no words had been exchanged between these two strong men. But Miss Glover spoke. No such scruples troubled her. She told Mr. Benson what had taken place in her life and how the other two had found joy in believing, and he listened respectfully.

All through the week Harper felt he must undo what he had done, and put himself right before God and man as far as possible.

In particular, he wanted to take back what he had so irreverently said against the virgin birth of Christ, and the flippant way he had spoken of the Gospels according to Matthew and Luke. For he realized now that the fault had been in him and not in the books. That his foolish heart had been darkened; that the Bible in the original was either all God-breathed and profitable for instruction in righteousness, that the man of God might be perfected and thoroughly furnished unto all good works, or the whole must be rejected.

CHAPTER 2

Harper secretly knew not himself how the change in him had come about.

Shortly before the events recorded in the last chapter, the rector of St. Paul's had begun reading his Bible. He read many chapters daily, abandoning for a time all other reading. He soon became uneasy, and prolonged his reading into the night. His uneasiness, however, was rather increased than diminished. His sleep became troubled, his appetite impaired, and his appearance drove Mrs. Harper almost to distraction. On Saturday afternoons the boys missed him from the ball field. For weeks he had not called upon his old friend Howard Benson in Fulton Street. He did not avoid him on Sunday, nor his other friend Ira Warren; but while his greeting was as kindly as ever, there was something subdued about him his friends could not understand. The same crowds continued to come to hear him preach; but they noticed his sermons, filled with the milk of human kindness as usual, had lost their fire of enthusiasm; and it was observed that he no longer tried to explain his doctrinal position or to account for his objection to a literal interpretation of the creed of his church that he had vowed to maintain.

He was not nervous as he had been in the former crisis. His appearance was rather one of subdued thoughtfulness and his voice and manner bespoke quietness rather than excitement. One day he met his old friend Mr. Benson in the squalid house of the working man, John Simson, who was down with typhoid fever. They took turns in keeping vigil by his bedside and supplying nourishing food, for his poor wages had barely kept life in his large family and they would have suffered both cold and hunger but for the ministration of these men of large souls and liberality.

The many meetings thus brought about worried Mr. Benson, who could not understand the change in Mr. Harper. With all his quietness he seemed troubled and distressed. Mr. Benson's code of ethics would not permit any questions he considered would be rude. Harper realized his friend was troubled, and understood his quiet sympathy; but he offered no explanation. He really had none to offer; for he understood himself as little as Mr. Benson—perhaps less. Some of the less contained souls in his congregation, like Mrs. Larrabel and Mrs. Pimpernel, talked of the change that was coming over their rector, and wondered if there was another climax coming in his life. But none were so troubled as his assistant, McLean, though as usual he said nothing. When the two men met, as was unavoidable, each realized there was a constraint upon them, though neither referred to it.

Harper continued reading his Bible and grew more and more troubled. The preparation of his sermons became more and more of a burden, and were, as he fully realized, very dull and lifeless. The large working class he had attracted remained loyal to him because they knew what he was doing for John Simson and others among them who were in distress. But his sermons were very tiresome and they continued to go to church and endure them, partly because they had faith in the man, and partly because the music was still good. For Mr. Harper, with the full consent of his vestry, had engaged the best organist in the city, and also several of the best singers, so that St. Paul's quartette contained the best voices of any church in the Midwest.

This required money, but Peter Goodwin had agreed to make up any deficiency in their salaries, so they were engaged, and not even in the best operas could the people hear better voices than they now heard in St. Paul's.

After some months Harper became so unhappy, so unsettled and was so distressed, because he was baffled in every attempt to understand himself, that he had taken to long walks in the woods outside the city, and tried to analyze himself. He even prayed, kneeling down in the silent woods and crying unto God for relief from his torturing distress. But the Heavens gave back no answer—no relief came to his troubled soul.

One night, thinking he must have some relief, he went towards the theatre and lined up with the crowd for a ticket. He had taken to dressing as a business man, rather than as a clerical, a change which greatly improved his manly appearance and made him more human and approachable, so that he was not particularly noticed in the line. Before he reached the wicket, however, he turned aside and wandered down a side street in one of the poorer districts, not knowing or even thinking of what he was doing. On Sixth Street near the corner of Eighth Avenue he saw an open hall and someone speaking. Turning aside he entered and sat down in a vacant seat near the door.

Looking around the room he saw a very plain looking crowd, and the speaker was, if possible, even more uninteresting in appearance. He was trying to preach the Gospel, but had not much to say. Dividing his text into three headings, speaking about three or four minutes on each heading, he was run down. But seeing Harper's distressed face in the back of the hall, he pointed to him and said: "Young man, you are in a bad way! What you need is Jesus Christ." And going down to Mr. Harper he taught him how to receive Christ as a free gift; showing him that "not by works of righteousness which we have done; but by His mercy He saved us." When Harper asked what he should do, he was promptly told to seek first the Kingdom of God and His righteousness and all else would be added: You get the Kingdom with the King and God's righteousness with His righteous One. There is nothing to do but there is a Person to accept—God's beloved Son, Jesus. Will you have Him? He's yours for the taking. Receive Him and He will give you the right to become a child of God. See, here it is: Jn. 1:12. Harper read the passage. This is the word you need, said the preacher: Rom. 4:5. Handing the Bible to Harper he told him to read it himself. As he read, the way of life was made clear to him for the first time. He believed and went home, a new man in Christ. He did not know how it was done. He only knew he had a great peace, assuredly believed and was intensely happy. In a moment Jesus Christ had become his Lord and Savior and was to him a living, loving, personal friend. All his doubts of the Bible had disappeared. He knew now it was true because he knew the Author. He had found a great and precious secret and proposed keeping it to himself. It was too great to talk about. Besides, he had been schooled to believe such things were not to be mentioned except in places like Mission Halls, perhaps. Yet his Sunday sermon was before him and he yearned over the people that came to him for bread and he could no longer give them a stone. He continued reading his Bible which was a new Book to him. A hitherto unknown love welled up in his heart for it, and its teaching became as clear as the sunlight. In the quiet of his study, his eyes frequently dimmed with tears as he read. He found himself unconsciously forgetting theories and as he read, he could see no man but Jesus only, and oft could see Him only through tears. He read and prayed much these first days of his new life in Christ.

As yet he had told Mrs. Harper nothing of the change which had been wrought in him, and in which he felt he had had no part. He thought of a hymn he had heard:

"His brow was pierced with many a thorn,

His hands by cruel nails were torn;

When from my sin and grief forlorn,

In grace, He lifted me."

That explains it, he said. He just lifted me out of my sin and grief—and God knows it was forlorn. Then he remembered it was written: "He was bruised for our iniquities; the chastisement which procured our peace was upon Him"; and he said to himself, "Neither the first nor second Isaiah spoke those words of himself; but as it is written, he was born along of the Holy Ghost as he predicted 700 years beforehand 'the sufferings of Christ and the glory after these.'" He wept when he thought of how for him, Harper, "He was marred more than any man," and yet he felt he could not talk about it, not even to Mrs. Harper who had hitherto shared his deepest thoughts. And he knew, too, she was suffering keenly. She had been lying down in a state of nervous exhaustion. He thought he knew what was the matter with her; but how could he tell her? But that night he managed to blurt out: "What you need is Jesus Christ." Then he choked and blushed like a boy. Not able to say any more he opened his Bible and read to her some of the passages that had become very dear to him; and as he read, she too, found peace in believing.

He worked and prayed for hours daily over his Sunday sermon. Somehow he had no inclination to go for help to his commentaries. He seemed to feel they had failed him, and all that he had was from another source. Yet he knew now what to preach or how to preach. In his earnest desire to do right and give bread to the people whom he had been feeding stones, he found his heart filled with compassion for them; but withal felt so helpless and unable to prepare for what he fully realized was to be a crisis. He found he had more and more liberty in prayer and had no difficulty in pouring out his heart in adoration to his Lord. But his preparation of a sermon in the only way he had hitherto known was very unsatisfactory. Yet he struggled on and prepared what he thought best to say with the result shown in the previous chapter.

CHAPTER 3

When returning some books to the library, Harper discovered for the first time he had forgotten how very useful it had been to "higher critics" to be esteemed "nice men, invariably courageous." When Harper said he thought the Bible ought to be allowed to witness for itself, that he never once claimed that the men who wrote were inspired, but the writings, and that the Spirit of God spake by them and His words were in their mouths, not in their heads, the librarian got very angry and rudely said: "O, you verbal inspirationists make me tired. You are always quoting 2 Tim. 3:16, and saying, 'All scripture is given by inspiration of God and is profitable.' What nonsense! Do you call those long chapters of unpronounceable names profitable? There are those border towns of Judah; not satisfied with writing down all the outside border towns they turned around and wrote another list of the inside towns. Of what earthly use is the like of that to us 'moderns?' A few extinct towns of an extinct province and nation!"

"Indeed!" said Harper, "they are not extinct though they have been without a king or prince or teraphim for many days, even as it was predicted. But Disraeli was right when he was asked to give proof in one word that the Bible was inspired, and he answered: 'The Jew.' But as to those border towns, I cannot answer you; I know, however, they must be profitable or God would not say so."

"Do you mean to tell me you no longer believe in the nobility and goodness of the race?" indignantly asked the librarian. "That man is naturally wicked apart from environment and circumstances? That he is unable to regenerate himself? That he has no divine spark in him, which under God will ultimately lead to God's ideal?"

"Yes, to all your questions," answered Harper. "I know myself to be such a person. The things that baffled me before the light of the glory of Christ shone up on me and I was saved. I mistook the Holy Spirit's conviction working upon me from without, convicting me of sin, righteousness and judgment, as my own undisciplined self; and the evil spirit's suggestion that I was myself capable of growing into the highest ideal—that I had such a 'divine spark' in me, a goodness of my own and therefore in all men was attributed to my own Tightness. I even set up a fellow sinner as my example if not my savior. In other words, while I believed as you do, I reversed the truth. I considered the wooing of the Holy Spirit as evil in me, and the suggestions of the devil as good in me. It is very pitiful and humiliating that any human being of ordinary intelligence should be made such a dupe of Satan's, but such is the naked fact."

"Dogmatism!" sneeringly commented the "critic."

"If you like," said Harper, "but not rudeness. Dogmatism according to what God has spoken and His Spirit revealed, not dogmatism according to man's wisdom."

"There you go again!" sneered the real dogmatist. "When has God spoken? To whom has His Spirit given a revelation of truth?"

"God has spoken from the beginning in various ways; but in these last days he has spoken in His Son," quietly answered Harper, "and in unutterable grace His Spirit revealed the truth to the sinner standing before you."

This rather quieted the little man who accused others of his own glaring weakness, and whose only objection to the Bible was that it stripped man naked before God of all his own professed righteousness, leaving him a puny, sinful being with a darkened mind, and lost, whose only hope lay in bowing to God's will and accepting His provision, without money and without price, as a free gift. If God would only accept something of man and not make him a subject of charity, that would be different.

The librarian spoke again: "What self-respecting man can give himself up to such a dogma?"

"None," briefly answered Harper and waited. By and by the little man spoke again:

"Would you have me believe a man like you threw away his self-respect?"

"Yes," again the disconcerting monosyllable. Then came this question:

"What do you mean?"

"I mean," said Harper, "that so long as man respects himself more than God, he is what the Asiatics call unwilling to 'lose his face.' The Lord referred to the same thing in the words: 'He that findeth his life shall lose it; and he that loseth his life for my sake shall find it.' When I became willing to lose my self-respect (my face, my life) I immediately found it."

"Explain yourself!" ordered the one time courteous "higher critic."

"That is very easy to do," patiently answered Harper, "but wholly useless. You are really asking that man's puny brains sit in judgment on the fiat of Almighty God, and that He submit to you His propositions if He has any to make. I tell you He has none to submit to you. What you are seeking to pry into is God's sacred secret, unconditionally, which He never reveals to unregenerate man except in the one provided way of being willing to know from Him on His own terms. Unless you give in to the conditions and fulfill them like a little child, trustfully, without reason, God has nothing for you or any man in the way of enlightenment."

"Do you mean it is 'fish or cut bait,' 'duck or no dinner?'" asked the librarian.

"Exactly." Again the monosyllable, with conviction.

"Then I tell you I won't fish and won't duck," said the proud man.

"God has left the consequences to you," replied Harper sadly. "He has accepted that gauge in tears, because He is not willing that any should perish. The strong man goes down to the place prepared for the devil and his angels, wholly against God's wish and provision, because he would not come unto Jesus that he might have life."

And sadly turning away he left the poor, lost, rebellious soul, who in his own impotence would become God's own equal, rather than yield and become His adopted son and co-heir with Christ of all that the Father hath.

When Harper went home and took down his lexicons to look up the meaning of the names of those border towns, he was amazed to find their meaning, when written out in consecutive order, agreed with the way he had been led into Christ. He thought that was fairly "profitable," and so looked up the inside border towns. He was still more amazed to find these gave a complete system, in proper sequence, as to the way a man should live after he had been engrafted into Christ.

Following this plan, he looked up the words for virgin. Heretofore he had simply taken some "higher critics" word for it, and as they were always suggesting they were the only scholars, he had listened to them and believed. He found two words in Hebrew for virgin or maiden—bathoola and halmah; the first meaning an unengaged girl—one not contracted for marriage; the second meaning an engaged girl—one contracted for marriage. The former he found occurred several times in the Old Testament and the latter only twice. Carefully beading the connection, he found that when Elieasar sought a virgin bride for Isaac, he asked of God in prayer for a *bathoola*. His prayer being immediately answered, he gave Rebekah betrothal presents; and going to her home recited to her guardians what had taken place, calling Rebekah halmah—considering her as engaged. This was accepted by her mother and brother as settled, because it "proceeded from the Lord," and they refused to interfere. Again God spake through the mouth of His prophet Isaiah, 700 years before Christ, and Harper found the word the Holy Spirit put in Isaiah's mouth was halmah, which in

English is translated as virgin; and that the passage literally read: "Behold, a betrothed maiden shall conceive and bring forth a son." And turning over the leaves of the Bible, he read: "Now the birth of Jesus Christ was on this wise: When as His mother Mary was espoused to Joseph, before they came together, she was found with child by the Holy Ghost." For a time he sat in amazement at the ignorance of so-called scholars, and the preciseness with which the Holy Spirit chose His words 700 years before the event. Going to his bookshelves he took down the translation of the seventy greatest scholars among the Hebrews 280 years before Christ, to see what word they used in the Greek for virgin, when they made their translation of the Old Testament into Greek. He found they used in Isa. 7:14 the only word in Greek for virgin—*parthenos*. Again he turned back to the beginning of the Bible and found the coming Deliverer promised in Gen. 3:15 was to come from female seed— not from male seed. As he sat in amazement at the simplicity and accuracy with which words had been selected in the Bible to convey God's thoughts to man, he was carried away in adoration. When the spell was broken he bowed his head in shame that he had ever set up his puny intellect to condemn such a God-breathed book.

Answering a knock at his study door, Harper was surprised to see the librarian.

"Just dropped in to have a talk," he said with familiarity.

He was a Hebrew, who like all destructive critics and many of his countrymen considered himself a scholar. Learned in the Talmud (the Hebrew's standard of great learning) and in ancient languages, he also considered himself a historian.

The conversation soon turned to the virgin birth of Christ. "But," said he, "the word for virgin in the book called Isaiah in chapter seven, verse fourteen, is not our word for 'virgin' at all—it is halmah, which is young woman, whereas we always use bathoola for virgin."

"Quite so! I cannot see, however, that the word halmah weakens the point, but rather strengthens it," answered Harper.

"No, no, my friend! It is not so. If there was anything in the prophecy at all the word would have been bathoola," he excitedly replied.

"Do you know of no case among your nation's ancient scholars where the word 'virgin' was used in other languages?" queried Harper.

"None whatever!" he answered, with the destructive critic's usual assurance.

"Supposing there was such a case, what then?" ingeniously asked Harper.

"It is impossible"—again with the usual assurance.

"Supposing a committee of your countrymen had been chosen to make a translation of what we call 'The Old Testament' into Greek, for the use of Hebrews scattered abroad who spoke the Greek language, and this committee consisted of seventy of the greatest Hebrew and Greek scholars in the nation, who some centuries before the birth of Jesus Christ translated the word halmah in Isaiah 7:14, by the Greek word parthenos, what would you say?" quietly asked Harper.

"I tell you it is impossible! Besides, such a thing never happened," he said with still more assurance.

Without a quiver of his eyelash, Harper went to his shelves and took down a copy of the Septuagint. Turning to Isaiah 7:14 he placed his finger in the book and opened it at the title page, where the boastful scholar read: "A translation of the Old Testament into the Greek language at Alexandria, by a committee of seventy Hebrew scholars. These were said to be employed by Ptolemy Philadelphus, king of Egypt, about the year B. C. 280." Then Harper let him see the translation.

When he saw the word parthenos he got on his feet and walked up and down the study, pulling his hair and shouting: "What business had they to use the word pathenos! It is the only word in the Greek language for virgin!"

When he had become a little calmer, Harper remarked that he was quite right. It was the only word for virgin in the Greek. "But I will show you," said he, "that your own translation of 'young woman' is the better word." Then he turned to the simple, sublime words in Matthew: "Now the birth of Jesus Christ was on this wise: when as His Mother Mary was espoused to Joseph, before they came together, she was found of child of the Holy Ghost."

"You see," gently remonstrated Harper, "that the Mother of Jesus Christ of necessity was a halmah, to literally fulfill Isaiah 7:14. Your seventy countrymen had no recourse but to use the one word for virgin in Greek, as our translators have also done in English. It would have been better had they both used the words 'espoused young woman.'" The man left without saying a word.

This describes a scene which took place in a large American city about twenty years ago, between a learned Christian physician and a Hebrew Rabbi of much more than ordinary scholarship. In the same study, three destructive critics, all of whom boasted great scholarship, declared there was no such thing as *parthenogenesis*. The physician turned up the subject in the British Encyclopedia and placed it before them, proving again that the boasted scholarship of such men is only a fledgling, and that he who accepts God's doctrine is always right.—(Editor.)

CHAPTER 4

Out in the suburbs of the city lived a devout Bible student to whom John Harper had hitherto barely spoken. Calling upon Arthur Trimble he was received graciously. Mr. Trimble was surprised to hear the much reported "higher critic" of St. Paul's express such an earnest belief in the verbal, errorless inspiration of the Scriptures in the original forms, and noted how Mr. Harper loved his Bible. In response, Mr. Trimble showed him something he had just found in the Hebrew numerals. How the number thirteen was always associated with apostasy in the Bible, and that he had been amazed to find the names of the apostate kings all contained the numerical equivalent for thirteen; and that the kings who had not departed from God he found stood for the same numerical equivalent as Jesus' name, in the Hebrew—Yoshua. Hitherto scripture texts in the original forms and lexicons had lain unused on his shelves, while he read the puny guess books of pseudo-scholars. He found Mr. Trimble had scarcely any books apart from an excellent number of lexicons and original Bible texts. These Harper noted and added copies to his library, which became thenceforth his greatest human helps.

On the following Sunday he made his great confession. He carefully reviewed what men had to say out of their puny intellects about the virgin birth of Christ and the inspiration of the Bible. Stepping up to the desk he brought his powerful hand down on the big Bible, saying as he did so: "I have not opened that Book. I have shown the moonlight and starlight of metaphysics on this subject"; and swinging the big Bible over his head, open before the people, he cried: "Do you want to see the Sunlight?" Without any thought of where they were or what they were doing, the people burst into loud applause. As Harper put the Book back on the desk he exclaimed: "Thank God for that thunder!" Then turning over the leaves of the Bible he read David's confession: "Behold, I was shaped in iniquity and in sin did my mother conceive me." "And that is the way we were all conceived," said he. Turning to the New Testament he read the matchless story of the Son of God, conceived of the Holy Ghost out of the young woman Mary; and quickly turning the leaves of the Bible read again: "God hath made Him to be sin for us, who knew no sin, who did no sin—who His own self bore our sins in His body on the tree."

Then he told them in the simplest conversational way what a blessed time he had had during the week studying his Bible and how the Holy Spirit had opened up the Scriptures unto him, showing from what he had been taught, that not only was it necessary that Jesus Christ should thus be sinlessly conceived of the Virgin Mary, or He Himself would have been a mere man, as much in need of a Savior as any one of us, and that this had all come to pass exactly as it was written of Him, "that the Scriptures might be fulfilled." "A few months ago I told you in the density of my darkened mind, that I no longer believed in the virgin birth of Christ, and that I rejected the authority of the church. Today I tell you I believe with all my soul in the virgin birth of Christ. I still reject the authority of the church, for it has no authority; but I accept the authority of that Divine Book" —again putting his hand on the Bible—"and I believe it from cover from cover."

"With intense shame and deep regret," he continued, "I confess to you in this place where I denied my Lord and put Him to an open shame, by trying to put a bar-sinister across His immaculate birth and reproach the good name of His virgin mother. My only defense is that I did it ignorantly with mine eyes blinded by the god of this age, less the light of the glory of the gospel of Christ should shine upon me. I do not palliate my offense with my carnal mind, secrets never made known to men but by the Spirit of God— the Mind of Christ—whom in infinite love and mercy I now have, and who graciously taught me the truth in Christ. I do not excuse my conduct; I only make such reparation as I can by confessing the wrong I have done. Of one thing I am glad: that while thus engaged in denying my Lord, I was hindered from the dishonest act of receiving a salary for preaching Him whom I denied. But while this sorrow has been spared me, I must still bear the sorrow of previously accepting a salary as a man of light, when my foolish heart was darkened and I was as a blind man leading the blind. But God is good; and He will yet put me in a position, I believe, of making restitution of all my unjust gain. I further read here that He who knew no sin, was made sin for us, that we might be made the righteousness of God in Him. 'Not by works of righteousness which we have done. But to him who worketh not; but believeth in Him who justifieth the ungodly, his faith is counted for righteousness.' Are you ungodly? Do you want to be justified? 'Now is the accepted time; behold now is the day of salvation.'" As he was speaking the church people came forward from all over, filling all the space around the altar rail, penitently pleading, "The only name given under Heaven among men, whereby they must be saved."

CHAPTER 5

This was all good copy and the reporters did it justice. When the Monday papers came out Harper was the most talked of man in the city. Mrs. Harper had admired and respected him before; now she almost worshipped him. The souls he had been used to win loved him, and the people respected him.

His assistant, McLean, was deeply moved but said nothing. His mother's Bible had been given back to him that day, and he saw with the eyes of his soul the sinless One, hanging on the tree, made sin for him. He spent a week in agony of spirit, and was found in the morning watch, on his knees in his study, crying unto God for forgiveness of his wicked sins. He had been praying all night. He could endure no more and thought perhaps Harper could help him. So he called and explained his distress and how there seemed no forgiveness for him. Harper opened his pocket Bible—he always carried one now—and handed it to McLean, opened at Romans 4:5, and asked him to read it.

When McLean had read it, Harper said, "Don't you see, McLean, there is nothing for you to do, because all has been done for you? Can't you believe that?"

Then the tears came to this quiet man's eyes, as he said: "I see it all. And it is so simple. Why could I not see it before?"

"That is because you were never before born of God—born by the Word and by God's Spirit, who is now given unto you and who has enlightened the eyes of your understanding, and let you see Jesus, your Sin-Bearer, bearing away your sins in His body on the tree."

Then together they knelt and praised God for all His mercy and goodness to two such sinners.

When the bishop, who had willingly allowed Harper to remain when he had denied Christ, read the account of his Sunday sermon, he sent for the rector, who waited for his bishop in the garden after they had lunched together. When the bishop joined him he said that now that St. Paul's congregation had grown so large, a wider sphere of action was needed for him, and he could consider himself free to enter it. Harper looked at him a moment. Then he said: "You have taken my harness off, and you will never put it on again."

Returning to the city he immediately contracted the music hall for the following Sunday and announced the Sunday service to the willing press.

He had now his third congregation in the city. The first composed of self-righteous plutocrats such as Elder Carr and litter sermon tasters like Loudon Roxbury, professing to be orthodox, to hide their evil deeds and unbelief, without an inkling of the meaning of orthodoxy. Then he had got together a large crowd of working people, because of his sympathy with them and denouncement of their oppressors. Now he had a third following of twiceborn men whom he found sitting before him on Sunday morning, and all vacant seats and standing room occupied by others. Some there, as one lady put it, "Slept in a neighboring church, but took their meals with Mr. Harper, who fed them with 'the sincere milk of the word, that they might grow thereby.'" But the great bulk of the crowd was composed of the hungry multitude. They loved a manly man, who spoke the truth boldly as he ought to speak it. They had read the graphic account of his holding the open Bible over his head on Sunday, and the thunder of applause, when he asked them if they would see the sunlight. And as many a man read, he found himself in spirit back in his old home gathered around the family Bible, as their white-haired father read it morning and evening and pleaded with his God for them. Again they were at their mother's knees, saying, "Now I lay me." Mother and father had both long since "crossed the bar." They remembered their sweet mother's last pleading with them to meet her in Heaven, and when they came out of their reverie they said: "My father's Bible is good enough for me. I have been looking for a man who believed it. I will go to hear that man; and I rather think mother will be pleased."

Among those who had accepted Christ the previous Sunday was a young journeyman printer, by the name of Michael O'Connor. He had been brought up a Romanist. In the printing office where he now worked were some earnest Christian men and Mike had learned that all that Romanists said about "heretic" was not believable. His people believed in a church, called Mary the Mother of God, and counted beads. These Christian men had a living, personal Savior, whom they adored and spoke of loving as their Friend. They also had Bibles which they seemed to enjoy reading.

He had never seen a Bible in his home. So Mike went forward with the crowd that second Sunday and found joy and peace in believing. Harper had been in the printing office where Mike worked, getting some posters for his friends to distribute, announcing the Sunday service in the music hall. While giving his order he heard someone singing in the press room.

"Who is that?" he said. "I never heard sweeter singing in my life."

"That is Mike," said the manager. "He often brings tears to my eyes."

"May I speak to him, sir?" asked Harper.

"I think I know him."

"O, certainly! Walk right out, make yourself at home," said the manager.

And when Harper entered the press room, guided by the voice, he found red-headed Mike. They shook hands cordially, and Harper said, "Mike! Can you come to see me tonight? I have something I want you to do for me, and you and Mrs. Harper will have a sing together. I don't sing myself but I love music, and man, you have a marvelous voice! You must give that to God. Will you come?"

"I'll be there," said Mike.

This reminded Harper that he had no hymn books for Sunday. He decided he would use only old tunes that everybody sang when they were children, and as soon as he reached home he ordered a thousand evangelistic hymn books to come by express. Then he selected the hymns for the service in the music hall, and took Mrs. Harper into his confidence. At 7:30 Mike arrived, neatly dressed in his "Sunday best." Well, they had a great time that night. Mrs. Harper's tact drew Mike completely out of his shyness, and she helped him to get the hymns right. Mike went every night that week and thoroughly enjoyed himself. But the tune they spent the most time over was that pathetic hymn of Norris' so exquisite set by Robert Harkness—"My Mother."

"I have engaged a piano for Sunday," Harper said to his wife on Thursday. "You will play it, won't you?"

"No, I think not," said she. "I don't play well enough; and besides, you remember the lady who said her name was Abbe Clarke, who came forward last Sunday?"

"Yes," said Harper, "I do," wondering what she meant.

"I have been making her acquaintance," continued Mrs. Harper. "She has been singing in the opera, and the other day when you were out she called and played some for me. Egypt, about the year B. C. 280." Then Har[sic] I think I never heard such playing. She told me her story, too, and I think her a rare character. When I asked her the secret of her playing, she turned with tears in her eyes and said, 'It must be because I have given myself to the Lord and asked Him to accept my poor life and use me, if He would. I have been reading: 'A bruised reed will He not break and the smoking flax will He not quench.' I hardly understand myself yet; but He seems to have blown with His breath upon my smudge fire; and I have known masters to play on very poor instruments such wonderful music, that I am persuaded my newfound Lord is such a Master, and will not break my little flute, but will mend it and play upon it the songs of the redeemed.' So I think, sir," said Mrs. Harper, "that God has secured for you a pianist and choir leader, too when you get one. Shall I ask her around tomorrow evening to sup with us?"

"By all means do," said Harper, who was just beginning to realize that God was working with him and for him, and he could say no more then.

When Miss Clarke came Friday evening, she too realized that her reed was accepted and God was caring for her. Later in the evening Mike came, and Abbe Clarke took possession of him. Mike hardly knew what was happening to him. Miss Clarke was one of those natural musicians who make music musical. To her thorough training and practice she added a catching enthusiasm, and Mike sang as he never had before and was ready to do anything for this wonderful woman. Taking him aside, Harper told him that he wished him to stand by Miss Clarke at the piano on Sunday and sing the hymns he had been learning and sing "My Mother" as a solo after the sermon. Mike's bashfulness immediately came to the front. But when Harper told him he was not asking for himself, that he believed the Lord wanted to help some poor soul to a decision with the song, and said: "You'll do it for Him, Mike?" the lad bowed his head and said, "Yes, I'll do anything for Him, Sir."

On Sunday, when Mr. and Mrs. Harper entered the hall, they found it almost full and the people still coming; and when he stood up to give out the old hymn, "Nearer, My God, to Thee," more than three thousand people were assembled. Miss Clarke played a bar through and the people stood to sing. Her rich, beautiful soprano, blended with Mike's pathetic, soul-stirring voice and the almost talking piano, had the audience joining in before they got to the second line, and gaining in volume until the last verse became a mighty chorus.

As they remained standing, Harper asked in the simplest words for God's gracious presence and blessing on the service. He then read a Psalm and gave out: "Tell me the old, old story." From the first word everybody sang. They had caught Miss Clarke's enthusiasm and seemed to feel she wanted them to sing. They could not resist her if they would. Another prayer, when the people seemed to realize they were being remembered before God by a righteous man and were grateful.

At the close of the prayer Mr. Harper told them, without any bitterness, that the bishop had seen fit to take off his harness, and as he was now a free-lance, he had invited them to the music hall, and thanked them for accepting his invitation. They then sang, "My Faith Looks Up to Thee," after which Mr. Harper stepped to the front of the stage and started to quietly talk about Jesus. The poor girls Miss Glover had got together and whom Mr. Benson had befriended had been much in his heart, and he had them in mind as he talked. He spoke of Jesus' way with men, of the widow and Mary of Magdala—Luke 7.

"Coming along the road from Capernium, on His way from Galilee to Jerusalem, the Lord of Life encountered death. The last enemy had cruelly entered the home of a widow and taken her boy. Her husband was dead and the boy being her only son, he was presumably the last breadwinner, making the scene full of pathos. The joy that a man child was born into the world had all gone out in her night of sorrow. Remembrance of the days she crooned her lullaby to him as he lay in her arms, only brings pain to her thrice lonely heart. No longer will she have his supper waiting, nor listen for his footsteps as he comes from the day's toil, the pride of her life—all is past and gone, and she is desolate indeed.

"They are carrying him out to lay him in the dust from which he sprang and she follows, weeping. Down the road comes Jesus. She does not see Him, but He sees her. He always sees first. Immediately the countenance changes of this 'Man of sorrows acquainted with grief.' The very picture of the widow's woe is instantly mirrored in His face—such was the capacity of His sympathy.

"He said unto her, 'Weep not.' He touched the bier, and they that bore stood still. And He said, 'Young man, I say unto thee, arise.' And he that was dead sat up and began to speak. And Jesus delivered him to his mother.

"The reflection of her joy is immediately seen in His face. 'We have not a Savior who is not touched with a feeling for our infirmities.' He knows how to 'weep with those who weep, and rejoice with those who rejoice.'

"Many people of the city were with the widow. A fear came on all, and they glorified God, saying that a great prophet is risen up among us, and that God hath visited His people.

"Tired with the eighteen-mile journey from Capernaum to Nain, wearied by the crowd and noise as His sensitive soul surely was, dusty and thirsty as He must have been, yet He does not cease to do good. It was sufficient to stay Him that His friend John who lay in prison for his faithfulness, was troubled, and had sent his disciples to Jesus for comfort. Before Him had gathered in the streets of Nain a great crowd of impotent folk. 'And He cured many of their infirmities and plagues, and of evil spirits; and unto many that were blind He gave sight.' Then He said to John's disciples, 'Go your way and tell John the things ye have seen and heard', and pronounced a blessing upon them.

"How delicate and thoughtful was the courtesy of the Master. He sent the disciples of John back to him with the word of glad cheer first, and then addressed the waiting crowd, and gave that noble tribute to his friend lying in jail, disgraced in the eyes of men but exalted in the eyes of Jesus. He knows and He appreciates! And He isn't going to let the opportunity to give him honor pass. He told them of his manliness, and placed the man lying in Herod's dungeon upon God's highest honor roll of fame—second to none, but to those in the Kingdom of God. I mention all this because of one who stood and listened.

"She was a woman of the streets. I think there is an intimate relation between His noble testimony for His absent, disgraced friend and this poor girl. I fancy I can see her catch her breath and a look of deepest yearning come into her face, as she listens to this first word of hope for her, from the Compassionate One who is loyal to a man in disgrace. She is in disgrace; would He help her? Surely

He, too, would not refuse to befriend her! No, no. His every look is full of justice and tenderest consideration.

"One of the Pharisees gave this popular Man an invitation to eat at his house, and the Master goes. While they recline at supper on the triangle tables with their feet outwards and leaning upon their elbows to receive the food from the waitress, an unprecedented thing happens in that house. When the company went to supper, a poor girl was seen hurrying along the street to the apothecaries. She has somehow attained entrance to the house, and walks straight to the feet of Jesus, still dusty with the day's travel. Poor girl! His look has broken her heart; and as she stands over His feet at the outside of the triangle the tears flow and drop upon them. She brushes off the falling tears with her long raven locks; but they will flow, and again she brushes them away, until she has washed His feet with her tears and dried them with her tresses; and then bethinks her of the ointment.

"How well do these two understand each other? Love always understands. No word has been spoken. None was needed. He knew what she wanted. He knew she was broken-hearted for her sin, and craved His forgiveness; and she seems absolutely sure of Him, that He won't turn her away.

"The finer souls at the meal knew Jesus; but the Pharisee's was a coarse soul—he couldn't leave them alone. So he begins to breathe his miasmic doubts about the genuineness of Jesus—his own guest. The Master would pay no attention to that; but Simon had attacked the poor girl, and that He will not tolerate. Oh! How blessed it is to have a manly, fearless, Savior! He knew Simon's miserable thoughts and addressed him with a question. As usual the Pharisee could not answer. They never can. But this is an added touch of the consideration of the Gentleman. He would not embarrass poor Mary, so He tells Simon what He thinks of her and incidentally rebukes the proud Pharisee: 'Simon, I have somewhat to say to thee,' and he saith, 'Master, say on.'

"'There was a certain creditor which had two debtors; the one owed five hundred pence and the other fifty. And when they had nothing to pay, he frankly forgave them both. Tell me therefore, which of them will love Him most?' Simon answered, 'I suppose that he to whom he forgave most.' And He saith unto him, 'Thou hast rightly judged.'

"And He turned to the woman, and said unto Simon, 'Seest thou this woman? I entered into thine house, thou gavest me no water for my feet; but she hath washed my feet with her tears, and wiped them with the hairs of her head. Thou gavest me no kiss; but this woman since the time I came in hath not ceased to kiss my feet. My head with oil thou didst not anoint; but this woman hath anointed my feet with ointment. Wherefore I say unto thee, her sins, which were many, are forgiven; for she loved much; but to whom little is forgiven loveth little.' And He said unto her, 'Thy sins are forgiven.' And when they had questioned His right to forgive sins, He repeated the gracious pardon: 'Thy faith hath saved thee, go in peace.'

"Not a word of rebuke; not a cross look; not one angry word.

Blessed Lord! Many of us sinners living today have cause to bless Thee for the same gentle consideration, the same matchless love.

"And what a disciple Mary made! We love to think of her as 'first at the sepulcher, last at the cross.' To her was given to be the first sheep to be called by name by the risen Shepherd. She knew not the glorified form; but when the good Shepherd called His Own sheep 'Mary!' she immediately responded 'Rabboni!' 'His sheep know His voice. A stranger will they not follow, for they know not the voice of strangers.' The wolf may put on sheep's clothing but cannot change his voice. Thank God for that! Who can tell what it meant to Mary to have Jesus call her by name! To be called by the given name is the longed-for word from the lips of all lovers. When the right person puts the right tone in the voice, what can equal it? It is said of one greatly beloved that no one could say 'Jesus' as he did. But O, what must it have meant to Mary whom Jesus loved, to hear Him say 'Mary' that brokenhearted morning! What will it mean to you, to me, that resurrection morning when Jesus comes? Will we be among His Own sheep whom He calls by name? There will be ten thousand times ten thousand and thousands of thousands singing the new song to Him who loveth us, but I can imagine no voice in all that throng will be recognized. But when Jesus speaks—every sheep in His fold will know His voice. And to be greeted in Heaven by Jesus, and called by name! That is beyond all words and past all thinking.

"How well, too, Mary had learned from Him the lesson on the streets of Nain that day, as he defended His imprisoned friend.

When asked why she wept, she quickly answered, 'Because they have taken away my Lord, and I know not where they have laid Him.' Executed as a common criminal between two thieves, in the most barbaric way known to man, He was still her Lord.

"It has been well said, 'When Jesus would justify her before Simon, He spake of her works; but when He would send her away in peace, He spake of her faith. Our works can never assure us; what He has done for us can.'"

When Mr. Harper had finished his discourse he asked the people to keep quiet while Mr. O'Connor sang; after which any who wished to come forward to please do so.

Miss Clarke played through the hymn once, and Mike stood up to sing. He hardly knew what he was doing except that Jesus wanted him to sing for Him. Fixing his eyes away up at the roof in the farthest end of the hall, he sang:

> My mother's hand is on my brow,
> Her gentle voice is pleading now:
> Across the years so marred with sin,
> What memories of love begin.
>
> O, mother! When I think of thee,
> 'Tis but a step to Calvary;
> They gentle hand upon my brow
> Is leading me to Jesus now.
>
> Once more I see that look of pain,
> The anguish in those eyes again;
> My heart is sad, for well I know

> My sin has caused that bitter woe.

By this time he had lost all nervousness, and the sweet pathos of his voice was gripping the people while the words stirred them deeply. The audience was with him when he commenced the third verse:

> While others scorned me in their pride,
> She gently drew me to her side;
> When all the world had turned away,
> My mother stood by me that day.

Sobs were heard all over the building, and Miss Clarke, in perfect sympathy with Mike, played the tune through while he rested. Then he let his voice out for the last time and sang in triumph.

> I'm coming home by sin be-set.
> For Jesus loves me, even yet;
> My Mother's love brings home to me
> The greater love of Calvary.

As Miss Clarke's instruction he sang it as though he were declaiming. The audience was melted. The voice that had sung and the hands that had played were consecrated to the Lord, and the people were bowed as one man. For a moment they sat spellbound. Then one of the men who had said he was going to hear a man who believed his father's Bible and who had promised his mother to meet her in Heaven, rose and went forward. Standing in front of Mr. Harper, who had remained standing, he said: "Sir! I had a good mother; and I promised her I would meet her in Heaven. I wish to keep my word." Mr. Harper motioned him to kneel. Then the girls who sat in front with Miss Glover rose and kneeled, while from all over the building they began filling the aisles and going forward. When the space in front was filled they knelt in the aisles, and Harper told them in simple words how their salvation had been won for them and all they had to do was to believe that, and by accepting Him who justified the ungodly, their belief would be accounted by God as righteousness. This is what God says, and he read them Romans 4:5. If God had given them this belief to rejoice in, they should say so, confessing Jesus Christ their Lord, "For with the mouth is confession made unto salvation." Asking them to rise, he said: "If this is true of you, say so. Say 'I accept Jesus as my Lord.'" One of the girls in front said, "Oh I do, I do! I love Him!" Then these several hundred thousand people said, "I do." Bidding them come to his home if he could further help them, he asked them to be seated.

Then he said to the people, "God willing there will be service here next Sunday at the same hour. Mr. McLean has prepared a roll for you to sign. After prayer, will all who would like to join with us please sign the roll. We have no church home as yet, but God will give us one. Meanwhile we will take communion together here next Sunday, if the Lord willeth." Then he prayed—prayed for these babes in Christ, asking the good shepherd who had sought them until He found them, to assure them He had them on His mighty shoulders, and would take them safely Home.

He had barely finished when two white-haired old men went down the aisle, and taking the pen signed the roll. It was Howard Benson and Ira Warren. Mr. Benson, looking at Mr. Harper, said, "I have been a Cornelius; and God has sent you to tell me words whereby I am saved."

These were followed by the hundreds, who during the three Sundays had confessed Christ. When the roll was counted it was found that more than five hundred people had signed their names as members of this new communion without a name, without a hoe and without a creed other than the Bible they had heard proclaimed, and which they believed.

Mr. Harper told them he would be moving during the week to a house on Fulton street, near Mr. Benson's. As it was too small to hold a meeting in, would they kindly meet him at The Carlton the following evening at 8 o'clock, and they would consider the next step. He frankly told them he did not know what that would be, but he had come to believe that God meant His Spirit to be the Executive of the Church, and they would follow as He led the way. The meeting was then dismissed.

In the papers next morning were found most sympathetic accounts of the simple yet wonderful service held in the Music Hall. The short talk was given in full. The sweet singing of O'Connor and the magnetic playing of Miss Clarke were praised without stint, while all the papers spoke of the congregational singing. One reporter said, "I sang myself. Haven't done the like since I was at

Sunday School. I couldn't help it. I had to sing. That lady at the piano would make a lamp post sing. She's a wonder! There was a young Irish lad there who sang. He didn't look it. But when he sang 'My Mother' I looked around, and every face I could see was wet with tears. No one seemed to know who he was; I have heard greater voices and greater singing, but in all my life I never heard such pathos. There was no pretense about it. He sang as though he had something to sing, and every word seemed to grip the heart. As for the sermon! Well, I got it down every word. But it won't read like it felt. There was something back of it all. I suppose Mr. Harper would call that something the Spirit of God. There is one thing I can tell you about it: As I was coming home I heard one man saying, 'I never had such a close-up view of Jesus Christ. He seemed literally to be walking among us, so close we could hear the rustle of His Kingly Garments.' That just explained my feeling, too. I heard many speak of it as I hurried along. One remarkable thing I missed: not a soul did I hear say anything about Mr. Harper—all were talking of Jesus Christ, as though they had just met Him, and had heard the wonderful words which He had spoken to them and not to someone else. There seems nothing at all great about the words, except the greatness of simplicity.

"Mr. Harper announced another service next Sunday in the Music Hall, and one thing is certain—that same crowd will be there, and will be there early, too. They will take no chances on not getting a seat. A business meeting was announced for the Carlton House tonight. Mr. Harper is moving into a little house on Fulton Street and said it was too small in which to hold a meeting. He said he had no idea what would take place. If it's a tabernacle, it will need to be bigger than anything ever built in this city before; and I fancy the people there on Sunday would sell their coats off their backs to build it. They seemed to be just in that kind of humor."

All day Monday people called on Mr. and Mrs. Harper. They were moving that day into their new home. As the furniture they had belonged to St. Paul's, they only had their personal effects to pack, and many were the hands willing to help. In fact, they were not allowed to do anything beyond putting together a few of their most personal effects; so they were largely free to receive their callers and help them. Abbe Clarke and Hattie Glover were there to help Mrs. Harper and did as much to encourage the girls among the new converts as Mr. Harper did the men. Mr. Benson had set his girls cleaning up the new home and received and placed things as they arrived, so when night came they were quite cozy. The furniture lacking had all been supplied, some bringing chairs, some bedding and among all the favors heaped upon them, none touched Harper so much as two beautiful rugs sent them by Mr. Henderson. He had been among those at the penitent bench and a new day had dawned for the employees of Henderson's Department Store—and for Mr. Henderson.

The bishop was very much surprised at this turn of affairs. He had supposed Mr. Harper would, of course, leave the diocese after sustaining the disgrace of his dismissal. They all do—all the members of the Boanarges Society. After they have forbidden a man, casting out devils "because he walks not with US," they seem to think he has suffered a total eclipse because they have pronounced against him. And nothing so annoys them as to have such a one remain after they have told him to go. That God wanted Mr. Harper to stay, and had put the seal of His approval upon him, was of no consequence to the bishop. He had failed to "conform," and should go away and hide himself the rest of his days among the lumber men in the woods or the stonebreakers on the roadside. That would have little bothered Harper's great but simple soul. For he now read in his new-found Bible: "Thou hast beset me behind and before and laid Thine hand upon me." "Whither shall I go from Thy Spirit? Or whither shall I flee from Thy presence? If I ascend up in Heaven, Thou art there: if I make my bed in hell, Thou art there—for Thou has taken possession of my affections."

On Monday evening when Mr. Harper went to the Carlton House he found the hotel lobby packed. Securing a large parlor and suite of rooms and throwing them into one, he called the meeting together and offered prayer, placing all their affairs into God's hands and asking that the Holy Spirit might administer each and every affair of the church He had added unto the Lord. Calling upon Mr. McLean to keep a record of what took place, he asked what they wished to do. To speak freely, as the Lord had put it in their hearts and, of course, they would say nothing that they believed would not meet with His approval.

The meeting did not last long. There was no discussion. Someone suggested they should be known simply as the Church of Christ.

To this all agreed. Another suggested that Mr. McLean should become Mr. Harper's assistant and Miss Abbe Clarke, pianist and music conductor. To this all agreed. Another said they would need a church home, and proposed that they build a tabernacle to seat six thousand people. This too was accepted by everyone without a dissenting voice. Another proposed that they secure the property formerly proposed for a settlement site, and try and buy the ground from Elder Carr. This suggestion was accepted and Mr. Henderson was asked to undertake the negotiations. Mr. Henderson rose and said, "We will need money for this. Please put me down for $100,000." This was done by others, who one by one went to Mr. McLean's desk and subscribed their names and amounts, many paying cash, then and there. In about half an hour Mr. Henderson's gift had been more than covered by the people offering willingly. Mr. Henderson was made Treasurer. Nothing else being suggested, they sang the doxology and were dismissed with the benediction.

Howard Benson and Harper walked home together. As they went Mr. Benson said: "I have been at a good many church meetings in my time; but never before one like that. I have never known so much business to be transacted in so short a time, and certainly never before saw such unanimity."

Mr. Harper said he thought the secret of it was the Holy Spirit Himself. When He had the wills of men, He gave them the right thoughts to speak for Him, and gave the same thoughts to all the others in Christ who submitted to His will. Thus far, they had had no opposition from the enemy of souls, as he seemed to have failed in getting standing ground. Please God he might always fail[OC]. But you know, of the Master's chosen twelve, one was a devil. It took Satan three-and-a-half years to get control of Judas, but he did so at last. It is one of the hard things to understand. I mean the fact that he should have left the enemy in possession of the battlefield when Christ conquered His enemy on Calvary and again when He burst the bands of death. It is all in God's counsel and will be put right when God's clock strikes the hour. Meanwhile, it seems it has pleased Him to bring us to Glory over the path of suffering on which He perfected the Captain of our Salvation. May He always grant us a bountiful supply of His grace of courage, that we may never fail to place our feet in those bleeding foot-prints just ahead of us.

"Amen!" said Mr. Benson.

That was a busy week for John Harper. The many so recently "born of God" sought him out in love and sympathy, and for help in the new life. He was their comrade more than their teacher, being himself only a babe in Christ.

Thus it came to pass they received the best pastoral help ever given to men—they were turned over to God and "the Word of His grace which is able to build them up." Mr. Henderson was not at all successful with Elder Carr. He could get no satisfactory answer in regard to the lot for the tabernacle site, and at the close of the week was obliged to so report to Mr. Harper. It was a new experience to Henderson to have Harper suggest that they pray about it. When he left, he realized he had been comforted, and that something definite would come to pass in answer to the straightforward, manly appeal for guidance, submissively turning the difficulty over to God with the simplicity and trustfulness of the little child.

Mike and Miss Clarke spent several evenings with Mr. and Mrs. Harper, and when they left their souls had been cleansed by the word, their spirits filled with the fruit of the Spirit, the eyes of their understanding had been further enlightened, and their hearts filled with adoration and praise to Him they had met as the real Master of the little house on Fulton Street.

Since the great change, Elder Carr had not met either his daughter or son-in-law. The poor man was to be pitied. He was bewildered. All his gold had turned to ashes. His son dead, his daughter lost to him, Harper, whom he really liked, gone out of his life, his name execrated, and one by one his old companions having left him, he was a disappointed, sad and lonely man—an Ishmaelite, with his hand against everybody, and everybody's hand against him. Not because he was right and they all wrong; he was beginning to be troubled, fearing it was he who was all wrong. He had read the newspaper accounts of Harper's services, with a dull, aching sort of interest, and was angry because he could not understand them. Not at the matter—at himself. He was balked, and Elder Carr was not used to being balked. His money had usually talked for him and his seared conscience and hardened heart had given him no qualms when he had had his way. He who had ruthlessly cornered so many deals which added to his millions was now cornered himself, with no way out but a needle's eye, through which he could not carry his gold.

Mr. Henderson was quite unable to understand him, but had he known it, Elder Carr was much more at a loss to understand Henderson. Neither said much. Both men felt a lot. To Henderson's offer to purchase the lot, Mr. Carr quietly declined. Not angrily; just quietly and firmly declined to sell.

All through the weeks, Mrs. Harper looked as though the tears were never far from her eyes, and Harper was very quiet. When Sunday came and they walked to the Music Hall they saw Mr. Carr's car at the entrance. Neither mentioned it. When they entered, there sat Mr. Carr, like a spent man. Harper's manner affected the people. The hymns were quiet, the prayers were burdened, the reading subdued. Mr. Harper announced his subject as Jesus' way with men—with the betrayer. When he opened his Bible and read:

"A good name is rather to be chosen than great riches, and loving favor than silver and gold" (Prov. 22:1), a hush fell on the audience. "It had been well for Judas had he never been born," were his first words. "His name is the synonym of all that is mean, ugly and ignoble—a traitor. I will not say he deserves this name or does not deserve it. I would rather see myself through him. For how does he differ from me? Wherein did he differ from the other disciples? Save in one thing I can see no difference; for all have sinned and come short of the glory of God's requirement. Were it otherwise you and I would need no Savior. No proxy righteousness had been necessary to balance my account with God. Hence Jesus came. He went about continually doing good—active righteousness. Through the eternal Spirit He offered Himself without spot to God—passive righteousness. And the gracious word to you and me is this: 'To him that worketh not, but believeth on Him that justifieth the ungodly (you, me, Judas) his faith is counted for righteousness.' This squares me with God and this only. 'Be not deceived, God is not mocked.' The best deeds you ever did, the best deeds I ever did, never wiped out one sin recorded against any of us, and never worked up an atom of merit with God. For thus saith the Lord: 'The life of the flesh is in the blood, and I have given it to you upon the altar to make a propitiation for your souls; for it is the blood that makes a propitiation for the soul' (Lev. 17:11). It isn't political reform of a doomed city. It isn't better tenement houses. It is not bigger playgrounds for children. (God bless 'em! Let them have them.) It isn't making long prayers as the heathen do; nor Sunday Saintship and week day devilry. It is not being religious. It is blood—B-L-O-O-D, blood,—Pure, Sinless, Good Red Blood, the blood of the Spotless Innocent One on Calvary, for the spotted, guilty, you, me, Judas. 'Though I wash myself with snow water and make my hands never so clean, yet shalt Thou plunge me in the ditch and mine own clothes shall cause me to be abhorred.' 'Who can bring a clean thing out of an unclean?' No one. 'Can an Ethiopian change his skin or a leopard change his spots?' Never. You can whitewash a negro until he is as white as Tom Sawyer's fence, and underneath he will be as black as your hat. But plunge him in 'The Fountain opened for sin and for uncleanness,' and he will come forth in God's sight clean and white, washed in the blood of the Lamb. Dogmatic? Sure! Why should I not be when God speaks? I have nothing to go by except what is written; neither have you; neither had Judas aught but the Scriptures and the living, Spirit-word of Jesus. As to Judas, let us follow his history: All we know of him makes him out to be a very ordinary, everyday sinner. Let us be fair with Judas. He must have loved Jesus. He was doubtless one of the fishermen who left all to follow Him. He was trusted of his brethren. He was trusted of Jesus. He carried the money bag. There were times when there was nothing in it. The Master and His disciples were so hungry and poor on one occasion they ate wheat as they passed through a field to stay their appetites. This was provided for in the law. On another occasion the Creator of all things had not enough money to pay His poll tax, and He performed a miracle to do so, unjust though the tax was. He was free born. On another occasion when 'every man went to his own house, Jesus went to the Mount of Olives.' He had no house to which He might go. Again, they, like the multitude, were without food. And they clearly had not two hundred pence among them. There was a little boy there who peddled, and his whole stock was only five barley loaves and two small fishes. I expect he was playing hooky—couldn't resist the temptation to follow the crowd. That was a good business stroke for him. I doubt not that he received the twelve baskets of fragments that remained after the multitude had eaten, as interest on his investment. Not mean scraps either—bread and fish the Master had made and blessed. As good as the good wine He made in Cana.

"Considering all these things Judas did not have much money to pilfer from the bag, but the result was fearful. The love of it was his downfall. The quantity he stole had nothing to do with it.

"This thieving was doubtless done in secret, though John knew about it. He said he was a thief. A few pennies pilfered, and unconfessed; that was the beginning of his awful end. It grew upon him. Towards the end, just a week before the crucifixion he scolded Mary for her lavish love of Jesus. He talked piously about the poor. Not that he cared. He wanted to get his fingers on that $50. Did you never covet money? I bear testimony that I have. It came nearer to swamping me and destroying my life than anything I have known in the way of temptation. Poor Judas had become a hypocritical socialist. He objected to Mary doing as she liked with her own. He called it a waste to spend it all on Jesus. Have you never been there? I have. God forgive me! This won him a rebuke from Jesus. Had he kept his tongue off Mary, he might have scolded Jesus as much as he would and it had gone unchallenged. Praise God for a manly Savior! For a Friend who always rings true! He aye defends His own! Hallelujah!

"This angers Judas. In Asia they would call it 'losing his face.' That was fatal in his case. Have you ever been angry? Look out, friend! It's a fearsome sin, anger. Are you any better than Judas? I'm not. Poor chap! He went straight to the priests and sold Jesus, because he was angry. It has been said of this keen Jewish financier, that he made a poor bargain that day. He was too angry to make a good one. Only thirty pieces of silver! He could have got three thousand just as well. But so it was written. God knew all about it, and the pen of inspiration recorded the fact centuries in advance. He knew Judas would lose his head in anger and make a poor bargain.

"Then came the Supper. Again he is face to face with Jesus. He was not denied the paschal feast, nor yet the supper. Supper being ended, Jesus girded Himself with a towel and washed their feet. Yes! Judas' too. I fancy as He bent over the feet of poor Judas He shed tears upon them. Still Judas lacks the courage to confess and seek pardon.

"After this they evidently sat down again. I know nothing in all the Scriptures so pathetic as this scene. I think Judas loved Jesus. But, oh, wonder of wonders! Jesus loved Judas. He loves me. In all His wondrous ministry, I can think of no occasion where Jesus tried so hard to save, as He tried this night to save Judas. Remember Judas had already sold Him. Tenderly Jesus says before them all that one of them should betray Him. When all in great distress asked him who it was, last of all Judas asked Him; and you can almost hear the tears in His voice as Jesus told him it was he. Still Judas lacked the necessary courage to get right with Jesus.

"There was one thing left He might do to break Judas' heart. According to custom, when the master of a feast would show a guest special honor, he gave what was called 'a love sop,' by dipping a morsel in his wine and handing it to the favored one. John whom He loved leaned on his bosom; Peter who had made the great confession sat there too; but Oh! The matchless love of Jesus for the poor sinner! He gave the love sop to Judas!

"Why, oh why, Judas, did you hesitate at that moment and give Satan the opportunity to enter you? 'After he had received the sop, immediately Satan took possession of him.' The prince of demons could not trust an underling with that job. He did it himself.

"There is a tradition which says when he was passing out of the door Judas turned and looked at Jesus, and that Jesus beckoned him to come back. I do not know whether that is true or not. I do know it is just like Him.

"Oh Master! Wilt Thou not now let him go? Not He. He accepts the kiss of betrayal in the garden, and I fancy all the wealth of His love goes in that kiss. And again He appeals to Judas: 'Betrayest thou me with a kiss?' I used to think this was a rebuke. I can hear His voice break on the word 'kiss' now.

"The sin-path is a broad, slippery road, running downhill. Judas stepped on it cautiously at first; then he walked rapidly. He is running now, and is about to commit the worst sin of all. Poor chap! That kiss must have nearly, but not quite, broken his heart. And the next day, away off on Golgotha, he saw the result of his sin. He is full of remorse and throws the miserable money back at the priests. But remorse is not repentance—it stops just short of repentance. Repentance goes back. Judas went and hanged himself—the worst thing he has yet done. For it had not been too late had he pushed his way through that mocking throng to the bleeding feet of his Master and said, 'Lord! I am sorry. Forgive me.' He would have been forgiven. His greatest sin was in failing to trust that great breaking heart of the Son of God, breaking for him yonder, on Calvary.

"You and I have committed many sins. Let this one never be among them. Poor chap! Had he only waited like Peter, and seen that look.

"Zacchaeus had been the same kind of a sinner. The lust of gold had made him a hard man, forgetting the poor and defrauding those with whom he dealt. It was a great day for the rich Zacchaeus, when out of curiosity he climbed into a sycamore tree to get a look at Jesus. It proved enough. Jesus spoke to him; and somewhere between the branch of the tree and the ground, Zacchaeus was so thoroughly converted that he addresses Jesus as 'Lord.' And 'no man calleth Jesus, Lord, except by the Holy Ghost'.

"Then he proved his conversion. This hard man, this defrauder, said: 'The half of my goods I give to the poor and if I have defrauded any man, I will restore to him fourfold.' And were you to meet Zacchaeus and ask him how it all happened, he would tell you he did not know. That something happened to him when he got a look at Jesus; and when he heard His voice calling him by name, bidding him come down, as He was going to dine with him that day, there was nothing he would not have done for Him. What a gracious phenomenon! There are things we will not do for any friend, nor for our mothers; not even for our sweethearts will we do some things, but when Jesus speaks we just have to do as He says."

Then Mr. Harper closed the Bible, stepped to the side and said, "If I were an eloquent man, I would like to picture with you all that poor Judas thought and did. I would like to go with you to dine that day at Zacchaeus' house, with Jesus. But after all, these things matter little. Somehow I realize that Jesus is here now in His better part—His Spirit. For after all, it is not so important that we see the loved Form, as that we come to know the Spirit of the Man. And he is here—the Spirit of Jesus Christ. Somehow I feel He has been showing us Jesus, walking in and out among us, and that in consequence, we all see what sinners we are. You and I feel mean today. We do not feel like patronizing Judas. We have not been seeing our neighbors. The Spirit of God has been lifting upon us the Light of God's countenance, in the face of Jesus Christ, and we, like Zacchaeus, are saved. Something has happened to us. We have seen Jesus, and with the look a new glow has come into our hearts. We have heard His voice, speaking to just ourselves. He has spoken to us in our high pride and calling us by name, said, 'Come down.' We have not thought of refusing. He has said to each of us, 'I must dine with you today,' and our whole being has responded in gladness. He has not told us to put our wrongdoing right. He has done more; He has put His Spirit within us and it is the first thing we want to do. He has just captivated us; and because He first loved us, we love Him and long to do everything we believe will please Him. We have no such feelings for anyone else. He has come along and it isn't that we cannot refuse Him; we have no desire to do so. It is all the other way. We want to do what He wishes. It is our joy, our life, our love to do so. It is not that we have nothing too precious for Him. We feel so poor and beggarly before Him; our best and our all seem so inadequate, so unworthy, so little to lay at His feet. And yet will all our poverty we feel so rich. Having Him, we feel we have all. We cannot explain it. We just know it is infinitely true. Would you like to come forward—you of whom this is true and have hitherto not confessed Him? Then come."

CHAPTER 6

As Mr. and Mrs. Harper went out the side entrance, there stood Elder Carr. He came forward eagerly and grasped a hand each of daughter and son and looked in their faces. No one spoke. He slipped a hand in the arm of each and started with them towards their little home. He went in as though he had always been doing so. After removing his hat, he saw his daughter's desk and said: "My I sit here a bit daughter?" "Yes, father, help yourself," said she.

After figuring a little he took out his check book, which he always carried, and wrote a check. Putting both in his pocket he stepped to the door, saying, "I will be back directly." They understood. A few doors away he turned into another house. There, too, he was received as though he were expected. Mr. Benson met him with his old smile; but at last Elder Carr broke down. "Howard!" he said. "I've been a brute. Can you forgive me?"

"O yes," said the old gentleman. "That is easy now. I, too, Elder, am a great sinner, whom God has forgiven much." Mr. Carr put the check in his hand, with one of those little squeezes, so eloquent among men. It was for a large amount—fourfold, with interest for many years. No more was said on the subject. They understood each other.

After a few moments Mr. Carr said: "I am going to sup with my daughter and John. I must not keep them waiting." How did he know? He had not been asked. But, when he went back, there was a knife and fork laid for him. How did the daughter know? Love always understands. They sat down at table as thought it had ever been so. Little was said. Everybody was a little too full for speech; the meal was very quiet, yet very restful and happy. They had gone home to dine with Jesus.

That evening Hattie Glover came over with a rush; and when they saw her pale face, the three followed her beckoning hand without a word. When they entered his bedroom there lay Howard Benson with a cold sweat on his brow and a great light on his face. "Good-bye, my son! Good-bye, daughter! Good-bye, old friend! Good-bye, Hattie! Look after the girls, Hattie! Good-bye, Sam! John, you'll keep an eye on my boys and look after Sam? And you too, dear! And Elder! Hattie will tell you of some of my other friends. Please be good to them." Then looking at Mr. Harper, he smiled and said: "He has called me, too, John! But He will not dine with me today. He has asked me to come Home and dine with me today. He has asked me to come Home and dine with Him, and I'm going; O, so proudly going!" He closed his eyes, and was gone.

Next day the front page of the city papers contained pictures of Howard Benson and Elder Carr, shaking hands. Underneath was the one word, "Reconciled." All papers were in mourning. All had long sketches of "Our First Citizen, Howard Benson."

The young reporter who had reported the previous Sunday's service in the Music Hall so fully—George Hudson—again had Mr.

Harper's sermon in full and described the scene.

"When Mr. Harper said, 'Then come,' they sure did 'come.' And it was a mighty quiet coming. But for an occasional sob, there was absolute quietness. I do not know how many. There were too many to count. Nor can I describe the scene nor the sermon. The overwhelming sense of shame for sin when the Holy Spirit convicts is not among the things describable. There would be a fortune in it for a poor reporter if he could get that scene down as it was. Oh, I got the words down alright. But they don't read like it was. Jesus was there. We all met Him. We saw, too, poor Judas. And say! I've changed my mind about him. He was too much like myself to longer hold any very hard feelings against. And when he went out the door and Jesus beckoned to him, well! I don't know—I never thought Jesus was like that. He seemed to be beckoning to me. I, too, was up the sycamore tree with Zacchaeus, and—well, I came down, too, when Jesus called. I dined with Him, too—the first time in my life. And today—well! One doesn't like to talk about some things, but I think I know just what took place in some folks' hearts yesterday—my own little bank account is a little smaller today.

"Like last Sunday I hurried along home and listened to folks talking along the way. One chap said: 'Elder Carr was there. I saw him. But, do you know I was not thinking of him when Mr. Harper was preaching; nor was I thinking of Mr. Harper. I hadn't time to think of anybody but Jesus. And I felt so mean myself, that I was not thinking of other folks.' When I had got that down, I heard another man behind me talking. He said: 'I never saw before that the meanest thing about Judas was that he failed to trust the heart of Jesus. That was me, too! I shall never think any worse of Judas again, than I do of myself. And do you now, I don't feel a bit good now. I feel such an awful sinner; but my heart is so full of the love that forgave me all that debt, that I know not whether to shout or sing, weep or laugh. I would do all four together if I could. And yet it is not the feeling that assures me. 'Tis the words Jesus spoke. When He said, 'Come down!' I said 'Sure!' and down I was. And when He said, 'I must dine at thy house today,' I said, 'Thank you.' And when Zacchaeus said he would give half his goods to the poor and restore fourfold to anyone he had cheated, I said, 'Me, too, Lord!' And now I am going home with Him to have the meal of my life.' That is all I got down; but I think it is enough. Those two testimonies describe my own case, exactly. I think I know now what those words mean: 'And lifting up their eyes, they saw no man save Jesus only.'"

On Wednesday they buried Howard Benson. The flag at the City Hall was at half-mast. The Mayor, the Governor, several congressmen, a senator, the city fathers, all were there. The Music Hall was engaged and there all that remained on earth of Howard Benson was placed so the people could pass without destroying the mounds of flowers heaped around the casket. For hours the people filed past. There was no hurry. One poor old woman from Fulton St. stood and looked at the peaceful face and said: "The same dear Mr. Benson!" She seemed to speak for the city. For the poor he had helped, the boys he had loved, the girls he had befriended, and the friends he had comforted.

Never before was there such a funeral in the Middle West. All shops were closed and the streets thronged. When the young men lifted the casket, Arthur Pringle rose, and putting out his hand, said: "Tread lightly, young men. You are bearing a temple of the Holy Ghost."

Some of the members of St. Paul's were there. Little Loudon Roxbury, walking along with one of Mr. Harper's people, said: "Poor Mr. Benson! I'm afraid we will never see him in Heaven."

"That is so," replied Ira Warren. "He will be so near the throne of the Eternal, I'm afraid you and I will never get a glimpse of him."

When they returned from the cemetery and Mr. Benson's lawyer read the will, it was found Mr. and Mrs. Harper were his sole heirs, to whom he commended his poor, and the boys and girls he had loved and helped. With Elder Carr's check they had a goodly fortune, and Harper's first act was to return to St. Paul's the salary he had received, with an added account for the house rent.

He also returned his ten years' salary to his former church. The same evening, Elder Carr handed Harper the deed for the lot he had refused to sell Mr. Henderson.

They now had the site and all the money needed to build the tabernacle. An architect was employed and given instructions to build a plain, unpretentious brick building to seat six thousand in comfort, the building to have good acoustics. "And," said Harper, "if there are any bricks left over, we will not put them in a tower; but across on the other side of the park, where the poor need a Mission Hall."

He then took Hattie Glover into his confidence, and told her that after refunding his salary to St. Paul's and to his former congregation he had more than enough for their need, and proposed putting $30,000 in a trust account to enable her to keep on the work Mr. Benson had been doing, as though he were still living. The interest would be equal to what Mr. Benson had probably been spending, and he would pay it to her quarterly. Any extra money she might need, she would of course follow Mr. Benson's request and give Mr. Carr an opportunity to help. "But what about using his money?" said the conscientious Hattie. "I fancy Mr. Carr has squared all the matters the Holy Spirit has brought to his remembrance, fourfold, and given half his possessions to the poor," said Harper. "You and I, Miss Glover, have so many things to correct, ourselves, besides 'all that debt' which our Lord squared for us on Calvary, which we could never have done, that we will be kept busy enough without assuming Mr. Carr's obligations. Besides, like ourselves, he has now an indwelling Teacher and Guide to look after him. And judging from what he has succeeded in getting Mr. Carr to do already, I think we can trust His faithfulness and ability and Mr. Carr's willingness to be conformed to the image of Christ and obey his Tutor in all things. You and I, Hattie, will have to look out, or we will find this newborn babe in Christ passing us in the race set before us, and winning the crown. However, let us not worry about that. God grant we may all finish our course with joy and be found complete in Christ. I believe we will. You know who found us when lost and lifted us upon His shoulders rejoicing, and started back for the fold! He will not fail us. We would fail of course! But with Him it is different. He never fails."

"Thank you," was all Hattie could say in reply.

"Then you will continue on as heretofore, taking charge of the house and the girls and Sam?"

"Yes," replied Miss Glover.

To Sam he said: "You know your mistress' wishes. You will continue on in the old place, caring for Miss Hattie?"

"Yes, Mr. Harper! I will care for Miss Hattie."

"Alright, Sam! we will consider that settled."

That night as Mr. and Mrs. Harper read their evening portion: "All has come to pass; no good thing hath the Lord withheld of all His promises," Harper stopped and said: "I think that is enough for tonight! He is a good Lord! Paul was right when he spoke of His doing exceedingly and abundantly above all our asking or thinking. We can put that in the past tense, and say, 'He has done so for us.' And if the beginning of our new life is so exceedingly abundant, what, O what, shall the end be! 'Eye hath not seen, nor ear heard— the things He hath prepared for them that love Him!' And we are so utterly unworthy of the least consideration! Truly, 'He is past finding out.'" It was a chastened man and woman who knelt in praise that night, to Him who loved them, and redeemed them; cleansing them from their sins in His own blood, bathing them in His word, and lavishing all the wealth of His love upon them.

CHAPTER 7

Three years have passed since Howard Benson "crossed the bar" and Elder Carr became by birth a member of Christ. Much has happened since we left Mr. and Mrs. Harper on their knees in tearful praise for all God's goodness to them.

The tabernacle was finished and there were enough bricks left to build a Mission Hall on the other side of the park.

On the last Sunday in the Music Hall, Harper simply announced that now that the building God had given them was finished they would worship there the following Lord's Day, at the usual hour—God willing.

There was no banquet, and no special service, nor a popular preacher asked to "open the church." The usual motive was lacking in this instance—the need of a collection to pay the debt. There was none to pay.

Abbe Clarke had gathered around her a number of twice-born singers, and had trained them to sing praises unto God, and they did sing. There were no operas, or anthems. The music was good, but consisted of hymns of adoration and praise, and Gospel songs, in which the congregation heartily joined in.

For months the people had been meeting early in the day, before business. Harper had been given another vision, of a vast host of shepherd-less sheep, to whom the Good Shepherd pointed with His scarred hand.

When four months previous he had told the people about it, he laid before them the gospel fact that, "Ye are not your own; ye are bought with a price." He showed them how the Holy Spirit was the Servant of Luke 14:16-24, to whom the Lord had given His commission to secure guests for the table He hath spread. That having gone first to the Jews and they had made excuse, He had sent His Servant into Macedonia in Europe, whither the Servant had called Paul to come over and help Him, forbidding him to go into Asia. From thence the good news spread to America; but when the Servant reported that He had done as the Lord commanded, and yet there was room, He had sent Him far hence into the by-ways and compounds to compel them to come because His house must be full; that again the Servant had gone and for over two hundred years had been seeking guests far hence among the Gentiles.

Then Harper showed them how helpless the Holy Spirit was to give the Gospel to every creature without co-witnesses unless He broke the law of Christ and performed miracles. For when the Lord announced to His disciples that the Spirit of Truth would testify to Him, He had added "and ye also shall testify." This before the crucifixion. After He was risen again He also commissioned His disciples, predicted what they would do and commanded them to "go," and give the gospel to "every creature," "to the uttermost part of the earth," but to wait for their co-witness unto Him, even the Spirit of the Father and the Son, whom He would send unto them from the Father. They waited and He came, as the sound of a rushing, mighty wind, fulfilling another clause in the Law of Christ—that men would be born of God, by the Word, by His Spirit and the co-witnesses of Christ.

He showed how it was impossible for the Holy Spirit to graft members into Christ without in the first instance performing a miracle if He had no co-witnesses; nor could He have such until they were born again. So He Himself caused them to testify to one another in the fiery tongues which rested upon them. And out of the Word of God which proceeded out of their mouths, speaking to one another in the upper room, they became members of the New Man by birth. Fifty days after the Passover, and seven days after the Ascension, the twelve became the second fruits unto God of the resurrection, at this Feast of Fruits. Thus were the Holy Spirit's first co-witnesses made, as by birth they became a part of the Christ. Their tongues were repeated when God opened the door to the Gentiles at Caesarea, when Cornelius became the first Gentile convert with Peter's testimony, and never again repeated. He showed how easy it would be for the Holy Spirit to finish His commission if He could get twice-born men to go when called, as Peter and Paul went. But of late years, many seemed to go who were not called, and many seemed to hinder rather than help the converts as Paul did, "to be enlarged by them to preach the gospel in the regions beyond them." Thus had it come to pass that an enormous amount of money was spent in missions, thousands of white missionaries sent, and little accomplished, because the native twice-born men were not given a chance to repeat primitive Church history, by going everywhere preaching the Gospel and, like Paul and Timothy, "made unto God a sweet savior of Christ in every place," whether they would hear and live or refuse and perish. "For mark you," said he, "neither the Holy Spirit nor the disciples were commissioned to save every creature, or educate every creature, but to witness to every creature. And not with the Kingdom Gospel, either, but the *Gospel of Grace*—the one by which you and I entered in by the Door into the sheepfold, when we listened to the Good Shepherd's gentle voice calling, 'Come.' And oh, beloved! He had not forgotten those 'other sheep,' if we have."

De Massa ob de sheepfold,' Dat gard de sheepfol' bin,
  Goes down in the gloomerin' meadow,
  Whe' de long nite rain begin.
  So He ca' to de hie a lin shepped:
  'Is my sheep, is dey all brung in?'
  So He ca' to de hie a lin shepped"
  'Is my sheep, is dey all brung in?'
  Oh den says de hie a lin shepped,
  'De's some daas black and din,
  And some daas poo' ol' weddas
  Dat kant come home agin. But de res' daas all brung in,
  De res' daas all brung in.'
  Den de Massa ob de sheepf ol', Dat gard de sheepfold bin,
  Goes down in de gloomerin' meadow,
  Whe' de long nite rain begin.
  So He lay down he baas ob de sheepfol'.
  Cawlin soff: 'Come in! Come in!'
  So He lay down de baas ob de sheepfol',

Cawlin soff: 'Come in! Come in!'
Den up tru'de gloomerin' meadow,
Whe' de long nite rain begin, Den up tru, de dizzlin rain paw,
Whe' de sleet faw picin din.
De poo loss sheep ob de sheepfol',
Dey all comes gaderin in;
De poo loss sheep ob de sheepfol'
Dey all comes gaderin in.

A Scotch shepherd on the hills was folding his sheep. Trusting his faithful collie to drive them he stood by the bars of the sheepfold, counting his sheep as they entered by threes, fours and fives. Two were missing. The night was wet and cold. The faithful collie had gone to her puppies. She was wet and cold and very tired with the heavy days work in the storm.

The shepherd pointed to the hills, saying: "Twa missing! Go!"

She looked at him, and looked at her puppies. Still the finger was pointed to the hills and the faithful shepherd said, "Go!"

She rose and went out into the night. Two, three hours passed, when she brought back one sheep.

Again he counted the flock and one was missing. He went to the kennel where the faithful collie had dragged herself, saying, "One missing! Go!"

Her beseeching eyes looked at him; but he pointed to the hills, saying, "Go!" Again she looked at her puppies, and again at him, and went out into the night.

Near the dawn of day she came back very slowly with the lost sheep; and crawling into her kennel lay down with her puppies.

At the dawn of day no answer came to the shepherd's "whistle." Going to the kennel he found his faithful collie cold and stiff. She had given her life for the sheep.

Amid a profound quietness, Harper asked the simple question: "Can we do less?"

When he had finished Abbe Clarke played a bar of a beautiful complement and sang; sang as the birds sing:

> What shall I answer Jesus, when I stand before His throne?
> How shall I frame a sure excuse, for the task
> I have left undone?
> He told me, He told me,
> Oh! so earnestly told me
> To feed His lambs,
> Feed His lambs.
>
>
> I cannot say I heard not when they cried for hunger sore,
> Neither pretend that I knew them not,
> since they cried at my very door.
> I heard them, I heard them!
> Yes, but quickly passed by, And let them cry, Let them cry.
>
> To anyone but the Shepherd I might plead that
> I was poor;
> How many times has He offered me the whole of His
> bundles a store!
> I need not, I need not
> Have gone with empty hands
> To feed His lambs,

Feed His lambs.
I cannot say that pleasure made me her unwilling slave;
Nor that I strove to loose her chain all the way to the brink of the grave.
I've sought her! I've sought her!
Yes, and willingly served her
All my life,
All my life.

I dare not say I loved Him more than all the world beside;
Nor remind Him how oft He came as a Friend with a friend to abide.
He knows me! He knows me!
Knows I would if I loved Him, Feed His lambs, Feed His lambs.
Call me now to answer, if I have obeyed Thy Will.
Grant that I yet may feed Thy lambs, Thy last, loving request fulfill,
Forgive me! Forgive me! O, Good Shepherd,
and help me, To feed Thy lambs, Feed thy lambs."

There had been many wonderful meetings in the old Music Hall, but none so pent up with feeling as this mission meeting. Many had come from far and near to this man to be fed, and over two thousand had confessed Christ since the day poor Harper failed to preach his sermon.

An awful silence followed Miss Clarke's message in song. Then George Hudson, sitting among the reporters, rose, and said: "I will obey. I will go."

This was the signal for Christians of all ages and both sexes to come forward and kneel.

Harper did not know what to do. While they were kneeling he decided to pronounce the benediction. He expected the balance of the audience to go, but they all sat down. Arthur Pringle was with him that day, and to him he turned and asked what it meant.

"It means," said he, "the Holy Ghost."

"What do you wish to do?" Harper asked the people.

"Send them," said a voice.

"This is all as new to me as to you," said Harper, "and I can do nothing without more light. I propose that we pray about this, until we know God's will fully, less we err." To the kneeling people he said: "How would like you to meet me every evening for a while and study the Bible?" All hands went up.

"Well, let us do that," he decided. Then addressing the audience, he said: "How would you like to meet every morning at six o'clock for study? I think we do not want to follow other people's methods unless our Executive, the Holy Spirit, so leads. I am sure this is true in the matter of collections for missions. Would you like to meet here and study the Holy Spirit's methods until our church is finished? We could then take up our mission collection, and by that time we would surely know just what the Holy Spirit would have us do. Would you like that?"

A sea of hands went up.

"Very good then, let us meet here tomorrow morning."

This was the beginning of their interest in Missions.

CHAPTER 8

At the opening of The Tabernacle four months after the events recorded in the previous chapter, the six thousand seats were occupied, the aisles and other spaces including the platform were filled and a great crowd was turned from the doors.

Mr. Harper simply announced: "We will now take up our collection for missions."

No singing or speaking interrupted this worship of offering and sacrifice. The audience was very quiet.

When the collection was finished a slip was handed to Mr. Harper, who rose and announced that the collection amounted to $22,000. Not a person had been solicited. The four months' study of the person of the Holy Spirit and the Law of Christ which governed His actions and was the privilege and duty of those in Christ to follow was alone the method which produced this quick result. One lady, who had before been considered close, put ten yellow $100 bills on the plate.

Mr. Harper next reviewed the blessings they had received since becoming a church, and announced his subject for the day: "The Holy Spirit of God."

"I have chosen to speak of Him today," he commenced, "because I am convinced He has brought all this to pass. It was He who brought the words of our Lord to our remembrance, and out of that divine material created us members of Christ. It is He who has taught us and guided us since. While He has graciously used us as His co-witnesses to Christ, to articulate the Word of the Lord, of which He is the Author, and has also been our Leader, our Inspirer and our Executive. It is written: 'Where the Spirit of the Lord is, there is liberty.' We have all realized this. From the first day until now we have had absolute liberty, perfect unanimity and His quietness and confidence has been our strength. It is fitting that we commence our worship in this tabernacle, giving all honor and praise to the Spirit of God, who has reared it for us, and who rests upon us this day, as the Shekinah Cloud. But let me hasten to say, this is only so because under His instruction and endowment, we have reared up in this city, that other Tabernacle which is Christ; and ye all have been drawn to Him, even as He said: 'And I, if I be lifted up will draw all men unto Me.'

"When Moses had finished the Tabernacle in the wilderness, he reared it up, and the Spirit of God rested upon it, as the Shekinah cloud. When John the Baptist testified to the Son of God, the Spirit of God descended upon Him as a Dove. God can never withhold His Spirit from resting upon His Son, wherever and whenever He is lifted up, and lo, a Voice, evermore saying to all who behold Him, 'This is My beloved Son, in whom I am well pleased.' You have all heard that Voice—each and every soul of you that is in Christ. For again it is written: 'If any man have not the Spirit of Christ, he is none of His.'

"Neither you nor any other child of God are His except you have been sealed with His Spirit. Your first baby's lisp of the language of the skies was when you looked upon Jesus and called Him your Lord; for 'no man calleth Jesus Lord, except by the Holy Ghost.' Your second baby's lisp was when by the Spirit of Son-ship, you called God Abba—Father. 'Abba' is the Syriac for papa. Just baby language. Just the trustfulness of a little child, like the one Jesus set in the midst and said it was necessary to be like such to enter the Kingdom.

"But this trust was not of yourselves; for it is written; 'For by Grace are ye saved through faith; and that not of yourselves, it is the Gift of God.' This grace of faith by which ye are saved is the first-fruit of the Spirit. So, from the first to last, all you and I have today is of this same Spirit whom we are considering. He has been 'given' to you and 'given' to me. We have 'received' Him and He is ours.

"This wondrous Person is so gracious, we would only have begun to consider Him after spending a week together. How little we can say of Him at this time! And yet what little we can say of Him according to the Scriptures will be helpful to us all.

"Personally, His names have been most instructive to me. I think the most noted characteristic of this adorable Person is His modesty. He never talks about Himself. The Lord Jesus testified much of the Father; but He said more about the Spirit of the Father. 'The Holy Spirit testifies of Christ only, and only the Holy Spirit testifies of Christ,' and that through His co-witnesses—twice-born men. We get to know Him as He testifies of Christ. As we eat the

Roll; as we gather the Spirit—Life—Word—Manna which 'profiteth' and feed on every word that proceedeth out of the mouth of the Lord in our wilderness journey, we grow thereby. Of this Holy material he grows fruit on the branches of the Vine—all His forty-four varieties recorded. And when ripe, it is ours to feed the fruit to others, or it will rot, like any manna gathered in the wilderness but not used. 'We have the Mind of Christ,' 1 Cor. 2:16, and He it is who 'enlightens the eyes of our understanding,' 'comparing spiritual things with spiritual.' For He is our Teacher. 'The anointing which ye have received of God abideth in you, and ye need not that any man teach you; but as the same anointing teacheth you of all things, and is Truth, and is no lie, even as He hath taught you, ye shall abide in Him' 1 John 2:27. What a wondrous privilege to have such a Resident Tutor—'The Spirit of Wisdom,' 'the Spirit of Truth.' And as He has taught us, we propose to abide in Christ. The Master Himself told us we could do nothing otherwise. Thank God we don't want to do otherwise. For herein is our Father glorified, that by so abiding we bear much fruit. We have had such blessing in our own hearts, and such fruit unto God has been the result of our abiding, and letting His Spirit work in us and for us and through us, as none of us dared to think or believe possible. I am sure you are with me in this. All that is within me lauds and blesses the name of our God this day; and I will have none other Teacher and none other Travelling Companion to the City.

He is 'The Spirit of the Father,'

'The Spirit of the Son,'

'The Spirit of Jehovah,'

'The Spirit of God,' 'The Spirit of Jesus Christ,'

And, thank God, He is mine!

He is 'The Spirit of Love,'

'The Spirit of Faith,'

'The Spirit of Truth'—Even of this Book. He is 'The Spirit of Life,'

'The Spirit of Power,'

'The Spirit of a Sound Mind'—

And with Him I can never be other than sane.

"He is 'The Spirit of Meekness,' and with Him I can never be otherwise toward God. He is 'The Spirit of Love,' whose 'Perfect love casteth out fear,' and I can never be a coward before men. 'For God has not given us the spirit of fear,' (who is the devil) 'but He has given us the Spirit of Love,' Hallelujah! 2 Tim. 1:7. He is 'The Spirit of Prayer,' and in Him alone can I pray in the Holy Ghost; and He is mine to pray in me, according to the Will of the Father, and mine to 'Let this Mind be in me who was in Christ Jesus;' and the measure of my letting will always be the measure of His doing.

"Thank God in Christ the law was fulfilled and put away; and every provision God has bountifully made for us is in that wondrous place, 'in Christ.' It is mine no longer alone to do, it is mine to be. It is mine not to seek to carry myself in a bushel basket, but to let the Holy Spirit buoy me up and make all my burdens light, and all my small affairs easy—'in Christ.' I have everything to enjoy in Christ. I have nothing outside of Him. Mine only to abide.

"There are several emblems of the Holy Spirit in the Bible; we will consider only two: As a Dove and as Oil.

"'Oil' in the Bible invariably stands for Him. There was the oil for the seven golden candlesticks. These candlesticks stood for the Church, to be trimmed by the High Priest and never allowed to go out. And from that day to this day any witness of God who has suffered the Light of the World, who is Jesus, to go out in the churches, abideth in Darkness. The Spirit is not Himself the Light. He is never once so spoken of in the Scriptures. He is the Oil. Jesus is ever the light.

"Then there is the Anointing Oil, and the Oil of Perfume—both so sacred none were permitted to make any like them. You, my brethren in Christ, have received this Holy Anointing. You have been anointed Kings and Priests unto God. Jesus, Thy Melchizedek Great High Priest of Grace, has put His Holy Anointing Oil upon those who are clothed in the garments of His righteousness, and with the blood He has forever set them apart (separated, sanctified, made holy, consecrated) from men unto God. And whether you are in the counting house or the pulpit, behind the plough or in the home, you have been bought with a price and wholly set apart unto God. May you ever restfully, gratefully abide in your sacred separation. For this is the only way the second Oil, that of Perfume, will be yours.

"You are the fair virgin, for whom the King has sent throughout all His realm to find—the fair Esther. You have been committed to the Keeper of the Virgins, the Holy Spirit, in whose eyes you have found favor, and who has set apart for you the finest chamber in the Ivory Palaces, and provided all things for your purification. When you come out from thence for presentation to the King, you will be robed in the vesture of Glory and beauty of your Kingly King, and all your garments, like His own, will smell of the myrrh, and aloes, and cassia of the Ivory Palaces. The Spirit of Christ, who dwelleth with you and is in you, is the King's Hegai to make all your life as beautiful and fragrant as that of Jesus. We read that this Servant of our rich Father, who went to seek you, in a far country, for the only Son's Bride, had 'all the goods of the Father in His hand.' Let us stand in with the Servant, and we can never be poor.

"The more we consider Him, the more inadequate language becomes to speak of Him.

"Another of His emblems is the dove. "The dove is the gentlest of all birds and the most timid. When I was a boy, like many of you I kept pigeons, and when I grew to manhood I became acquainted with the modest, dun-colored turtle dove, whose gentleness and timidity surpasses description. They are more timid than pigeons. Yet pigeons, even after getting so tame they will eat out of your hand, if you put out your free hand towards them, they will shrink from it in extreme timidity. This trait is most important to remember. Failure to remember this has given Satan a tremendous advantage. He would have the Gentle Dove nestle down in Him and brood, must needs be quiet. We may not be noisy or nag Him. We must needs be very quiet and 'Let Him' nestle down in us; and He will fill us with such a wonderful peace—peace, and quietness, and confidence as others know not.

"This is the secret of fruit-bearing. Branches do not bear fruit by threshing around, but by abiding. But never let us forget that it is His Fruit, not ours. It is the secret of flowing rivers. They are His Rivers, not ours. We are only the banks, and ours to be the channel in which His Rivers flow, while He grows His Fruit on the banks. We can never make the fruit or flow the rivers. We can only 'Let Him.' God keep us from 'trying,' from 'doing.'

"Ah! May we ever let Him! Let Him fill every crevice of our beings until we are flooded with the Sunlight of Heaven—the Lamb who is the Light thereof. Let God strengthen us with might by His Spirit in the inner man, that we may know God's fullness—not ours. Let us walk with Him. Desire His companionship. Look for His comfort. Seek His communion. He will never fail nor forsake us; but will present us stainless, spotless, faultless, all fair, clothed in the Glory and Beauty of our Prince and Savior, and filled with His Grace and Truth. With unutterable longing He desires to make us like Jesus Christ. He would grow in us not only the nine varieties of His fruit recorded in Galatians 5:22, 23; but the other thirty-five recorded in the Scriptures.

"Oh, Beloved! Shall we not 'Let Him?' He will take you and me in all our unloveliness, and all our wounds and bruises, and pour upon us the wine of joy and the oil of healing, clothe us in our Lord's Kingly robes, and make us as fair and beautiful as He.

"Let Him this day, beloved! Let Him fill your whole being with melody, with confidence and strength, with love and gladness and rejoicing, with gentleness and goodness—with His own, lovely Self. 'Then shall our way be prosperous; then shall we have good success.' Let us pray:

"Lord Jesus! We have seen Thee standing that last great day of the feast, and heard Thee crying with a loud Voice: 'If any man thirst, let him come unto me and drink. He that believeth on me, as the Scriptures hath said, out of his belly shall flow rivers of living water.' This spakest Thou of the Spirit. And on this first day of our meeting, here we come. We believe; and we rest in Thee for the flowing of the Holy Spirit's rivers. We gratefully accept from Thee this building, and may the Water of Life never cease to flow from its threshold. Thou hast given us this tabernacle, we give ourselves unto Thee. Accept our poor, shameful offering, and keep us and keep the building wholly for Thyself. Amen."

Then Mr. Harper spoke to them again, "Do you mean it? If your whole soul gladly answers yes, stand." A great multitude stood. "Do you desire above everything else that this Wondrous Being whom we have been considering should control your spirits, souls, bodies and possessions—from now until He presents you faultless to Christ? If so, put up both hands." A vast number of hands went up. "Does all that is within you long for this Gracious Person to be your Travelling Companion, to work in and through you to do God's Holy Will? If that be so, raise both hands and say 'Amen.'" No man could possibly count the hands of the more than six thousand people and the 'Amen' was like the sound of a great wave breaking on the shore. "Praise God for that Amen! Please be seated.

"We have had a wonderful time for four months, praying. We have had a blessed time together studying in the class. We have now $22,000 to send out representatives of the Cross far hence among the Gentiles and a number offering to go. I would like your assistance in selecting them. I would like the help of Mr. Henderson, Mr. Goodwin and Mr. Simpson. If you are of the same mind, please put up your hands. Are there any objections? Then if these brethren will meet with me, we will seek to know those whom the Holy Ghost would separate and call unto this work.

"The meeting is dismissed."

CHAPTER 9

Mr. Henderson was much more successful with his own affairs than with buying the lot from Mr. Carr. Like many an able businessman, he had not learned yet that the greatest things proceed from the heart. No amount of business ability could get Elder Carr to ever set a price on the property. When his heart was won, he did not require to be asked to sell; he gave the property.

Mr. Henderson had soon devised a plan for putting his own house in order. Calling his employees together, he told them in a manly fashion that now he had become a new man in Christ Jesus, he wished business to be "new" also and wished them to share in the profits. A correct account would be kept of the monthly sales on which they would draw a commission. Those not in the sales departments would draw an amount proportionate to the sellers. "This arrangement," said he, "will date from the day of my new birth." He told them also that he proposed overhauling their entire business and reducing motions, so that all would profit by the dispatch with which customers would be served and the satisfaction they would have from quick service. "I noticed the other day that it took Miss Myers just eleven minutes to assure a customer in a hurry that we were out of a certain brand of stationery. Miss Acton was asked to help her and left three customers to do so, wasting seven minutes. This was not their fault. I have learned it would have taken just one minute of Miss Myers' time. Meantime, seven customers during that rush hour on Saturday had their money in their hands to leave with us, and went out with it. I propose also to keep up the stock of all the staple goods we handle, so we don't have to tell anybody we are out of a brand for which they have asked.

"I do not want you to have a harder time; but an easier time. I wish to increase the efficiency of your selling time, so that we will all have a bigger balance at the end of the month."

His staff realized, as he stood there before them, that not only was his consideration for them new, but his quietness represented a new strength and his new gentleness had made him great.

Among the new converts none was a greater comfort to Mr. Harper than Mr. Henderson's daughter "Fan" and her father realized with pride that she had become his efficient partner. It was a happy day for the girls in Henderson's employ when "Fan" became their friend. Many a poor girl fighting for a clean life in her underfed, badly-clothed, poorly-housed condition was strengthened by a new hope, and no longer fought in despair. Of course, many there were in such a large establishment who did not wish to fight. These dropped out and were filled, without advertising, from a full list of applicants, who craved the opportunity of working in such hopeful surroundings. In this way the staff of help soon became amalgamated and the new efficiency had greatly increased the volume of business. People began to realize they could get what they wanted and what they paid for at Henderson's without waiting. Cotton was cotton, wool was wool, linen was linen and mixtures were mixtures. In time the clerks were educated with a knowledge of the goods they were selling, and in the most kindly and courteous way, purchasers were told the truth about goods offered and had found them reliable. The result was natural—purchasers came back and that best of all advertisements, pleased customers, not only increased business but cut down the advertising bill. The name of the firm became good and established. Manufacturers and their salesmen alike learned that they were required to keep faith with Henderson's. The policy of honesty increased the efficiency of buyers, and many a struggling, honest manufacturer was put on his feet with large orders at living prices. These things took time and meant constant vigilance. But Mr. Henderson knew his business, had brains and a square jaw. Mistakes were made, of course—who does not? When the Holy Spirit engrafts a man into Christ, He does not change any quality in him inherited from his parents. He puts in him a new Spirit and a new Mind, and all his motives are changed. Then He stands by to transform the whole man into the likeness of Christ.

With such an atmosphere in a business, it is felt and trusted. Mistakes are made, but corrected so kindly and sincerely that the customer would not mind a repetition of the same, for the pleasant experience of being treated as fellow beings, whose welfare is of more importance than their dollars. To walk through Henderson's was to be convinced. Customers came in as though on a visit to old friends, nodding and smiling to clerks who had served them before and feeling quite at home. This kind of atmosphere cannot be made or imitated. It is felt because it is there.

It is not a religious atmosphere. It is Christian. There is possibly nothing so distressing and distasteful in any nation or among any people as a religious atmosphere, consisting as it does of a legal "Thou shalt not, I am holier than thou" sort of precept and attitude. It has not one thing attractive about it, being only the most obnoxious form of deceived human self, vainly endeavoring to lift itself by its bootstraps; devoid of sanity, logic and modesty; having for its most characteristic fruit a niggardly selfishness and leaving the last state of a man worse than the first. It is as ugly as its author—the devil, who is its lying father.

How different is the Christian atmosphere. Someone has wished that all men might have met with Abraham Lincoln, learned how little they were and partaken of his spirit. An impractical thought, but it is possible for all men to meet with a greater person than Abraham Lincoln and do even better than partake of his Spirit—even posses His Spirit and have Him dwelling with them and in them—the very Spirit of the Man, Christ Jesus.

Mr. Henderson's selfish religion was replaced with a Beloved Person—the risen, exalted Son of God, whose Spirit had come to dwell in the merchant and who made His first act one of considerate sacrifice for others. If every man had the spirit of a gentleman they each would be a gentleman. The day is coming, thank God! when all will have, from the least to the greatest, the Spirit of the One, Gentle man of the ages. Meanwhile the spirit of this age is controlling all men except those in Christ who resist his ugly malignity. And so it must not be supposed there was a small-sized millennium in Mr. Henderson's store. Rather was there a small-sized battlefield, where the Spirit of Christ only was Victor, according as the soldiers of Jesus Christ were submissive to Him in affectionate obedience and withstood the enemy.

People wondered at the delightful new atmosphere at Henderson's Department Store. They spoke of it as so different as to be quite un-understandable.

One day Mr. Peter Goodwin dropped in, and meeting Mr. Henderson on the floor, spoke to him about it.

"Henderson," said he, "this is a different place, what is it?"

"Well, for instance?" queried Mr. Henderson, who was distinctly pleased.

"One thing I notice which I can account for. I don't have to spend an exasperating half hour here now, and trot all over the building to buy a handkerchief. You have wonderfully improved your selling system and that I understand. But there is something I do not understand. There is an atmosphere here now that is wholly delightful. See that lady walking down that far aisle. She has spoken to three clerks already and received a pleasant nod from each. Who is she?"

"That is one of our new customers, a Mrs. McGill, the wife of a mason."

"Do they all know her?"

"Only as a customer."

"That is as I thought," said Mr. Goodwin. "And that is one of the things I would like you to explain. I don't mind telling you, it used to be something fierce in your store. But that seems wholly vanished. There is a new atmosphere here, wholly new. Can you explain it to me?"

"I think perhaps I may give you a notion of what you say you cannot understand," said Mr. Henderson, thoughtfully. "I think the former staff had as many real Christians in it as the present staff. And certainly there is no claim to any special brand of superiority here over others. Any Christian here will tell you they are sinners, and non-Christians will tell you the Christians are good people. The atmosphere which you just called 'fierce' was devilish. The present atmosphere is Christian. I don't mean religious; that is the devil's meanest brand. I mean like Christ, because it proceeds from His Spirit."

"But how does it come that the same atmosphere pervades every department? I understand you to say there are no more real Christians on the staff than formerly," queried this clever lawyer and clubman.

"That would be called by some, 'manipulation,' to a certain extent. I call it the Spirit of Jesus Christ in charge. Ever since our first church meeting held in the Carlton House, I made up my mind that the meeting had been chair-manned not by Harper, but by the Holy Ghost. Harper could not have done it. He never did anything like it before and he never could again, of himself. You know our former vestry meetings were like a meeting of political delegates and business sharks." Goodwin nodded.

"Well, that meeting at the Carlton was the smoothest, slickest business meeting I ever saw. A lot was accomplished in an hour and not a bicker. It was not Harper's leadership. He came as near keeping his hands off as I can imagine it being done. And if you questioned Harper he would frankly tell you he had had nothing to do with it, beyond being desirous that the Holy Spirit should bring to pass what He wanted done. It was that meeting that set me thinking and seeking for similar results. Now, my staff of managers are of the same mind and spirit. We had a few religious men who wouldn't smile for fear of cracking the enamel. And sour!—they just curdled every bit of the milk of human kindness around them. Pious too—pious as the devil!—and so selfish. Well, we got rid of them. I fancy nothing can be done to change that particular kind of leopard spots. Now it is different. These were replaced with some of the men that have confessed Christ under Harper's preaching and the big thing now is that management is agreed that the Holy Spirit shall be the Executive of this business. It used to be Henderson and others like him; now it is the Spirit of Jesus.

"Then, too, we happily got rid of all the religious clerks we had. There seems no hope for such people. They are serving the devil when they think they are serving God. They made loud professions of being full of the Spirit. I think they were. I fear they were full of the Spirit of Error—not the Spirit of Truth, and that their works were works of the flesh, enervated by the evil spirit.

"Now take these people who do not make a profession of Christianity. There is no trouble with them. They don't give us trouble. Christians give us no trouble except when they are tempted and fall; it is only religious folks who have put a hood on their shoulder, climbed in some other way than the door, and are trying to mount Jacob's ladder to Heaven, carrying their hood of mud with them."

Goodwin laughed.

"And I fancy," proceeded Mr. Henderson, "if they ever could carry themselves there, they would dump down their vile load in front of God and say, 'There you are! Now, what are you going to give us?' Just like Peter did before he was born from above and filled with the Spirit."

"There is one thing more I suppose I ought to tell you."

"Go ahead! It sounds good to me," said the lawyer.

"We have started a noon-day meeting, where a chapter of the Bible is read and a prayer offered daily, in two shifts. It costs us $150 a day to hold it; but it pays, I tell you!"

Just then a customer spoke to Mr. Henderson and the two men gave the high hand in salutation and parted.

CHAPTER 10

The day after Philip Goodwin talked with Henderson, he knocked at Harper's door and was cordially received by Harper himself, who remarked it was like old times to have him coming around. "How is Mrs. Goodwin?" he enquired. "Well, I trust?"

"Yes, she is well enough," remarked Goodwin, "so far as her body is concerned. She is rather a healthy woman. But it seems to me you have rather been interested in the souls of your friends of late."

"You would be nearer correct, Goodwin, if you said their spirits, minds and bodies. I am now interested in the whole man," said Harper.

"See here, Harper! You are a straight goer if ever there was one," replied Goodwin. "Now tell me about this second change in you. Nell and I are both puzzled. We have been to hear you. We have read the full reports of the papers, especially that of the *Herald* by young Hudson, and we are frankly puzzled. We don't understand you. I had a talk with Henderson yesterday, and I don't understand him either. But I see things around Henderson's that never were there before, and which I fancy never would have been there but for the change that came over Henderson. Now tell me, I want to know."

Tears were in Harper's eyes as he looked at Pete Goodwin; and when he spoke the man before him was greatly moved.

"Goodwin!" said he, "I could explain to a twice-born man the process, and he would understand because he knew of his own experience. You would not understand, because the things of God are not understood by the natural man, 'neither can he know them, for they are spiritually discerned.'"

"But I understood you before! Why cannot I do so now?" interrupted Goodwin.

"I have just told you, because no man in his natural, once-born condition ever understood. God has made it impossible for the things of His Spirit to be grasped by the natural intellect—the brains, let us say. The Spirit of God Himself reveals. Man does not get His truth the same as with the intellect he grasps the fact that twice two make four. It is even more clear and certain when He 'enlightens the eyes of our understanding,' but not before. God has shut sinful, fallen man in a tight case, so he cannot get out by his own effort. He can only get out by God's divine operation in his behalf. He is in a deep and slimy pit and must be lifted out or perish. And no man can lift him out except The Man, Christ Jesus—the God Man. It is not a natural lifting, it is divine—supernatural.

"Now, I am well aware you cannot understand this, without seeing your troubled look. I know, because it is so written, and because God has personally verified it to me. I am glad you called for my own sake, Goodwin! I did you as well as myself a great injury. I thought I had grappled with a great and troubling question and was elated. I know now my elation was something more than natural—it was supernatural. But it was not divine, it was devilish. I was helped of Satan. I was as deceived as Eve was in the garden and by the same doctrine. You too were likewise deceived. Satan presented to you and to me the same subtle, pleasant doctrine that he taught Eve. He told her that she and Adam might be as God by doing what God had forbidden, with the promise: 'Ye shall be as Elohim' (the Hebrew plural for God). He told Eve and he told you and me that we, as men, might be God's equal, without God. This is the 'doctrine of demons' Paul predicted should be prominent in these last days. The Spirit of God spoke expressly through Paul that man should be given over to seducing spirits and demon doctrines, and that these given over men should heap to themselves teachers having itching ears, loving men's applause. I was such a teacher, you were one of them and the devil had both of us. There was not a thing you believed or that I believed that was not of our natural ability, helped by Satan's deception and plausible doctrine that we did not need a divine Savior—we as natural men were quite big enough and able to become God's equal without His interposition. Why should we be under compliment to His Christ? This pleased us. It always pleases the natural man. But Satan had a difficulty in the way. He had to first destroy our belief in the divine source and authority of the Bible. Then he had to destroy our faith in the divinity of Christ. To do this he tackled the virgin birth; and to be successful he pooh-poohed at all miracles. Then he tackled the atonement and resurrection, and we believed all his clever lies. This is no new thing with Satan. I have just been reading the plea of the Scribes and Pharisees before Pilate when they asked for a watch. Satan directed their efforts to get rid of Christ's confession that He was the Son of God. Now they came to Pilate and asked for a watch, because this fellow had said while living He would rise the third day and they wanted it prevented by natural means; because they said, otherwise, 'this last deception will be worse than the first.' Exactly! It is worse. What they called 'the first deception' was merely the assertion that He was the Son of God. The resurrection is the proof of that assertion. I am persuaded by the Spirit of God, Goodwin, that those Scribes and Pharisees never thought this out for themselves. They were taught by their master, 'the Spirit of Error'— the original liar and liar's father. He knew the danger. How could mere men look ahead and fear such a result? This is prediction, rather than a problem. Precisely the same kind of foresight as made the little girl at Philippi a fortune teller.

"Thus this same old devil fooled one more scribe and another Pharisee—John Harper and Peter Goodwin. I think we were honest enough too, in a natural way. We were both burdened, and Satan took advantage of the crisis to lead us in the way that would serve his ends, balk Christ, and gratify our proud, sinful hearts. For as the Lord declared, he savors not things of God but of men. Satan pleases men—God does not. But my Lord rescued me, and He will you too, Goodwin! But it is not an explanation you need; it is Him— a living, divine Savior. He will lift you out of the pit in which you are and He alone can. The decision rests with you. God has left you a free agent. You do not understand the doctrine now; but if you do

His will, you shall know. Jesus said so, and He knew—(John 7:17). John the Baptist said so, too: 'He that believeth on the Son hath life throughout the ages: and he that yieldeth not to the Son, shall not see life; but the wrath of God awaits him'—(John 3:36). The Spirit of God also put His words in the mouth of the twice-born Apostle Paul, saying: 'If there be first the willing mind, it is accepted,' (2 Cor. 8:12). To His troubled disciples the Master Himself said: 'Seek ye first the Kingdom of God and God's righteousness, and all these things shall be added,' (Matt. 6:33). You and I did not do this, Goodwin! We did not seek God's righteousness in Christ, first, second or last—we sought our own righteousness. We were going to square ourselves with God by a righteousness all our own, by helping our fellow men to enjoy the food, drink and clothing, which the Lord Jesus said would be 'added' after the first was attained. We wanted to do these things ourselves, and the devil made us believe the lie that it was sufficient. We were gratified because we had grasped it by our intellects and were proud of it. All others were stupid, 'not scholars,' etc. We alone had scholarship. But when Jesus came along He sat a little child in the midst and told us to trust as the child trusted, and not to think as a thinker thought. 'Except ye believe ye shall perish.' And, oh, Goodwin! I would never have made it had He not revealed Himself to me. When I saw His face and heard Him speak to me, in an instant I saw the whole plan of redemption. It was all in Him. And I assure you it was no effort to be willing. My whole heart went out to Him in love and adoration. His own Spirit came into my heart, and by Him I called Jesus my

Lord. He, too, was the Spirit of son-ship I then received, who made me call God my Father. And He put a new song in my mouth, even praise to my God. Indeed, He filled my whole being with praise to Him who loved me and washed me from my sins in His own blood, shed for me on Calvary. And as I read my Bible, it was as though all the searchlights of heaven were shining on its sacred pages to make me see, and as though a living Teacher was putting His meaning into my mind. Everything was new. I was not only lifted out of the pit but planted on a great Rock which was firm and solid under me. I was safe and I knew it. But greater than the sense of security was the love for Him who had lifted me. I adored Him. I felt I could never suffer Him away from me. It was not a question of being willing to do His will. The desire to do so was like a pain, so great was the longing to please Him. I think if I know anything of myself, I love Him with my whole heart and spirit and mind. And yet I feel so weak and helpless. The Rock is firm; but I am just a little lad trembling there. The Shepherd is strong, and carrying me with mighty strides towards His fold; but the poor lost sheep He found is weak, foolish, witless, with the same straying instinct. I know I will be brought safely to the fold because of the mighty shoulders whereupon I rest, and because of the pierced feet that never grow weary."

Both men were greatly moved. When Harper ceased speaking there was a deep silence for some moments. Then Goodwin said: "I wish I had just the experience you describe."

"You may, right now," said Harper. "I know because 'now' is

always God's time of acceptance. I know because your divine Savior has done everything for you and everything is ready, waiting your decision. The Good Shepherd has overtaken one of His lost sheep this day. Let Him lift you on His strong shoulders, Goodwin."

"I will," said Goodwin. "I would rather that at this moment than anything I have ever desired."

"Praise God!" said Harper. "You see Jesus said it was all that was needed—the willing mind. You shall as surely know of the doctrine. Let us thank God for this."

Quietly the two strong men knelt like little children. Harper asked Goodwin to pray; but for minutes he waited and only sobs came from this capable lawyer and club leader. After a time he grew quieter and Harper had the strength and wisdom given him to wait. Then it came. In broken sobs Peter Goodwin cried:

"Lord Jesus! I cannot pray, I am so glad."

It was out. He had called Jesus "Lord," "and no man calleth Jesus Lord, except by the Holy Ghost." He had confessed Him before another man, and as it is written: "If thou shalt confess with thy mouth that Jesus is Lord and shalt believe in thine heart that God raised Him from the dead, thou shalt be saved." Peter Goodwin confessed Jesus his Lord, and believed the resurrection and everything else connected with Him, because the Shepherd had sought him until He found him, and had lifted him on His shoulders rejoicing. Like Harper, all his soul went out to His Lord and Savior, who filled all his vision and all his thoughts. He believed. And he knew right well it was not of himself. "Faith" had been given him. It had been grown in him by the Spirit of Faith, as the first-fruit of the Spirit. And alongside of it was another great, luscious fruit—"the greatest of these"—love.

As Peter Goodwin walked home, he realized all his doubts had vanished and all enmity against God had been taken away.

When he entered his house his wife said: "Pete! What has happened? You have been crying. And yet there is a great light in your face. Tell me."

He walked over to her and putting his arms around her, wept on her shoulder.

Nellie Goodwin was a wise woman. She let him have it out. Then he told her.

"Nell," he said, "you spoke of a light on my face. Is there not a verse of Scripture somewhere which says, 'God lifted the light of His Countenance upon us in the face of Jesus Christ?' It is something like that. I think that better describes what has happened to me than any words I might say. It all seems too wonderful for words, Nellie. It is so big and beyond words. The other day I had a talk with Henderson, and something he said struck and troubled me. Today I went to see Harper. You know John Harper is a straightgoer, Nellie, and he went as straight as usual today. It was all kind and tender, but manly and straight. He even spoke in tears to me. But it fell on my soul like burning lava. I think he did not realize it. But—well, he brought me face to face with Jesus Christ; and oh, Nellie! When Jesus looked at me, such an infinite love and tenderness shone from His countenance, I realized I could trust Him, and that he loved me as I had never been loved—something infinite about it. And—well, I guess I did just about what I did now with you. I felt He belonged to me and I to Him, and that He put His arms around me and comforted me."

"Oh Pete! I wish He would do that to me," said Eleanor.

"O, He will! I know He will," said her husband. "O, if you had ever seen Him, Nellie, you would be sure of that."

"But how? I don't understand," said she.

"Yes! That is about what I said to Harper; and he told me it could not be understood by the intellect, as it was a revelation. I did not understand him when he spoke, but I do now. I have seen Him for myself, and like the Samaritans I believe, not because of the words the witness spoke, but because of the Savior I have seen and heard."

"I wish I might see Him," said this intellectual woman.

"Oh, you may, I am sure," said he. "Isn't there a word He spoke when on earth to that effect: 'Come unto me all ye weary burdened ones and I will rest you.' I did, you know; and oh! The rest is wonderful, Nellie! And did He not say, too, 'He that cometh to me I will in nowise cast out?' I can believe that now. No one who had once seen His face could ever doubt it."

"Pete! How do you come?" asked his wife.

"Oh, I think I know now that Harper was right when he said these things could not be explained or argued. They are too big. And somehow, I don't feel as though I had done any 'coming.' When I saw Him and my heart went out to Him, I found myself in His arms and being rested on His shoulder. I expect, dear, He did all the 'coming,' the moment I was willing. I remember once hearing a man say there were not steps to the sacrificial altar. I know now, dear, what that means. He took all the weary steps for me, coming from above to be the sacrifice for our sins, not from beneath, and not of the earth. There was no need of steps."

"O, Pete! Where did you get that? It is the most beautiful thing I ever heard. Tell me!"

"I expect, dear, He gave it to me. Is there not a word which says: 'When He, the Spirit of Truth, is come, He will bring all things to your remembrance, whatsoever I have said unto you?'"

"Why, Pete! He is doing that very thing for you, right now!"

"I expect that is so, dear. And by the way, Nellie! That is a great thought of yours. Where did you get it?"

She held him off with her hands and looked at him, wonderingly. "Pete! Is it…Do you suppose…What has happened to me?"

"Suppose we kneel down and ask Him, dear?"

When they had knelt he said: "You pray, Nellie."

They had to wait some time. Glad Eleanor was crying for joy. Pete waited. By and by, when she was somewhat calmed, she cried in an abandonment of ecstasy:

"Lord Jesus, You are wonderful! And You are all mine. I will not let Thee go! I love you!"

When they arose from their knees she said: "Pete! You were wrong a moment ago. You said you believed like the Samaritans, not because of Harper's words."

"How do you know?"

Eleanor went to the bookshelves and taking down a concordance of the Scriptures, said, "Here, Pete! Come and help me find it."

A few wrong searches and they found the right one.

"Here it is," said Eleanor. "1 Pet. 1:23," and read: "Being born again, not of corruptible seed, but of incorruptible seed, by the Word of God which is living, and abideth forever."

"It was God's words spoken by Mr. Harper."

"Why, Nell! You have become a regular 'text slinger.'"

"Just what I thought of you," was the quick retort.

"Yes!" said he, "weren't we a lot of goats."

"I guess that's so, Pete!"

"Say, Nellie! How did you come to think of that text?"

"Why, don't you know? You told me, Pete, yourself. The Spirit of God brought it to my remembrance. Oh! There is another text I want."

And turning over the leaves of the concordance, she exclaimed:

"Here it is! 'We have the Mind of Christ'—1 Cor. 2:16. Don't you see, Pete? It is not our minds at all. It is His mind: The mind of the Christ who dwelleth with us and is in us. Where is that?—Here it is: John 14:17—'Even the Spirit of Truth; whom the world cannot receive, because it seeth Him not, neither knoweth Him; but ye know Him; for He dwelleth with you, and shall be in you.'"

Then she put her arms around his neck and said: "Isn't it splendid, Pete? What stupid, unspeakable sinners we were, in our proud unbelief and scorn!"

"Yes, dear!"

"I want you to get me a Reference Bible."

"All right. What one?"

"Guess it had better be Scofield's. Someone said that was the only Reference Bible that referred."

And there we will leave them, with their Bibles and their newly received Holy Teacher to guide them into all truth.

CHAPTER 11

One wet day a taxi pulled up on Park St. and Daniel Longstreet got out and rang the bell.

The butler assured him Mr. Carr was in, and showed him to the library where he found an old man, quiet, restful, with a look of peace on his face.

"Well, Longstreet!" Carr greeted, "Glad to see you. Pretty wet out, isn't it?"

"Yes, it is."

Longstreet said no more and Elder Carr remarked: "It was good of you to come and see me in this rain. John and Alice come out as often as they can get away and I go in and sup with them often too; but it is lonely here, and one likes to see old friends."

"What have you been doing?" enquired Longstreet.

"I have been reading my Bible, a book I have long neglected."

"Carr! What's come over you? I know something has. As your lawyer of course I have known some of the things you have been doing of late. But there is something else. You yourself are different. There is a different atmosphere in this house."

"I believe that's so," said Elder Carr. "The atmosphere that used to be here was the spirit of a great sinner whose name was Elder Carr. Now it is the atmosphere of the Sinless Man, Christ Jesus, who is the Master of this house and, of course, His Spirit must be realized by all sympathetic souls. And by the way, Longstreet! Your own soul must be sympathetic, or you would not notice the atmosphere."

"I don't know about that. I seem to myself to be about the meanest, most unsympathetic soul alive. I feel awful, and thought I would tell you. Can you help me?"

Longstreet looked it. His words were scarcely necessary to convey the fact to a close reader of human nature like Elder Carr.

"I'll tell you what, Longstreet! I'll phone John. You and he used to be pretty good cronies, and I know he likes you. He was speaking to me about you the other day."

"No! No! Carr—don't. I don't want him to know what a culprit I am, you know."

"Pshaw, Longstreet! John is not like that. Why, he knows he is a sinner himself. He thinks himself a bigger sinner than you. I'm going to get him down. It will do him good and help you, too. Do us all good."

So Mr. Harper was called. And Mr. Carr told him Longstreet was there and would he not come down? "Well, rather!" said Harper, and in a few minutes he was with them.

"John!" said Mr. Carr, "Longstreet has called to see me and I thought it would do us all good if you would come and have a little talk together of salvation. Won't you read a chapter that shows the Way simply and clearly?"

"Yes. I will with great pleasure. Thank you for giving me a chance to join you," said Harper. Won't you give Mr. Longstreet a Bible and we will read those first eleven verses of Luke 5?"

"And it came to pass, that, as the people pressed upon him to hear the Word of God, he stood by the lake of Gennesaret and saw two ships standing by the lake; but the fishermen were gone out of them, and were washing their nets.

"And he entered into one of the ships, which was Simon's, and prayed him that he would thrust out a little from the land. And he sat down, and taught the people out of the ship. Now when he had left speaking, he said unto Simon, 'Launch out into the deep, and let down your nets for a draught.'

"And Simon, answering, said unto him, 'Master, we have toiled all the night, and have taken nothing: nevertheless, at Thy word I will let down the net.' And when they had this done, they enclosed a great multitude of fishes: and their net broke. And they beckoned unto their partners, which were in the other ship, that they should come and help them. And they came, and filled both the ships, so that they began to sink. When Simon Peter saw it, he fell down at Jesus' knees, saying, 'Depart from me; for I am a sinful man, O Lord.' For he was astonished, and all that were with him, at the draught of the fishes which they had taken. And so also were James and John, the sons of Zebedee, who were partners with Simon. And Jesus said unto Simon, 'Fear not; from thenceforth thou shalt catch men.' And when they had brought their ships to land, they forsook all, and followed Him."

"This is at once the most complete and simple story of salvation I know," said Harper.

"Do I understand you, Harper, that the whole thing is there?" queried Longstreet.

"Yes, surely—everything," Harper assured him. "I know of nothing omitted and everything is in God's order."

"It is very simple. I always thought it a different thing indeed to become a disciple of Jesus. Of course, you know without my telling you, that I did not consider myself a Christian because I was on the vestry of St. Paul's. Doubt if any of them did, eh, Carr? Unless it was Ira Warren. And I doubt if even he was that simple kind. Let me get this right. Do I understand from that story and your lucid explanation of it, that Peter did not go after Jesus, but the Lord went after him?"

"Exactly."

"And the first thing He did was to ask of the fisherman a favor?"

"Right."

"And that this was rewarded by giving Peter the right to become one of God's children?"

"Correct again."

"How was that?"

"Because it is written that while 'Jesus came unto His own possessions His own people received Him not; but as many as received Him to them He gave the right to become sons of God.'"

"Was receiving Him in the boat and pulling off a bit from the shore enough?"

"Yes, that was the first stage."

"And then what?"

"Another promise was fulfilled. Peter having done God's will was made to know the doctrine as the Lord discoursed."

"Yes, and then?"

"Then he was told what to do and did it."

"A little unreasonable but very simple, eh? Something like that leper Naaman about washing seven times in Jordan to be cleansed?"

"Very like that, indeed!"

"Is salvation not a thing of reason, Harper?"

"No, it is not. Not of reason but a very reasonable thing."

"Just what is it then?"

"It is an unmerited gift, in the person of God's Son. God does the giving and man the receiving."

"That's reasonable, too," said Longstreet. "God being greater than man, having most to give, it is reasonable He should do the giving and we the receiving. But has man nothing to do himself, to get ready to receive, or to earn it?"

"Why, no, man! A gift is not earned or got ready for, either." As the lawyer looked puzzled, Harper continued: "You see, Longstreet, man from the beginning had always proven himself a failure, coming short of God's requirements. He could not reform himself, much less pay the penalty of his sin. It was a death sentence he was under; and the law could not be upheld without exacting the penalty. That was why God sent His Son to free him from guilt and its consequences. On our behalf He fulfilled God's righteous demands both actively and passively. In His life, going about doing good, He fulfilled every precept of the law for us, who could not fulfill one item, because we are sinners. Even men refuse service from thieves, rogues, liars, adulterers and murderers, showing them to the door. How much more must our Holy God? But He could accept the Service of His Sinless Son, and the Lord Jesus tendered it to Him on our behalf, fulfilling every regulation written against us, and which we were guilty of breaking. But that was not enough. We were all found guilty and the penalty was death. In submitting to death, the Son of God passively fulfilled God's righteous demands for us. There is now no ordinance written against us. The law Christ fulfilled to the letter and put it away; and now, all righteousness having been fulfilled in Him and the penalty paid, God's marvelous offer to all mankind is simply this: Your acceptance of my beloved Son, is all I require of thee. 'He that hath the Son hath life, and he that hath not the Son of God hath not life.' 'He that believeth on the Son hath life to endless ages.' 'And he that yieldeth not to the Son, shall not see life: but the wrath of God awaits him.' 'For God so loved the world that He gave His only begotten Son, that whosoever believeth in Him should not perish; but have life to the ages of ages.'

"The other side of the picture is a fearful one. We read that this beloved Son, 'Being in the form of God, thought it not robbery to be equal with God, but made Himself of no reputation, and took upon Him the form of a servant, and was made in the likeness of men; And being found in fashion as a man, He humbled Himself, and became obedient unto death, even the death of the cross.

Wherefore,—not that connecting word— 'wherefore God also hath highly exalted Him, and hath given Him a name which is above every name; that at the name of Jesus every knee should bow, and every tongue confess that He is Lord, to the glory of God the Father.' In other words: God so loved the world that He gave His own Son for its salvation; but He so loves the Son that He proposes every knee shall bow and every tongue acknowledge Him Lord, whether they confess unto salvation now, or damnation hereafter.

"There are two occasions when men do this. The first is recorded in Rom. 10:9, 'If thou shalt confess with thy mouth, that Jesus is Lord, and believe in thy heart that God raised Him from the dead, thou shalt be saved.' That is now, in this day of grace. The other occasion is written in Rev. 6:15-16. That is at the Second Coming of Christ. They will bow and confess Him then, Mr. Longstreet, but it will not avail. That is His due for all He suffered. But confession now, is to receive the gift of God's Son and with Him all things freely. 'Now is the day of acceptance and the day of Salvation.'"

There was an intense, tight atmosphere when Harper finished speaking. At length, the lawyer asked what he must do.

"Nothing," said Harper, "but be willing to receive. The Lord Jesus Christ has done everything for you that God required to be done, and God waits but for your willing mind. Are you willing to receive Him as your Savior and Lord?"

"Indeed I am," said the lawyer. The three men knelt and Harper asked Longstreet to pray. He said he did not know how.

"There is a very good prayer in the Bible, once made by a

publican: 'Lord, be merciful to me, a sinner.' Would you pray that?"

He repeated the words. "Now tell Him just what is in your heart," said Harper.

A long pause and Harper waited. "O Lord," he said at length. "I'm an awful wicked man; but won't you save me?" That was all he managed to say and they rose.

"Do the first thing he asks of you, Longstreet. Be particular about that. I must go now."

The next morning a ring came to Harper's door and there stood a jubilant man—Daniel Longstreet. "Come in my brother! You have good news for me this day. It's written on your face. Now tell me."

"Well, I remembered what you told me about being particular to do the first thing He asked me to do. He was not long about it and it was pretty hard. The one thing I did not want to do. But I did it. And oh, the joy that became mine the moment I obeyed." Then his eyes filled and his lips quivered and his voice broke, as the depths of this strong man's soul were broken up. When the news reached Peter Goodwin he said: "Is anything too hard for the Lord! Daniel Longstreet has confessed Christ! Well, that does me good. I'm almost as happy as I was when I confessed Him myself. Nellie, Daniel Longstreet has confessed Christ and is as happy as a little boy."

Eleanor came down the stairs, saying: "Why, Pete Goodwin! You don't say so! My, that makes me happy! Say, Pete! That St. Paul's crowd must be pretty nearly all saved now."

"No, there are a few left: Loudon Eoxbury, Wallis Pimpernel, Mrs. Larrabell, the Cushings and a few more. But there is hope for them all, Nellie, when two such sinners as we found acceptance."

"Yes, indeed! Say, Pete! I'm going to pray for those people. May God save them all."

CHAPTER 12

On the morning of the meeting called to examine candidates for the foreign mission field, along with Messrs. Warren, Henderson and Simpson came, Messrs. Goodwin, Longstreet, and Carr at Mr. Harper's request to lend their experience of reading men to the committee.

Some twenty candidates were examined and left the committee to make their decisions.

Mr. Harper rose and said: "Brethren! We have reached an epoch in the history of our communion. To me it is of paramount importance that the Holy Spirit chairman this meeting and select the candidates as at that first missionary meeting at Antioch, when He said: 'Separate me Barnabas and Saul to the work whereunto I have called them.' Let us put this selection definitely into His keeping."

Bowing their heads, in a few simple words, God's Executive was asked to speak as clearly to them as at Antioch, as to whom He had chosen for this work. He then told them that he had prayed about this, and every time he had done so, two men had come before him—George Hudson and Michael O'Connor. "Hudson was here this morning, and you heard his testimony and saw the man. O'Connor you have seen and heard singing. He is a printer by trade and a singer by gift. He has been much at my house and Mrs. Harper and I have come to love and respect him."

When he sat down Mr. Warren rose and said, "I, too, have been praying about this and like Mr. Harper the two men he mentioned have come before me." After Mr. Simpson had given a similar testimony to the astonishment of all, Mr. Henderson arose and said: "I can't say I have been saying prayers about this, but I have been thinking a lot with a desire to do as the Holy Spirit wishes. I always like to think of Him as the 'Spirit of a Sound-Mind.' It is impossible for me to imagine Him selecting a man for such a task without a gift for it. Since I have been appointed to this committee I have been studying missions a little. So far as I have studied, it strikes me as being a pretty large-sized man's job. One man claims to have done one hundred and fifty different kinds of work; from the diplomat to the ditcher; the banker to the office boy, the manager of a large business with many men under him to the driving of a truck wagon and digging a well—about twenty-five ft. of which he had blasted out of hard rock. On one occasion he comforted a Scotch laddie far from home and friends on his death bed, nursed him, and when he passed Beyond, shrouded his remains, had a coffin made, gathering the materials here and there, secured a burial place, had the grave dug, arranged for the funeral, preached the sermon, was a pall bearer, buried him and then assumed his appointment to the executorship of the estate, probated the will, disbursed the estate and a few dozen other things I do not remember. Then, I believe a successful missionary, besides knowing the contents of the Bible, should have a clear revelation of the gospel and know the Holy Spirit as a person and also Satan and his devices, must be a bishop, and if successful will have a lot of native churches and preachers in a wide territory under his charge.

"My meditation on these things induces me to believe the Spirit of a Sound-Mind will not ignore these things in His selection and will choose a man and not a figure head, someone He can use rather than a man with a few diplomas and a license to preach. I, too, have thought of George Hudson and Michael O'Connor. I believe George Hudson is such a man. I believe Michael O'Connor with his sweet voice, knowledge of printing and sunny disposition, will be a valuable Timothy to send along with Mr. Hudson."

Peter Goodwin said, "I cannot improve on Mr. Henderson's outline." Elder Carr said: "As a banker I would hardly choose a young man just out of college to go into a far country and manage a branch bank, no matter how many diplomas he had or what license to preach. He would need to have found himself at home first and made good. I cannot conceive of any peculiar quality in an ocean trip that is likely to make a missionary. From what I know of George and what I have heard today, I should think he is the right man. A printer and singer will doubtless be an acquisition, and O'Connor seems a pleasant and sensible young man."

Nelson Longstreet said: "I fancy George could probate that will and dig the grave, too. And he certainly can report. We will be able to see what's going on through his eyes. I fancy the ability to report and see things as they are is a very necessary adjunct of a pioneer missionary. Such a man is not so likely to be deceived by appearances as some. Besides, George had a lot of experience selecting and handling men as manager of Samson and Kennedy's Wholesale Dry Goods for seven years, before he became a reporter. I think you will not be disappointed in George and that Michael O'Connor will be a valuable help to him."

"Supposing we 'phone for O'Connor and have him come if possible; and meantime call in George Hudson," said Harper. "Please," said Mr. Warren and all bowed approval.

When Harper returned from the 'phone he announced that O'Connor's manager was sending him along and George Hudson was coming in.

When what seemed good to the Holy Ghost and to them was told to Hudson, he simply bowed acknowledgement, and said: "I shall seek to please Him."

"Then we will consider that settled," said Harper.

When Mike came in and was told their leading, his eyes quickly filled with tears as he said: "I know, He told me to go; but I did not know He had also told you to send me. It makes me very happy and sure of His will for me."

In like manner North China and Siberia were chosen as the fields of operation. The men were told to get ready and choose their steamer. To draw on them for what they needed for outfit and traveling expenses and the future disbursements would depend on the way they were led and reported.

Thus were sent out their first missionaries.

CHAPTER 13

At Sea off the Aleutian Isles

Dear Mr. Harper:

As you can see we are far out at sea. It must have been a calm day when the Pacific was named. Sailors hate this route. Yet I am told they have crossed when the fiddles were never put on the tables, nor was there a glass of water spilled. Unfortunately, it was not ours to have such a quiet time. After passing Williams Head, the old ship began to roll. One by one the deck was cleared of passengers. I, who prided myself on being the last to go below, was not proud five days later when I learned I was the last to get back on deck again. Moral: Be the first to go and you are likely to be the first to return—if you know how to take care of yourself.

We have a full complement of first-class passengers, and the line was quickly drawn between missionaries and non-missionaries. The missionary is flattered and courted at home, however, he is very much an undesirable at sea. I have heard many yarns which do not bear the ear-marks of truth. Some, however, I fear, are true, from what I have personally observed.

There are a couple of unfortunate young women aboard. The first we heard of them was that a missionary lady, who objected to their company, had asked the purser for another room through a missionary doctor. It was promptly given, and in this small village on the water the incident was much talked about. The women were closely watched and given credit for behaving themselves very well, on the whole, except a small faction, composed of the missionary doctor and two clericals, who seemed bent on making trouble.

My seat in the dining room was between a Jew and a bishop— a very good position for an old reporter. I got the news from both factions. The Jew, whose chief interest on board seemed to be gambling, would not allow me to be a missionary "wearing a brown tweed suit like that." The bishop, however, was a good fellow, and a gentleman. When he found the doctor with two missionary colleagues had taken up their position outside the unfortunate girls' rooms to spy on them, the bishop was the most disgusted man on board. "It was very undignified, Hudson, to say the least," said he, as we took our usual deck tramp together.

I heartily agreed with him; but the missionaries, who had been barely tolerated before, were strictly ostracized now. This the bishop felt keenly, and delivered himself thus: "See here, Hudson! You and I have not been mixed up in this thing, and it's mean of them to ostracize us with those who are guilty of such atrocious conduct."

It was reported at dinner that the missionary doctor had gone to the captain for redress. The captain very sensibly said: "What can I do? Would you have me throw them overboard or put them in irons? It seems to me the young women have behaved themselves very well indeed."

I thought of poor Kate Macy, and how well she behaved when the little boy was sick.

So I'm no' so sure about some of the stories I hear. I'm like the Scotchman who was no' so sure about anything: "I'm no' so sure about Willie Bruce, I'm no' so sure about Marcus Dodds, I'm no' so sure about Epps' cocoa; I'm no' so very sure about anything: I'm nothing but a pure agnostic."

On the morning of the sixteenth day, someone shouted, "Land ahoy!" and the binoculars were very popular for the next few hours. As we drew near land we got sight of the first Japanese in their fishing boats, very primitive looking with their brown skins hidden only by a small loin cloth, and their scowling faces with high cheek bones and almond eyes.

An insurance agent said to me as he looked at them over the rail: "So you've come out to live with creatures like that and try to make Christians of them? I admire your courage."

"The Master loves them and God is not willing that any should perish. Besides," said I, "I am only a witness—just an instrument. The making of Christians belongs not to man, but to God."

Indeed I was glad of this. To look at them other than through His eyes, would be hopeless indeed. But His love, which broke every barrier down in my own heart, is equal to these whose looks bespeak them far from God and without hope.

It was Sunday when we landed, and wending our way to the Union Church, we met a missionary or two. The man who had preached that morning said he had decided to give up preaching profound things to the natives, such as "science" and "philosophy" and to preach the simple Gospel—a very good decision, indeed!

Another missionary accosted me and introduced himself as "The Reverend Henry Transparent." I told him my name was Hudson, and I was on my way to North China to preach the Gospel. "The Reverend Hudson?" he queried me. To this I did not reply. But he was not to be put off. "The Reverend Hudson?" he repeated. "Not very. I'm a poor sinner saved by grace. And is there not a word which says of God: 'Holy and reverend is Thy name?'" I replied.

"To what church do you belong?" said he—rather severely, I thought.

"To the church of the first born, whose names are written in heaven, and I generally worship with all saints," I replied rather timidly to his severe Reverend, which was evidently an unfortunate remark. I was no longer revered, if indeed I had been from the first.

We went to a Union Bible Class in the evening and the old Doctor of Divinity who led was somewhat distressed with a bright young Scotchman who represented the Bible Society.

The Doctor had been deducting from the lesson that soon the whole world would be converted, such marvelous progress was being made.

The white-haired bishop (not my shipmate) had been telling us on board that everything had now become a missionary—"The very steamer we ride on is a missionary" he declared. And in Japan, where they had formerly always sung in a minor key, they were now beginning to sing in a major key. He also told the passengers on this occasion that the poor Corean school boys (who had sat on stone floors all their lives) had the most pitiful school room. "Just some deal tables to study at and deal benches to sit on; and not a picture on the walls!" I thought of the old log schoolhouse.

Then he added as an afterthought: "I have just been home trying to raise a hundred thousand dollars to build them a decent school room and properly fit and supply them with a staff of classical teachers." Well, he nodded approval to the old Doctor's teaching.

But the Scotch laddie was of a different mind: "Just where in the Word of God do you find yon Dochter?"

This was not relished. The Doctor got red in the face, and soon exploded to this effect:

"See here, young man! I'll not stand your impudence any longer. I studied the Bible before you were born."

"Aye, I hae the advantage o' you there, Dochter! I've studied it since," said the laddie from "Bonnie Scotland."

We were fortunate in meeting in the capital a charming missionary lady who knew the Lord and His Book, and who wore about in her countenance the Light of her radiant Master. She graciously furnished Mike and me with a letter to a "kindred spirit" at the next port, where we were cordially received. It was most fortunate we had come, as a little part of missionaries were to meet that night and we would be most welcome.

So thither we went with expectant hearts—and hungry. Alas! Poor Mike and I were the only grey birds present. The men were all black birds with white breasts and long tails; while nature reversed herself and the female birds were they of the gorgeous plumage.

The entertainment consisted of talk, a very dainty lunch and music. One business man spent a half hour trying to convince me that the best way to win men to Christ was his way: To-wit, to drink with them at the bar, be one of them in all their games, etc. After one of the single missionary ladies sang a love song, another business man sang a German song, which, if not wholly understood by the audience, had some of its meaning conveyed by the oft repetition of "trinke."

Our hostess then graciously asked me if I sang. I perforce smiled, and excused myself on the ground that I never attempted to sing anything but hymns.

"I'm not so sure but a little hymn singing would be a good thing," said she.

I looked across at Mike, and he shook his head violently. That was fortunate. His hostess saw him. Poor Mike! They would not let him off. So he sat at the piano, playing his own accompaniment. He surprised me. Mrs. Harper and Miss Clarke have evidently had an apt pupil. Mike sang the song that melted all our hearts that first morning in the Music Hall—"My Mother." The effect was electrical. From the first word everybody ceased talking, held by the beauty, pathos and power of the song and Mike's charming voice and masterful interpretation. I looked around the room at the third verse, and saw the tears coursing down nearly every cheek. The anti-climax was tremendous. Everybody got ready to leave and our bashful Mike was the lion of the hour.

This I will post today, and before I can write you again, we expect to be in another land among another people. Wish I could see you all. We are strangers in a strange land. I have told you what we have been doing and seeing because I would like so much to know what you are all doing at home. One thing I am sure: You will not be holding the ropes as we go down into the pit to seek those our Lord would ransom. Our love to all.

Very sincerely yours,

George Hudson.

Seoul, Corea, Mar. 1st, 18—

Dear Mr. Harper:

Your first letter reached me here, care the Legation. To Mike and me it was like getting back in the Tabernacle and seeing you all again. If the whole truth must be told, we have been lonely. For while our host is a manly Christian gentleman and makes us welcome in his home, we are birds of passage, far from home.

In answer to your question as to the best way to spend the fund in your possession, this I am not at all competent to answer as yet, except in a general way. I have, of course, taken note of things here while waiting for a steamer north, which will be more economical than an overland trip, and gives an opportunity for becoming acquainted with conditions on the mission field.

Frankly, these are not to our liking and I fancy would not be to yours. Legation dinners, house building, schools, hospitals, committee meetings, lawn tennis, club teas, language study and walking parties do not enthuse us very much. And while it is pleasant to be together, I cannot feel but what more than one missionary might live outside the Capital.

As we are only sojourners, we have been cordially accepted. But some others have not fared so well. An Evangelical missionary of a Southern Communion came here by invitation from a Corean gentleman to open a mission. He was ostracized by his own church even, of the northern fold. When one of these was holding its annual meeting, he was allowed to speak as a corresponding member. Holding a local magazine in his hand, he read a fervent appeal from a member present for more missionaries, on the ground of much territory waiting to be possessed. "Now, what do you mean?" he frankly asked. "I came here by invitation from a Corean nobleman to open a mission, as the representative of my church. I have been told I cannot settle here, nor there, nor elsewhere, as these places are preempted. Yet I have been to these places and found neither missionary, native evangelist or a solitary Christian. In the words I have just read to you, one of these places is mentioned as in great need of missionaries. Do you mean missionaries of your communion, or any missionary who loves the Lord and desires to preach the good news concerning Him?"

He said to me afterwards: "Well, I had 'em."

There are two independent missionaries here too who have had similar difficulties. They are both qualified men of ability.

When it was learned they proposed presenting themselves to the Bible Committee for membership, a scheme was devised to add a clause to the Constitution that only chartered society members were eligible.

Our manly host was there, however, and immediately moved acceptance of these brethren, and his colleague seconded him. Said our host: "We do not want charters—we want men." The debarring motion was withdrawn and they were elected after producing their credentials.

These are little straws which may point the way the wind blows north of here. I hope not.

As to the money, while I have thought much about many phases of the work, I am as yet in the dark. I do not feel I know how to work; and, alas! I can get only general answers to my many questions. Of this I can assure you: I have no reason to believe I would spend it any more wisely than others have spent money here which I certainly do not wish to do. It is not my idea to build such expensive brick and dressed stone houses for our residence, which to the natives equals the King's palace. For while we are all kings in disguise, travelling incognito to a far country, our own Kingly King had not where to lay His head; and when "every man went to his own house, Jesus went to the Mount of Olives." He had no house to go to.

There may be alterations to make in a native house, such as lighting and ventilation; but I fancy these will suffice.

This I have, however, gathered: None of the missions I have met have a reserve fund, and are continually unable to meet emergencies. It does not seem necessary to them or their Boards to be ahead of the game. Judging from what I have seen and observed thus far, it will not require much to keep Mike and me going for some little time. We get two dollars silver for every one of gold, and there is a further advantage in exchanging silver into cash. I have been repeatedly told that a dollar of silver will go as far in the East as a dollar of gold in the West; and this I judge is a conservative statement. However, it seems quite possible to spend the liberal salaries missionaries are granted. One chap, who was always complaining he had not enough to live on, I found was importing canned beans from the U.S. and lemon squash from England, among other things of nature, while possessing a large garden, and able to hire coolies to work it, at ten cents a day—good farmers, too. On the contrary, I know of three missionaries who have saved and returned to their Boards $500 each—very much to the annoyance of the lemon squash man.

This, however, I feel I can recommend, that you put $20,000 of your fund in reserve, the principal not to be touched. And borrow on your certificates when an emergency opportunity is presented, replacing later, when feasible. In the meantime, I am sure your regular offerings to missions will more than meet our need.

When next I have the privilege of writing you again, I trust I may date it North China.

Mikes sends his affectionate regards to everybody, in which I heartily join.

Yours very sincerely,

George Hudson.

CHAPTER 14

North China, June 24th, 18—

Dear Mr. Harper:

It was very considerate and thoughtful of you to send another letter to this part of the world, and Mike joins me in hearty thanks.

It will be news to you that your name and news of your work had reached this uttermost part of earth. We have found here also the Boanerges Society in flourishing condition, who forbid all men casting out devils who walk not with "us." It seems you are not only a nonconformist, but worse still—a non-conformist of the non-conformists, that has not yet been "recognized," and to be avoided as "a dangerous man." We seem to be about as welcome here among the missionaries as our southern friend was in Corea.

But there are a few non-members of the Boanerges Society, who privately are kind to us and bid us God-speed. Among these is a man who has been here for a quarter of a century; and certainly we have been royally treated by John Ploughman.

He came out trusting God; and without a Board, without a Committee, without a Secretary or Treasurer, or any church pledged to his support, yet he has more churches than one mission of forty-four missionaries. He lives in a cozy native house with a thatch roof, along with his gracious, talented wife. A friend of his was telling an evangelist who is known all over the world that John Ploughman had a larger work than any missionary in the field and lived in a small native house with a thatched roof. "What?" said the evangelist, "He lives in one of these native houses with a straw roof?" "Why, yes," said the friend. "He has Mrs. Ploughman to live with. Anyone could be happy with her in a straw beehive."

They have now an average of eighty-two native evangelists out preaching the gospel in every house and selling Bibles. Last year they preached the gospel from house to house in nearly thirty-five thousand towns and villages and sold over seventy thousand Bibles and Portions of Scripture (Genesis, Exodus, Proverbs, John, Acts, etc.). Mr. Ploughman has his churches thoroughly organized and the evangelists working on a practical business system, reporting monthly. He has his fingers on everything that is going on, constantly. He has no schools or other appendages, but depends solely on the Word of God, the Holy Spirit and twice-born witnesses to Christ.

He was a business man before coming out—a manager in a wholesale house, where he learned to select men and handle them. But he depends on the Holy Spirit as they did at Antioch, to separate and send men out to the work whereunto He has called them; and the men of his church I have met are simply splendid. He is a gentleman himself, and his men are, and they know the Lord and His Spirit and Book.

He and Mrs. Ploughman could not have given us a heartier welcome than if we were their own brothers in the flesh. It is very nice, I assure you.

He tells me the secret of his success from the spiritual side is letting the Holy Spirit teach the truth, grow His fruit and administer all the church's affairs. From the natural side, he thinks that recognizing race-prejudice and meeting it is the most potent factor. After he discovered how utterly the natives despised the white man, he reversed his policy of living with them as one of themselves, wearing himself out travelling from town to town, and now keeps himself from them as much as practicable, dealing only with his secretaries, pastors, deacons and evangelists. His troubles have largely ceased since he did this, and the work has increased a hundredfold.

We have been heartily advised by him to get an interpreter and start in at once. There is a vast plain to the hinterland of this, practically untouched as yet. He advises our going there and offers twelve of his proven evangelists to accompany us to get started. We can also get the Scriptures from him at cost price, which is very much lower than the regular cost.

This makes us very happy. Like yourselves, we can immediately work by proxy; and thanks to your generosity, we are able to support the evangelists and pay for our books at once.

Mike has been able to help Mr. Ploughman in his printing plant and teach them a number of time-saving devices. I hardly know which is the happier—Mike or Mr. Ploughman.

Ever yours in Christ,

George Hudson.

The Hinterland, Xmas, 18—

Dear Mr. Harper:

Thanks for your good letter with all its messages of love and for the generous draft. And three times three and a tiger for the love gift of love to dear John Ploughman. That was just like you. Indeed, he needs it; and none can use it better.

I rejoice, too, that you have accepted my suggestion to create an emergency fund. Thank Mr. Henderson for his kind words of appreciation.

Well, we have our little home and a field adjoining for a garden and orchard. We do not propose to order canned beans from America.

The house is new and clean and cost us the enormous sum of $65. We shall have to add a stable for our ponies and cow, and also a cellar and store house, but fancy another $65 will easily cover that.

We do not anticipate we will need $300 a month each for our personal and travelling expenses.

And now, I have kept the best for the last. The twelve evangelists have been out just six months. In that time they have preached the gospel to every house in 2,880 towns and villages, sold 6,700 Bibles and Portions, and best of all, have added three churches to the Lord. The churches average forty-four to a church, and have already built themselves clean little chapels to worship in. I do not know but the next news may please you still more. A number of these twice-born babes in Christ have been out preaching on their own account and one man has read through his New Testament five times already.

At the earnest solicitation of the evangelists, we have sent out fifteen of these men; having remembered John Ploughman's earnest word, to catch their first love on the bound. Your generosity enables us to do this without waiting. O, this is great, Mr. Harper! We can talk very little as yet in their language, of course. But we understand one another for all that. The language of the skies is written on the faces of these redeemed ones.

You will notice these 2,800 towns and villages were evangelized for less than 25 cents U.S. currency each. I believe the usual cost is $30. This, too, makes me happy. The dear ones in the Tabernacle, many of whom work so hard for their money, can now evangelize villages by proxy for every "quarter" they can give.

Beckoning fifty people to a village, we have been able the first six months of our work to tell 144,000 souls the old, old story.

Mike asks me to tell you he hopes to be printing our own Bibles by next year, and joins me in affectionate greetings to the church.

Yours sincerely in Christ.

George Hudson.

CHAPTER 15

On the first Sunday in May the Church of Christ held their anniversary of the opening of the Tabernacle. They had an enrollment of 4,560 members, and an attendance of over 6,000 at each service. They had started four missions in neglected portions of the city, and a flourishing Foreign Mission Society.

When George Hudson's Christmas letter was read, the people cheered and cheered. And when Mr. Harper called for the doxology they stood and sang, making melody in their hearts unto the Lord. The applause was no less generous when Harper told of his weekly Bible classes in other cities and their generous contributions to missions. He had held during the year 450 Bible classes, travelled 1,800 miles, written 5,400 letters and received $47,600 for Foreign missions, working on these simple pre-millennial lines, of which the Tabernacle had contributed, apart from the first gift of $22,000, $12,560.

Mr. Harper then told them in a simple, plain way, of the vast plains unoccupied in Africa. "I hold in my hand the report of a work of grace in Africa. Ten years ago they considered the possibility of withdrawing. They then decided to use the native Christians freely. By adding five times the native force, they had from practically no applications for baptism to 1,500 at the end of the decade and their communicants were more than doubled, while native contributions multiplied ten times and their audiences in three places increased from 3,400 to 11,400. The people are asking for evangelists to tell them the way of God.

"These appeals are largely due to the work and worth of native Christians, many of them far away from a station or an out-station or the personal influence of the missionaries.

"I am glad to get this testimony from Africa, as it is one more proof that the native preacher is the key to missions," said Mr. Harper.

"I also have here a letter from John Ploughman to the same effect. He says: 'Dear Mr. Harper:

'Your Generous gift from the Tabernacle of $2,000 is received. We needed the money; but I think we needed the sympathy more. To know that our God continues to make men care is a stimulus, which indeed lightens the heart. Please accept our grateful thanks and give our thankful greetings to your generous people.

'I have also to thank you for Mr. Hudson and Mr. O'Connor. Mike has been making melody in our home and harmony in our printing press. It was a joy to have him around and he has been of very great practical help.

'As for Mr. Hudson, I have been a missionary for twenty-five years, have met hundreds of missionaries in Japan, China, Corea, the Philippines and from India and Africa. Mr. Hudson appeals to me as the best equipped, all-round missionary I have ever known to enter a field. I think the church will hear from him. He has got a good and quick start along apostolic lines, and with your generous support in sympathy, prayer, and money, I predict that you will soon have the most successful mission in any field. The native preacher is the key to rapid, thorough and economical evangelization of the world. Even where the gospel propaganda is mixed with educationalism, if the native Christian is given half a chance, the results are immediately noticed.

'I thank you for your kind and generous words. But indeed, I have been the gainer in every way and heartily tender you thanks for your sympathy and consideration.

'Yours in best bonds,

John Ploughman.'"

"I have to report to you," continued Mr. Harper, "that again we have been meeting for early prayer to pray over the speedy evangelization of the world, and that the Holy Spirit will show us what to do and permit us the privilege of a small co-operation with Him. This is our anniversary and again we will take up our yearly offering for missions. Of the $71,000, received during the year, $20,000 was put in an emergency fund for The Hinterland; $20,000 put in a similar fund for Siberia, $3,000 remitted to Mr. Hudson, $1,000 spent on their expenses to the field and outfit, $2,000 remitted to John Ploughman; and the balance of $25,600 we have on hand.

"It is my earnest hope that we may occupy the vacant territory in the French Congo and the other vacant plain in the Sudan this year, on the same lines Mr. Hudson has put so successfully in practice—

also Siberia. For each of these fields we will require two men. Will those who feel constrained to go, please come forward."

Some forty men responded. They were asked to take the plates and gather in the annual offering to missions.

While doing so, Miss Clarke thrilled the audience with McGranahan's hymn, "Far, Far Away I Heathen Darkness Dwelling."

When the collection was counted it was found $125,000 had been put on the plates.

Again the audience rose and sang the doxology.

Mr. Harper asked: "Is it your wish that we should give the gospel to these three other sections of the earth, on the same simple, pre-millennial lines Mr. Hudson is pursuing? If so, please put up your hands." When the more than six thousand people seemed to all put up their hands, it was a sight.

"Thank you!" said Mr. Harper. "Now will you permit me to add Mr. Goodwin, Mr. Longstreet and Mr. Carr to our committee of selection? If so, kindly hold up your hands." Again it was unanimous. Another rousing doxology was sung, and a happy people went home prepared for another year's restful service in cooperation with God's Executive—the Holy Spirit.

CHAPTER 16

The "Warren Problems" Solved

For some of the family they had been splendidly solved. Again they met around the family table on Sunday. Mr. and Mrs. Warren came in from The Church of Christ along with their son Tom and daughter Eleanor and her husband Pete Goodwin and their children. Their daughter Evangeline came as usual from the golf links. Jessie and her rich husband Laurence had come from their own church. Polly's husband, the professor of history in the big city university, had come as usual from the University club where he spent his Sundays. Thoughtful demeanor characterized the home.

It was Professor Bradley who opened the conversation. Addressing Mrs. Goodwin, he enquired if she had got those animals all comfortably placed in Noah's ark.

"What do you mean, George?" she queried.

"If my memory serves me right, not so very long ago you said at this table, 'I'll never forget the first time it occurred to me—when I was reading Darwin—that if the ark were as large as Barnum's circus and the Natural History Museum put together, it couldn't have held a thousandth of the species on earth. It was a blow.' Have I reported you correctly?"

"Quite correctly, George; that was when I thought that Darwin and I knew more about it than God. Now let me see if I can correctly report you. I believe you said on that same occasion, in answer to a question from mother if you were not limiting the power of God: 'Which is the more marvelous—that God can stop the earth and make the sun appear to stand still, or that He can construct a universe of untold millions of suns with planets and satellites, each moving in its orbit, according to law; a universe in which every atom is true to a sovereign conception? And yet this marvel of marvels—that makes God in the twentieth century infinitely greater than in the sixteenth—would never have been discovered if the champions of theology had had their way.' Have I reported you correctly?"

"Yes, Eleanor, better than I could have done it myself."

"Thanks, George! You are delightful! But to the question: No one knows what a cubit was at that time. But I have today no trouble in believing that the Architect of such a universe could plan a ship big enough to house two and two of all the species of the earth He made, and house them comfortably. It would be a trifle easier for Him to do this than Barnum or the animal keepers at the zoo. With Him they lie down in peace and the lion eats straw like the ox. There were no cages required and space would be economized. Further, He who gathered them from the four winds without animal catchers could preserve them; and He who made Elijah go forty days on the strength of the food the angel gave him, could make the animals go many times forty days without food if need be. As for the Ark, just as He 'prepared a great fish' to swallow Jonah, as a type of our Lord's three days and nights in the heart of earth and afterwards of the resurrection; and just as He gave Moses a pattern of the Tabernacle as a type of Christ, in like manner He told Noah the fashion he should make the ark, because it was to stand evermore as the type of Him who shall bear the church safely over the coming destruction. You may not know it, George, but there are good men in the church today who, greatly overeating 'the tree of knowledge,' whose fruit has given the race such a vitiated appetite for theories and argument, would have it that the church must go through the last great tribulation. In the Ark and its eight souls borne safely over the tribulation of water God has forestalled the theory and all its clever postulates. Now, Sir! I have answered your query. Will you permit me in all seriousness to tell you why you have not found this out for yourself, and why you do not believe it?"

"I shall be pleased to have you do so, Eleanor; and I take this opportunity to say I have a profound respect for your brains and logic."

"Never mind my brains and logic. I know this, George, before the Spirit of God 'enlightened the eyes of my understanding.' I was as blind and ignorant of the things of God as any pagan. This is what I believe: You have not seen these things and do not believe because 'Satan has blinded your eyes, less the light of the Gospel of the Glory of Christ should shine upon you, and you should be saved.' Like Eve you have rejected God's word and eaten instead of the tree of knowledge at Satan's behest. And the time of this ignorance God has in mercy put up with; but there will come a time when God will laugh at your calamity and mock when your fear cometh, except you believe in His gracious provision in Christ. 'He that hath the Son hath Life; and he that hath not the Son of God hath not Life,'—'the wrath of God awaits him who yields not to the Son.'" Tears were standing in Eleanor's eyes and her voice had lowered almost to a whisper as she finished.

To break the silence that followed, Evangeline asked Tom were he had spent the day.

"I went and heard Mr. Harper preach and Miss Clarke sing."

"I thought you got enough church at boarding-school?" Evangeline suggested.

"So I did of the kind they had there," he countered. "Mr. Harper is different now. I go to hear him because I never see him with my soul or think of him. He makes me see Jesus; and Jesus is very beautiful. After hearing Mr. Harper preach since he went to the Music Hall, I feel as though there was nothing I would not gladly do for Jesus. He seems to me so manly, so noble, so good, so 'altogether lovely,' as Mr. Harper lets us see Him. And when Miss Clarke sings, the same thing happens. I forget her and do not think of the voice or the music, I can only think of the wonderful Person she is singing about."

As Tom spoke, the father and mother and Pete and Eleanor all looked at the boy in glad wonder.

"Yes," said the silent Ira Warren, "that is all so to me too, my son; and your father is made a happy man by hearing you say so."

He cleared his throat and proceeded: "I think, children, if you will permit your father to speak, that the trouble with so-called orthodox preaching is that people do not see Jesus in their midst or hear Him speaking, as Tom has just told us. I, of course, believe in orthodoxy, because it stands for an inspired Bible and the deity of the Savior. But the Son no longer abides in the 'orthodoxy' of the apostate churches. They have the letter, the truth, without the Spirit of the Son; and 'the letter killeth; but the Spirit giveth Life.'

"Many things that were said at this table at the time of Mr. Harper's coming to St. Paul's were true. Much of what you said was true, George. But your conclusions were utterly false and came, as Eleanor has pointed out, from a darkened mind—darkened by a malignant personal enemy, Satan, who works on similar lines as the Holy Spirit. The Spirit of Truth can do nothing for us except be there at the willing mind. Likewise the Spirit of Error. Eve made her choice in the garden between God's word and Satan's testimony; between contentment with God's lavish provision apart from 'the tree of knowledge' and indulgence of the self-will that preferred knowledge to God's teaching—man's wisdom to God's. As to the manner orthodoxy treated Galileo's acquired knowledge, it was an apostate orthodoxy—more ignorant but not as far departed from the faith as apostasy has reached today. On the other hand, 'science,' falsely so-called, is even worse than the most deadly apostate orthodoxy, in that it is bent on putting its carnal guesses of puny, finite, sinful minds, above God's declarations, and strives to make this world a good enough place to live in without Christ, by the acquisition of wealth by machinery and combines. But I would not have you think, George, because I agree that some of your charges are true, that I have failed to notice the infidelity underlying your remarks, however carefully clothed in pleasant phraseology. For in order to hold the devil's religion logically, it is necessary for you to get rid of miracles and the divine fact that 'all Scripture is God-breathed'—'Holy men of God spoke, borne along by the Holy Ghost.' In like manner you try to get rid of the virgin birth and resurrection. For if Satan can get foolish men with darkened minds to preach his religion, (and his religion is the same in every pagan and heathen country and the same in essence as what 'scientists,' falsely so-called, preach), he is doing a good stroke of business for himself. And if he can get his ministers in the chairs of our colleges endowed with Christians' money and chartered on the basis of the Holy Scriptures; and further get men in Christian pulpits to preach his bloodless, Christless, men-know-it-all lies, he is as clever a tactician as the Bible declares him to be. I have liked Mr. Harper as a man from the first; but I never admired him so much as the day he apologized for living unmanly upon the children's bread, while feeding them on stones, putting a bar-sinister against the birth of Jesus and trying to take away the pure name of His virgin mother."

"Do you think then, Father," enquired the professor, "that these men are not conscientious in what they believe?"

"On the contrary, Sir," replied Mr. Warren, "they have been given to believe—sincerely believe—the devil's lies, by the Spirit of Error; just as all twice-born men are given the Holy Spirit's fruit of faith to believe God's truth, by which they are born of God, by His Spirit and twice-born witnesses, co-witnessing to Christ. The fruit of the evil spirit is from 'The Tree of Knowledge,' while the fruit of the Holy Spirit is that grown on branches of the True Vine—Christ."

When Mr. Warren finished speaking, Mrs. Warren said: "I do believe, Ira, that is the longest speech you ever made in your life!"

They all laughed. Pete Goodwin said: "Then it's a pity, mother, for I never heard a better speech."

As they rose from the table Eleanor contrived to get hold of Tom and take him off to their room. They were followed by Peter, who heard Eleanor saying to Tom:

"I was so proud of your noble testimony today, Tom! And I am sure you are not far from the Kingdom. For Jesus Himself is the first and the last and all that lies between, of the faith once and for all delivered to the Saints. In Him we have all that Heaven has provided for our salvation, and without Him we have nothing."

Tom was deeply moved and said, "Oh, Eleanor! I love Him! I wish I knew He was mine; that I really possessed The Son."

Taking her Bible she pointed to John 5:24 and asked him to read it. Tom slowly read several times: "He that heareth my words and believeth on Him that sent me hath everlasting Life, and shall not come into judgment; but is passed out of death, in Life."

"Does it mean that?" he asked. "Yes, all that and just that," she answered.

"Well, I certainly believe Jesus' words, and that He is God's sent Son. Am I therefore passed out of death into Life?"

"What is that you are reading?" she asked.

"God's word," said he.

"Do you believe my word when I tell you a thing?"

"Yes, indeed, Eleanor!"

"Then you can believe what Jesus said. It was He who said that."

"Why, of course I can!" Tom vehemently responded. "I will take Him at His word because I know He is the Son of God and can only speak the truth." He paused. Then his eyes filled and like the warm hearted lad he was, he put his arms around Eleanor's neck, and sobbed, "Eleanor, what has come over me? I see it all. I see that I shall not come into condemnation because He was condemned in my place. I see His beautiful face. My Lord and my God! Thou art mine for evermore and I am Thine! Thine alone!"

Peter stood and watched them through tears. Eleanor could do nothing but pat Tom's shoulder.

When Peter found his voice, he said: "Nell, my dear! It seems to me the "Warren Problems' in the house of Warren are being solved. Mother used to say to us just to trust, and we did not know what she meant, because we did not know Jesus. But since God has lifted upon us the Light of His reconciled countenance in the face of Jesus Christ, we recognize the wisdom of mother's testimony and cannot better it. It is just trust—eh, Tom?"

Tom sat up. "Yes," said he, "That covers the whole Gospel; but it must come from above. I know now what it is to be 'born from above,' and I suspect that no man knows until that comes to pass."

"Me, too;" said Pete. "Nellie was right today, as right as father. Say, Nell, old girl! That was an effectual drubbing you gave the professor today. You shut him up just like a jackknife."

"Please don't say that, Pete! It was awful hard to have to speak so plainly. I did not feel I was trying to shut him up. I just felt home along to tell him the truth in Christ, and was not thinking of consequences. I felt it had to be done, that my Lord was demanding it of me."

"I guess that was so, alright! And I fancy that is the way George took it."

"Pete! Do you think he will ever believe?"

"All things are possible to God, my dear. I should not be at all surprised to see him believe soon. It is plain testimony such as yours today these latter-day, proud intellectuals need; and I reckon he will not soon forget his meanness of eating the children's bread under a pretence of defending the Bible, while all the while he is preaching in all subtlety the three horrors (he meant unbelief in the virgin birth, the atonement, and the resurrection) that, once believed, do away alike with a divine Bible and a divine Savior, leaving a lost world out in the cold with them, eating the husks which the swine have left. But George is sincere and conscientious; and when once he is born from above, he will be as manly as Harper and make restitution of all his unjustly gotten gain."

"Pete! Do you suppose Loudon Roxbury will ever believe?"

"Nellie! You do give me posers today. 'All things are possible with God' but if it be more difficult for a rich man to enter Heaven than a big humped-back camel to squeeze through that little gate at Jerusalem called 'the needle's eye,' I should say there was still less chance for that fellow who stood on the street corner praying for old Caiaphas. I don't know, of course, that little Loudon and his pious kind belong to that crowd. Both my mind and heart refuse to decide. But I can't help feeling that if he is not one of them, the breed has died off the earth. And I'll tell you what, Nellie, the Lord Jesus and Peter and Paul and Stephen and all those filled with the Holy Ghost, while infinitely gentle and tender with sinners, uttered against scholars and Pharisees and hypocrites the most scathing denunciation ever recorded on this earth. And I believe the time is at hand again, when God will have other witnesses on earth so filled with His Holy Spirit of Love, that the love of the Spirit of Jesus Christ who dwelleth with them and is in them, will so cast fear out of them, that they will not be afraid of man or devil. They will 'speak the truth in love,' but—it will be the truth. Men seem to have almost forgotten that the Lord of Glory, who this moment sits on the Father's right, pleading for us, is full of grace and truth, and not grace only. It is that cursed devil's religion that George preaches and attaches God's Name to spelled with a capital. He should spell it in small letters and use the Bible name: 'The god of this age.' But that would defeat the devil's purpose and his ministers will not do so. They will continue to call on men to be 'up-to-date' and 'up-to-the-spirit-of-the-times.' It would never do to exhort men to be up-to-the-devil, which is the same thing. And all these so-called scientific philosophic fellows who minister Satan's lies as angels of light—one and all boast of men. Man is "it." The only God they have any use for is the god of this progressive age, whom Jesus said, "favored the things of men"; and when evil men and seducers wax so bad that nearly all men worship in some form the genus homo, Satan will bring forth his 'man of sin,' the mock Christ. But thank God, he can't do that until the Holy Spirit has escorted the Bride of Christ to the Bridegroom! But he is sure getting the world ready to believe everything possible to man and pooh-pooh anything like a suspension or overcoming of natural laws (which we call miracles) on the part of God. Our Lord said: 'With God everything is possible' and implied that nothing was possible to man. Things are reversed today. These false scientific fellows say such things as miracles are not possible today but there is nothing man will not accomplish in time. But I have been preaching and unconsciously my text has been the devil's text in the garden concerning man: 'Ye shall be as God.'"

"Go on, Pete, don't stop!" cried Tom.

"I will only add this: While the Spirit of Error is getting his world ready for his mock Christ, in politics, commerce and religion; and evil men and seducers are waxing worse and worse, to form the harlot bride of the antichrist; the Holy Spirit is preparing the Bride of Christ and getting her ready for the Bridegroom—the Faithful and True. And I am so glad for that picture in Genesis 24, where the servant of the rich father sent to get a bride for his only son, is the type of the same servant of Luke 14, sent out by "A Certain Man" to invite guests to His banquet. The Servant is the Spirit of God. We read of His unwillingness to be hindered, and the Bride's willingness to go. We see her getting quickly ready, taking off her shepherdess dress and putting on the garment of the righteousness of God in Christ, provided by the Rich Father, and adorning herself with the Gifts of the Spirit, and like Paul counting all her most prized possessions as refuse because of the excellency of the knowledge of Christ Jesus, her Lord, imparted to her by the Servant. Again we see Him as Hegai furnishing things for her purification out of the King's Palace (for all the Rich Father's possessions are under His hand) and when the day dawns for her presentation to the King, she will be as fair and beautiful as He. For 'Christ loved the church and gave Himself for her, that He might sanctify and cleanse her with the washing of water by the Word, that He might present her to Himself, not having spot or wrinkle or any such thing but be separated and without blemish in stainless glory.' The God of Peace will separate her wholly, and her whole spirit and soul and body will be preserved blameless unto the coming of our Lord Jesus Christ. Because He who calleth her is faithful, who also will do it. And we shall know Him from afar; for while His marshalling host shall be clad in white, in their midst shall He be seen in dyed garments dipped in blood—the blood of Calvary; the blood that washed us from our sins; the blood by which we became blood relatives of the Most High God and joint-heirs with His Only Son.

"But we also read of a certain King who made a marriage for His son and sent out His servants to bid guests (Matt. 22:1-13). A certain man made a feast and sent out His Servant—singular number; a Certain King made a marriage and sent out His Servants—plural number. Here we have the Spirit of Truth witnessing to Christ (John 15:26), and twice-born men 'also'—verse 27, who were not permitted to witness until their co-witness was given (Acts 1:8).

"One-third of the earth's population is yet to be reached. It is ours to sell all that we have and place the money at our Lord's disposal, sending out others like George Hudson, who will send out under the Spirit's leadership, many twice-born co-witnesses with Him, to be a sweet savour unto God in every place, until the Bride is won and our God justified. Then shall the end come; and our Traveling Companion will take us to meet the Coming Bridegroom.

"Blessed Hope, May it shine brightly in the deepening gloom, and buoy us up, as in haste we fill up that which is behind of the afflictions of Christ, for His Body's Sake, and preach the Gospel to every creature as commissioned—'quickly.'"

Realizing from his indwelling Guide that the only excuse for a church in an oft evangelized community was for worship and evangelizing every creature to the uttermost part, every service in the tabernacle was a practical Foreign Mission meeting to John Harper. His Lord being great in his eyes, he, perforce, was little in his own. He could conceive of no greater witness on missions than John Ploughman, who, in the simplicity that is in Christ, had "arrived." Being on the inside until he not only had gotten his feet wet, but was well soaked for a quarter of a century—literally submerged in missions—so that he knew the language of the people, which is least, the customs, which is more, and the people themselves, which is most to be esteemed in a knowledge of missions, and that he had found it necessary to cease the practice of tradition and work on more resultful lines as taught by his Guide was no surprise to John Harper. Had it been otherwise, he would have been surprised. Neither was it a matter of wonder he wrote to John Ploughman for practical information which could be depended upon to work; nor, having received answer, he should not think it too long to read from the pulpit on a Sunday morning. "Let the people know," was a motto he believed in. So we find him thinking more of the testimony of John Ploughman than of John Harper and letting the Ploughman occupy his pulpit by proxy.

Instead of preaching he read:

Hinterland, North China, March 19th, 18—

My Dear Mr. Harper:

It is a pleasure to comply with your request and state some practical things concerning missions I have found to work.

First, let me say something of the hindrances.

The white man who comes to the mission field, usually as polished as educational institutions can make him, and, possessing an overlarge idea of the superiority of "civilization" over "heathenism," is handicapped. It takes him long to realize the civilization (of say a country like China) is older and their education better suited to them that that of the West. It takes him longer to realize that the Chinese despise this highly civilized, cultured, superior being from the West and have difficulty in tolerating the white man's odor of soap. This is about what a cultured Chinese thinks: The manners of this

"Reverend" person are grotesque, rude and intolerable (and indeed Chinese etiquette is superior to ours). His appearance is strange and rather frightful and his speech contemptible. His education, nil—he does not know enough characters to read—and his writing is worse still. He eats like a butcher, with a knife.

Seeing as the missionary looks wild to the Chinese, smells bad and acts worse, and neither has anything he desires but his evidently well-filled purse, it is, of course, nothing wonderful that race-prejudice erects a fairly large size barrier between the man who goes from the West to the East—about as big again as that the true Southerner erects between himself and the negroes.

Moreover, every kindness done is suspicious in their eyes: That fellow must have sinister motives to act so queer and be willing to spend time and effort and money on strangers in a strange land, is his thought.

During my first fifteen years schooling there, I tried nearly everything to break down this dislike and distrust. Of course, what I am telling you now I have only learned lately and knew nothing of it in those early days. My ef [sic]-CHECK

A butcher is on the lowest rung of the social ladder in China

My efforts at being a good fellow among them only made them treat me as a coolie. Athletics worked better than other things but did not get me anywhere worthwhile. That I could and did beat them plenty at their own sports only excited their envy—perhaps roused their hatred, too, of the western barbarian. It was an awful experience, I doubt if I could face it now. Having done so in ignorance made it easier. I should awfully hate to see a friend go through what came to me in those fifteen years of making myself cheap to those proud Orientals and increasing their prejudice; and to ask a single woman to do it, with the Orientals' added disrespect for her sex, is indeed more than I could do.

It became a happy day for me when six missionaries left the care of a work started to me. It was three hundred miles away from my place, and I had no one considered qualified, as I thought, to send. However, I did the best I could, sending a native brother. To my amazement he made good. I sent others. They did better. I sent many more, through whom God worked His wonders in the name of His Holy Son, Jesus. The Spirit of Love had cast out fear of using native converts before being trained.

Then some of the things I am telling you were pointed out to be by our infallible resident Tutor.

I think, Mr. Harper, it is a simple statement of fact to say almost everything God's Executive has done through my poor instrumentality was literally thrust upon me. Like so many missionaries, I was possessed of the Spirit of Fear, instead of the Spirit of Love who casteth out fear; and also with the Spirit of Doubt instead of the Spirit of Faith. The devil had more of me those days than God had. As I became better acquainted with God's Executive, it became easier, but these were great changes from traditional to practical missions I was thrust into with knowing what was taking place.

The results have been staggering—to none more so than myself. It seems incredible that He should thoroughly sow the ground on which dwelt ten millions of people for whom Christ died, with "the Seed of the Word" and "the Children of the Kingdom," from house to house, inside of five years, and only two of these children were white folks—but He did. Still more incredible is the fact that He gathered unto the Lord even more churches than the Apostle Paul and his band, with these babes in Christ.

We should not be surprised at anything He does, since He is the Spirit of Him who fed about five thousand men, besides women and children, with the contents of a little lad's peddling basket—but we always are. And being yet so materialistc ourselves, we still think all great material things are wonderful. So when I discovered that what cost mission boards $30.00 to do, He accomplished for less than twenty-five cents U.S. money, I was dumbfounded. I refer to reaching a village of fifty people with both the spoken and written word. This represented a curtailment of expenditure, and a saving of ninety-nine cents out of every dollar, for those other five hundred million yet unreached, for whom Christ died.

You would think with such a firsthand experience, that when He talked with me and said:

"Now, these little ones you have been casting into deep waters to learn to swim, as you see, have been swimming very well—even better than you. But they are still looking over their shoulders at you standing on the shore, and feel safe. I want you to get away back from the shore where they cannot see you, and leave them to me," that I would not hesitate. But I confess with shame I asked for an extra four months to be made sure of it. As always He put up with me and my doubts and impudence.

At the end of the time, which just completed my twenty-fifth year, I did as He bade me, and again these despised ones have made good. The Executive of God has proven how easy it is to Chairman all meetings with my successor, a native pastor, bringing all into absolute unanimity, and has been teaching them in the same easy way and bearing on these branches of the True Vine the most wonderful crops of grace, and flowing from them such rivers of living waters as perhaps never flowed from any white man, living or asleep, since the time of the early church.

It is all so wonderful, yet beautifully simple; I have no words to describe half of it, much less tell it all. I can only plead that God's Executive may be given opportunity to show the Lord's own what He can do.

This I can say, however, that it no longer seems incredible to me, that He can finish up His commission and ours of giving the gospel of grace to every one of these five hundred million creatures remaining, in the next five years, sending to each—and going with them—two or three twice-born co-witnesses with Him to Christ, nor that He only requires fifty million pounds sterling to do it and do it thoroughly and thus rapidly.

Is it not splendid to us poor, little materialistic folks, to have such a delightful, concrete proposition to throw ourselves into, and share His burning desire to not be "hindered" in taking His sought-

and found Rebecca to her waiting Isaac? It thrills me through and through, the wonder of the privilege and the possibility of co-operating with Him in hastening the day of our meeting with the appointed trysting place with our Kingly Lover.

I am also deeply impressed with the mighty privilege of being summoned as a witness in the Court of the Son of Man, when His rejectors shall be judged, to be one of the two or three witnesses to justify God in establishing by testimony every word of the Court's findings against rejectors.

I love to think He will pass righteous judgment, without any tricks, technicalities, evasions, suborned witnesses or any such things, and every case will be proved by witnesses who have seen and heard.

Of course, none of those who have neglected so great salvation will want to be judged, and all will make excuses—but the witnesses will be there. He is sending them now and will have them then.

He has asked me to co-operate with Him in getting His work done "quickly" as commanded, and I hope to have the privilege of cooperating with you unto this blessed consummation.

Until that day of days, when we see our Bridegroom in all His kingly glory and beauty, may the truth be quickened in the body, that "The King's business requires haste."

The Servant of Luke 14 knows it. May the servants of Matthew 22 speedily know it also—taught of Him.

Your fellow-witness in Christ,
JOHN PLOUGHMAN

This letter was used as an opening for an impassioned appeal from John Harper for the tabernacle to throw themselves and their all into the rapid evangelization of the remaining millions.

CHAPTER 18

When John Ploughman reached America, three foreign missions were being conducted by men from the tabernacle and supported by their offerings. As one friend said to him, "It is enough to turn your head the way God has used you."

John Ploughman replied, "No, 'God's ways are not our ways.' I feel so ashamed and so utterly unworthy. But, like yourself, I would have said the same thing, doubtless, before the results were granted. We are such poor material and so sinful, that God is obliged to keep from us what He is doing with us, and then shame us before the ego has a chance to puff up. Of course, if He did not take quick action, we would puff all right."

"You are right—wholly right," added John Harper. "It is my experience, too. The more God does for us here, the more ashamed I feel in His holy presence."

The affairs of the tabernacle were so blessedly prospering. "Everybody wanted to get on the band wagon," as one put it. That was the danger threatening the tabernacle.

There came a day when even a secretary of a large board mission noticed the work being done, and made tentative efforts to annex the prosperous work.

A meeting was arranged and the secretary appeared to

talk matters over with John Harper and his colleagues. John Ploughman was an invited guest.

"Now, Mr. Secretary," questioned John Harper, "will you kindly state your proposal?"

After the usual compliments, the secretary stated: "There is so much overlapping on mission fields; we have been trying to avoid this by getting together and assigning fields to each mission, rather than, as at present, having so much competition and useless expenditure for several plants and duplicate missionaries in the same fields. We would like you to join us."

"What do you suggest as a good working basis for such an allotment of territory?" queried Peter Goodwin.

"Well, I think," replied the secretary, "we could safely leave that to the missionaries themselves."

"Have you no idea how you would proceed?" persisted Peter.

"We fancy they would appoint a representative committee," he answered, "and arrange for some to vacate certain territory in favor of another mission, and have that mission vacate other territory in favor of the former, equalizing as far as possible the transaction."

"How about the people themselves?" said Peter.

"Oh, that does not seem to make trouble," was the reply.

"Were they consulted in the specific case to which you refer?" insisted Peter, who was suspicious.

"Well, not exactly—that is, they knew, but were not asked to vote on the question," nervously answered the secretary. "You see, they do not know anything about these things and the missionaries are obliged to settle such questions for them."

"Is that the way you do it, Mr. Ploughman?" asked Peter.

"No," said Ploughman, "our people have the same voice as ourselves. But we never settle anything by majority vote. It has been our aim to let God's Executive chairman all administrative meetings, and He has always made our people of one mind and heart, without any exceptions."

The Secretary's lip curled.

"Would you mind giving us a concrete example, Mr. Ploughman?" This from the corporation lawyer, Longstreet.

"Not at all," he heartily replied. "Our church government, for instance, requires that all pastors be nominated by the pastor-general at the General Assembly which meets annually. The names are presented, and if the whole church heartily wishes them, and no one brings forth objections when the opportunity is given, the pastor-general then sets them apart by the laying on of hands. Elders are nominated by the churches at quarterly meetings, and these nominations are placed before the general assembly, and unless the whole church heartily accepts them, without one objection, they are not ordained. We have never had one rejected.

"As to the manner the Holy Spirit is the chairman of such meetings, an incident occurred in the ministry of the late A. J. Gordon, which illustrates His action clearly. There had been a difference of opinion in his board of deacons, and strong feeling existed over a practical matter requiring a decision. Dr. Gordon knew this and had been burdened about it. On the day of decision, after the opening exercises, the pastor, who, under Baptist procedure, presides, left the chair, saying, 'The Holy Spirit will chairman this meeting. You will, of course, do nothing and say nothing you believe would offend Him, or of which He does not approve.'

"The result was very blessed. The deacons materially deferred, it is true; but their difference took this shape:

"Brother A. said to Brother B. 'I think your way is best; let us do it your way.' 'No,' said Brother B., 'I have been thinking about it and I want to do it your way.' In a few moments this body of strong men were considering each other better than themselves, and the result was, in a few moments all were of one heart and one mind.

"This incident made a deep impression upon me, and when the time came to put it in practice on the mission field, the same blessed result was given us, to the praise of His grace, who first wooed these little ones to trust in Christ."

There was a profound silence for some time after this testimony. Everyone present felt a little too full to speak. It was Mr. Henderson who next spoke:

"Yes, I, too, have found that true, even in a department store. I would like to ask you, Mr. Secretary, how the missionaries of your board and others proceed in the matter of thoroughly and rapidly covering ground and reaching all the people in a given territory?"

The Secretary looked puzzled as he replied, "Well, I hardly know the exact procedure. We seek to leave some initiative to them."

"Can you not tell us what that initiative accomplishes, and what the cost is?" was Mr. Henderson's next question.

"Well, no. You see we never keep such statistics," he answered.

Turning to John Ploughman, he asked, "Can you tell us, Mr. Ploughman?"

The answer was promptly given:

"With an average of one hundred evangelists and pastors we reached ten million people, covering every highway, by-way and yard ("hedges"), inside of five years. A village of fifty people cost us less than twenty-five cents to reach with the spoken and printed Gospel."

"Do you know the average cost to missions in general?" he was asked.

"Yes, it is $30.00," he replied with equal promptness.

"Is the ground thoroughly covered at that?" he was asked.

"I am sorry to say it is not," was the reply. "While I followed traditional missions, I went anywhere in a district that was promising, skipping the other places, in common with others. Latterly we covered all the ground systematically."

"What do you think of this proposal for us to join with the Boards in mapping out territory?" came from Elder Carr.

"In the early days I was one to not only be willing, but strongly advocated such a procedure. About twenty years later it was tried in our field. I was not consulted. The place, three hundred miles away where we had inherited a work, was divided between Presbyterians and Methodists. As more than $25,000.00 had been spent and we had the territory strongly manned, we felt grieved. Then the field where we live was divided between Methodists and Presbyterians.

Again we were not consulted. Upon inquiry, we were told we were free to go anywhere. This was all we could do. In a few years younger missionaries arrived in these territories and accused us of overlapping. As we had been the pioneers in both places, occupying them before others had considered the fields, we naturally felt hurt."

"Apart from you, simply considering the exchanges made among the board missions, do you consider it was worthwhile?" queried Mr. Carr.

"I have been told by one of them that the lines were not well respected, but I know not of my own knowledge," he answered.

"In your opinion, would it be worthwhile for us to consider this proposal in the light of your knowledge of missions?" asked Mr. Carr.

"It is my opinion you would be very foolish, for several reasons: 1. It is contrary to the procedure which has brought you so much blessing. 2. Their present procedure does not cover the ground thoroughly. 3. They believe in converting as they go, and have been at it about three centuries, while you believe in witnessing to all as speedily and thoroughly as possible unto hastening the Lord's return, and do not care to wait another century or two. 4. They would insist on a pro rata voice per number of missionaries, and giving territory in the same way. That means that George Hudson and Mike O'Connor would have about $1/10^{th}$ of one vote—and less territory. None of your native pastors and evangelists would be allowed to vote."

"Are you ready for the question?" asked the Chair. All but the board secretary replied in the affirmative.

The proposal was unanimously rejected.

Addressing the Secretary, Mr. Harper said, "I am sorry, Mr. Secretary, that the conditions seem to automatically hinder our joining you in this move, which has apparently some most admirable features."

The Secretary arose and bidding them adieu, left the meeting.

John Ploughman, asking and receiving permission to speak, said: "Gentlemen. I know this secretary intimately and for years. He is a splendid fellow, of gentlemanly instincts, and a delightful friend. It grieves me to differ from him. But in a matter so momentous as the rapid, yet thorough evangelization of the world, we may not permit our personal affections to rule. I mean that unless the Lord has possession of our affections and His Spirit controls our testimony, we had better drop all pretensions of co-operating with Him."

"Mr. Ploughman." It was Ira Warren who had spoken. "I frankly confess that, looking at your testimony in your letters and George Hudson's, together with your testimony since coming amongst us, I, as an old man of the old school of training, cannot escape the conviction that the outlook for missions is most discouraging.

"Here is a world-field of vast proportion and much land to be possessed. The church has been working at missions since the days of Queen Elizabeth, and, while highly organized missions may not represent more than a century of time, one hundred years is a long time to men. Now, giving full value to what has been accomplished, and considering the men and money at work today, on the one hand, and the opposing forces on the other, we seem to be losing rather than gaining. I believe it is said two million babes are born in heathendom to one convert baptized. I should be immensely grateful to you if you would dispel for me the apparent hopelessness of the task."

John Ploughman was very serious as he replied, "That is all too true if we consider the little accomplished in view of the years, men and money spent. Your question, Mr. Warren, is a very large one and involves doctrine as well as practical business for the Lord. I will be pleased to enter into it and give a solution as seen from the firing line, if agreeable to all present."

All present bowing their assent, Pete Goodwin voiced the feeling when he said, "Go ahead, we all want to know."

Thanking them, Mr. Ploughman proceeded; "As to doctrine, the church, from the time of Constantine, has been looking for the conversion of the whole world before the Lord comes, which has regulated their practice in missions. Holding this view, the church has sought to win as they go. The practice has never yet produced the conversion of a single village, much less a town, city, province or country. Furthermore, the early Christians were disobedient in not fulfilling the Lord's injunction to preach the good tidings of what He had accomplished for a lost world, 'beginning at Jerusalem,' then covering Judaea, then Samaria, 'and unto the uttermost part of the earth.'

"But though the early Christians revealed the disposition of the best Christians to 'let George do it,' they failed to reckon with prophecy and Him who brings His will to pass. The Lord had specifically declared the destruction of Jerusalem, yet they hung around, failing to 'go' as a body, as commanded. 'Beginning at Jerusalem' was according to instructions; hanging on and evangelizing over and over again the same city, was not. He did not say convert Jerusalem, then Judaea, then Samaria, and finally the uttermost part of the earth, but, 'Ye shall be witnesses unto me' in these places and in this order.

"Then as now they realized what a fearful thing it was to fall into the hands of the living God. When the terrible persecution took place we read this result, 'The disciples being scattered abroad went everywhere preaching the Gospel.'

"God has a way of getting His will fulfilled, and, gentlemen! I do not wish to alarm you, but for some time I have not been able to escape the fear that some such awful catastrophe is hanging over the church now, and it will surely fall if this work is not taken up in the manner commanded and in the way provided by the Lord. For it cannot be gainsaid by any man who knows missions from the inside, and the practice of the home churches, that again we are hanging around Jerusalem, as it were, and failing to do the witnessing commanded. Our Lord's example in refusing an invitation to remain in one town because He was sent forth to go to 'other towns also,' is almost wholly ignored; and even those who obey and go, practice the old way of hanging around Jerusalem, to convert as they go. You would think those who had their doctrine straightened out and were taught of the Spirit of Truth that the Lord would return after the world was evangelized, and finish His work with outpoured judgment, rather than after the church had converted the world, would at least turn from the old practice of converting as they go; but they do not. On the whole they practice the same as the converters rather than as witnesses.

"Now this is the most discouraging thing of all—the failure of those at home and abroad alike, to quit the practice of the converters, after the Lord has corrected their doctrine.

"Here comes in another vital element. The great things the Lord has been able to do for and with your tabernacle, is due to the one big, vital fact, that you have given the Lord His place in your lives and practice, and come to know His Executive as a person. This is the big, positive thing of all the Lord's work. Its opposite is equally necessary. You have become also acquainted with Satan as a person, and with his devices. The great majority, indeed, almost all the churches, neither know the Paraclete or Satan as persons. Each are spoken of and treated as influences. Even the majority of those who become somewhat acquainted with the Holy Spirit practice Galatianism in this, that they still are the workers and the work is theirs. The greatest single hindrance I know in the church is trying to be carpenters instead of tools in the Carpenter's kits. Satan appears to have persuaded every saw that it can put up the Lord's building, and every hammer and even bradawl that they can do it, too. Were it not so infinitely sad it would be a joke.

"It is true that even a bradawl in the hands of our Lord's Executive (the Paraclete) can do even 'greater things' than the Carpenter of

Nazareth. He said so. But the bradawl cannot use Him, it must let Him use it.

"Now have I made myself clear?"

"You surely have." This from Goodwin.

"Pardon me, Mr. Goodwin, and permit this correction: He who dwelleth with you and is in you, has used my testimony, not my influence, to make this truth clear to you. He has interpreted or revealed it; I have only been His personal instrument to voice this great truth, as the truth is in Jesus."

Simultaneously the mind-eyes of everyone in the room had been enlightened, and their natural eyes were full of tears as they realized what their Resident Teacher was doing in them and for them. After a brief pause, Ploughman proceeded:

"As to the practical side of this commission given to the Holy Spirit as well as to the church, failure to recognize His ability to do His own work with despised tools has been the bane of missions. 'Just as I am without one plea,' is recognized by all successful Gospel workers as the condition on which sinners can approach God for pardon. Then they forget it. The tools do not continue to say to the Carpenter, 'Just as I am, O Master Workman, deign to use me. I am not a big tool, the metal in me is not much good and is badly tempered, I am rusty and ill-shaped and in nowise worthy for the honor of being held in Thine hand, much less used upon the construction of Thy Building, but O Lamb of God, in that Thou bidst me let Thee use me, I wait, I wait, for Thee. 'Twill be sufficient glory for me throughout the ages of ages that Thou has so honored me.'

"None of us are very joyous over the heat of the fire He plunges us into, nor do we like the beating on His anvil as He shapes us into an instrument He can use, pounding out the crooks and unevenness. And we shiver when He plunges us into the cold bath to temper us, e'en though He watches with a master eye our change of color—that signifies to Him the right temper for His purpose. But though it is not pleasant but grievous, afterwards they who are 'exercised' with this 'affliction,' behold the 'peaceable fruit of righteousness,' and are glad.

"Now we come to the great encouragement. You in the tabernacle have seen the Lord the Spirit working, and are overwhelmed at His goodness and staggered by what He has accomplished with you, who, as His personal instruments, have 'let Him' do in you, for you and through you, these things. You have seen Him accomplishing wonders with the instruments the world despises, and the lack of wisdom the world thinks necessary. I have carefully computed the possibilities, and am exuberantly joyful over what may be accomplished in thus simply witnessing as bidden to every creature. A quarter of a billion dollars and five years' time is sufficient to reach the remaining five hundred million (the lay movement says one thousand million. I believe five hundred million is correct, Editor.) with such twice-born co-witnesses to Christ, as the Holy Spirit has asked you to set apart for the work whereunto He has called them. They, in turn, repeating this on the field, using the converts won, like great captains of industry use their employees, multiplying themselves, will speedily put the Spirit of God in a position to testify with their lips to every creature, making them a sweet savour unto God in every place, whether they will hear or forbear, so that God will be justified and the Servant of Genesis 24 and Luke 14 may take the servants of Matthew 22 to meet their descending Lord. God raises up many tabernacles to send out many George Hudsons, as He did at Antioch and as He has done with you, and take all fear of using native converts out of the missionaries to finish His evangelization rapidly, yet thoroughly, and spare the latter Church another such scattering abroad to go everywhere preaching the gospel as He was obliged to do in Jerusalem with the early Church."

When he had finished Harper quoted, "'Concerning the work of my hands, command Thou me.' Let us ask Him to do this work of His hands."

Some things are a little too sacred to put into words. They prayed in secret; let us await God's reward openly.

CHAPTER 19

On the way out Peter Goodwin said to Mr. Harper, "See here, Harper! We have not extracted a tithe of that man's first-hand information, and it would simply be criminal to not get wised-up with such a man at hand, willing to give us of his best. He knows. We don't. He has given George Hudson a start in the right direction. May we not get together again and tap his fund of mission knowledge? He is not only sane but full of the milk of human kindness, without being a milk-sop. I fancy he would be hard to get along with if crossed; but all men who arrive, are. God does not seem to cross that idea either. He uses men of independent wills and stubbornness; but He first takes captive their wills and minds and hearts, and catches their usefulness on the start and finish of their course—then He has an instrument with whom He can do something. What do you say to our getting together again?"

"By all means," said Harper. "I feel as you do, that he knows; we do not know. He unquestionably can save us many blunders, if we give him a chance to testify and let the Holy Spirit use his testimony to make us wise unto missions. There is a vast work to be done 'quickly,' and I see you, like myself, want a hand in it and wish expensive mistakes eliminated."

"I sure do," was Peter's emphatic answer.

"I will speak to the others and you do so, too. Supposing you speak to Henderson, Longstreet and Warren; and I to Carr, Simpson and Ploughman?"

"Good!" said enthusiastic Peter.

A few days later they were all together again. Harper opened the discussion by asking Ploughman if he would not tell them the reason missions boards were getting such meager results, emphasizing the mistakes and hindrances.

"At home, the wrong training, lack of care and good judgment in selecting men for the field; on the field wrong training of native believers and a lack of a producing engineer with grace, brains, tact and authority," he replied.

"Won't you please illustrate? requested Harper.

"With pleasure. You yourself are a good example of wrong home training. You had to arrive by another route," he promptly replied.

Harper winced a little at this, but admitted it was too true, so far as he had "arrived" in any adequate sense.

"As to the field," continued Ploughman, "I will use as illustrations two men of great ability who knew the gospel, but were very largely failures when they died. I knew both men intimately. Both were my friends. The first was a harmless man of giant intellect, great scholarship, and a hard worker. He was a book worm and a very accurate linguist.

"Besides this fitting, I always thought of him as the most Christlike, gentle soul on the field. The most polished preacher, using finished English, more at home in Greek and Hebrew than many are in English, the language of his field so acquired he was thrice pronounced by men who knew him as the most faultless speaker of the native language on the field—he was fitted as men very rarely are for translating the Scriptures. But that is a coveted work, and he, being modest and retiring, besides lacking the self-seeking spirit, was never asked to do the work of translating and did not thrust himself forward. He was left in evangelism, at which he was personally successful; not only having a goodly number of churches, but one of his churches was the largest of any single worker in his field.

"Yet he was totally lacking in executive ability. He knew nothing of selecting other men and putting them to work.

"The other man was a natural born business man. He was, like the former, in a board mission, which means he had gone the rounds of the schools and theological seminary. His ability in business, however, was so exceptional he received an offer of $25,000.00 salary and stock in the concern to leave the mission field and manage a branch business for a three million dollar concern. It is to his credit he refused. He was a good man. He emphasized the blood and the integrity of the Scriptures. He knew experimentally the new birth. There was one thing he could not do well. Though he spoke the native language glibly, he could not translate. He lacked the gift. That was the task he chose and had the assertion to secure.

"Speaking recently to a staid board missionary of the faithful, plodding type, I referred to this man and his enormous capacity for work, mentioning the well-known fact that he had worked harder than any man on the field; but, I asked, 'What has he got to show for it?' He instantly replied: 'That is what they all say; that he has practically nothing show for his hard work for thirty years.'

"To me it has seemed infinitely sad and a colossal blunder that missions should not have a constructive engineer to correctly place such misplaced men and conserve their ability and work for the church.

"The former man would have produced a translation of the Bible equal to our 'Authorized Version.' The latter not only had the ability but the financial backing and the opportunity such as very rarely comes to any man, to handle a very great evangelistic work, and had he been placed at evangelism in the right way, with his capacity to handle men, the capital at his disposal, together with the true gospel, he would have had the largest work this world has ever seen. From two to three thousand churches would be a very reasonable number to anticipate.

"This blunder seems almost criminal.

"Then consider the waste of money:

"In that field they had a board of four translators and as many native assistants. They spent twelve years in giving to the field a poor translation. It cost in salaries alone, over $120,000.00—say £24,000 sterling; and when they finished, they set right to work to do it over again.

"The first man mentioned would have done it singly, with one or two native secretaries, and have made a first-class, conscientious, brilliant job in six years, and it would only have cost the church

$10,000.00, say £2,000, and would not have required doing over again.

"The second man would have had, single handedly, using native Christians, about one- and-one-half-times the number of churches his whole mission of one hundred missionaries have got, and would have covered ten times the ground, many times over, as thoroughly, as rapidly.

"The waste is criminal."

"It surely is," said Peter, and all present assented.

"Do you know of no missionary in the board missions who have done that kind of practical evangelizing?" asked Harper.

"Yes, I have heard of a man in Southern China who has got fifty churches in the course of about thirty years, by securing all the natives he can, with the handicap of board ideas."

"Is there no outstanding man in missions, who has advocated the large use of native Christians in the past?" This from the financier, Elder Carr.

"Why, yes,—David Livingstone," replied Ploughman. "His exploration work hindered him from practicing this on a large scale. But he advocated it early on, and put it successfully in practice on a small scale."

"What men have moulded mission policy in the past?" Mr. Carr enquired.

"Carey and Duff," Ploughman replied. "They have saddled the mission with its worst bane—educationalism."

"Don't you believe in education?" asked Harper.

"God uses scholars but not scholarship," he replied. "The church has forgotten that when God needed a scholar, He chose and called Paul. The bulk of His early work in the church He did with uncultured fishermen."

"Then would you not say that scholarship is needed, and men must, therefore, be trained?" asked Harper.

"Not unless God has lost His ability to choose, call and send men of His choice. Acts 13 still works."

"Are you not a little prejudiced against scholarship, Mr. Ploughman?"

"I am," he emphatically replied. 'Eating of the tree of knowledge' is what got us all in trouble; and Satan still recommends it and gets away with his suggestion.

"But this apparent deep water we have gotten into is only imaginary," continued Ploughman. "There is not enough of it to get our feet wet. The crux of the whole trouble rests in the fact that men have usurped the Holy Spirit's job, then asked Him to pull their chestnuts out of the fire and let them still hold their job—His task."

"That is most surely true," said Harper, "and the difference between His aspiration and ours spells success or failure, depending upon who is in the Executive chair—the Spirit of God or some man. Now, would not He do the productive engineering if allowed?"

"Undoubtedly," said Ploughman, "but He would not take from us the authority given to the race in the beginning, to exercise the will, nor would He give the work the Apostle Paul was fitted for to Mary of Bethany. He is now working with, not against, the divine law which men call 'natural.' Hence, we find Mary used in her place and Paul in his, each under the direction of the Paraclete; and Mary's home in Bethany and the Law School in Jerusalem paid for the training."

"Now, Mr. Ploughman, let us get down to the practical application of these truths you have been setting forth," said Peter Goodwin, who was from Missouri, and wanted to know. "What would you suggest as the proper way for the tabernacle to proceed with this task of reaching those unevangelized portions of the globe, so that we would avoid the mistakes you have mentioned?"

"Just as you have been proceeding," he replied. "George Hudson and Mike O'Connor are splendidly fitted for missions and are making good under the Holy Spirit's guidance. Your pastor and Tabernacle are also making good at this end. I have nothing to suggest except that you continue in God's goodness."

"Thank you, that is satisfying," said Henderson. "But supposing, Mr. Ploughman, a translator were needed where George and Mike are located?"

"There is no suppose, Mr. Henderson. The Bible is already translated there. Furthermore, were it not so, would the Holy Spirit not secure such a man in the same easy way He secured George and Mike and Paul and Barnabas, for the work whereunto He has called them?"

"That is so," said Henderson. "He is doing that for me in the store. I give Him credit for knowing more about men and business than I do, and I would not dare to think of usurping the gracious place He is filling—nor allowing others to do so."

Mr. Harper then said, "I am sure this same blessed mind of Christ has been making us all of one mind and heart this morning, using the testimony of our brother."

"Amen!" they all said in unison.

"Mr. Ploughman, we will let that Amen be your thanks and encouragement. God keep up your courage. Please consider us your friends and make yourself as much at home with us, as you made George and Mike in North China. We would emulate your splendid hospitality and make such reparation as within us lies."

"Amen," said they all, while Brother Ploughman sat with bowed head, with a hand shading his eyes.

It was a sad and chastened man who raised his head and again addressed them:

"Thank you. I will remember your kindness. "Gentleman, it will be a short but bitter fight, but there is a great prize ahead. The fight itself is worthy of the noblest of our race—just as a matter of honor—and the whole of our possessions. Furthermore, we can never cancel the debt of love we owe.

"Jonathan stripped himself of his princely robe and put it on the meagerly clad David. Then off came his girdle and bow, and these he put on the young shepherd from the hills, because he loved him and knew how great he was then and how wonderful his future. 'There was no smith in all the land.' The young warrior could not replace his trusted blade. But his heart is knit with David's, and off comes the sword, too, and is affectionately buckled upon the youth.

"Then they swore friendship for life. It cost Jonathan a lot to keep that oath. He had to forego all claim to the crown, deny his father and meet his friend by stealth; yet he never flinched. The finest thing about Jonathan is not his separation from his own household in loyalty to David, however, but his proud bearing as he returned to camp wearing the homely, blood-stained tunic of the shepherd. Jonathan has helped me much. He is a beautiful character. It took a manly man to stand by David in his rejection, when his only following was, 'Everyone in distress, and everyone that was in debt, and everyone that was discontented, about four hundred men,' yet so great was his soul he seems not to have been aware of his noble conduct.

"David was.

"When Jonathan had finished his course David remembers him in this tribute:

"'Thy love to me was wonderful.'

"May this great ambition be ours—to win from the Prince of the House of David the same acknowledgement, by unashamed affection and fealty to Him in these days of His rejection, tho' all in authority treats us as David was treated.

"It is so little we can do. And how splendid the reward if from His lips we can win the encomium Jonathan won:

THY LOVE TO ME WAS WONDERFUL!'
What tho' of all I strip me,—
The girdle and the bow,
The sword so dearly trusted

And all on Thee bestow;
What are they worth, Lord Jesus,
What are they worth to Thee,
That Thou shouldst ever utter
Such wondrous words of me."